博碩文化

博碩文化

博碩文化

# 給工程師的第一本理財書

酆士昌 著

## 程式金融交易的 *118* 個入門關鍵技巧 **暢銷回饋版**

**Program Trading**

專業的投資理財，需要金融知識、資料分析與資訊技術等三者的結合。而具備資訊技術的工程師學習金融理財，只欠東風，藉由本書提供的金融專業與資料分析的方法，將幫助工程師善用程式工具，來學習投資理財。

本書如有破損或裝訂錯誤，請寄回本公司更換

作　　者：鄞士昌
編　　輯：曾婉玲、賴彥穎

董 事 長：陳來勝
總 編 輯：陳錦輝

出　　版：博碩文化股份有限公司
地　　址：221 新北市汐止區新台五路一段 112 號 10 樓 A 棟
　　　　　電話 (02) 2696-2869　傳真 (02) 2696-2867

發　　行：博碩文化股份有限公司
郵撥帳號：17484299
戶　　名：博碩文化股份有限公司
博碩網站：http://www.drmaster.com.tw
讀者服務信箱：dr26962869@gmail.com
訂購服務專線：(02) 2696-2869 分機 238、519
（週一至週五 09:30 ～ 12:00；13:30 ～ 17:00）

版　　次：2022 年 3 月二版一刷

建議零售價：新台幣 550 元
I S B N：978-626-333-077-1
律師顧問：鳴權法律事務所 陳曉鳴

國家圖書館出版品預行編目資料

給工程師的第一本理財書：程式金融交易的 118
個入門關鍵技巧 / 鄞士昌著 . -- 二版 . -- 新北市：
博碩文化股份有限公司 , 2022.03
　面；　公分
ISBN 978-626-333-077-1( 平裝 )

1.CST: 金融投資工具 2.CST: 投資分析
3.CST: Python( 電腦程式語言 )

563.5029　　　　　　　　　　　111004086

Printed in Taiwan

博碩粉絲團

歡迎團體訂購，另有優惠，請洽服務專線
(02) 2696-2869 分機 238、519

# 推薦序

經常聽到朋友抱怨，台灣的程式設計師低薪工時又長，存不到錢，又怕老了被資遣，真想轉行。無奈多數程式設計師沒有第二專長，也不知道還能做些什麼。

這是很不合理的，程式設計師基本上都算是讀書人，學習上應該問題不大，只是被工作的時間給綁住了，沒時間進修其他科目。看著很多大媽靠著半天的時間還能從股市賺點私房錢，自己卻因為長時間的工作，而無法多賺外快，若勉強外接了一些專案，也只是把自己搞得更累，犧牲生活品質。

缺時間、有技術、低薪、想賺外快、缺乏第二專長，這幾項是多數程式設計師共通的特徵，有鑑於此，搭配著目前最熱門的金融科技（FinTech）與程式交易議題，博碩特別找了在此領域經營多年的知名作家酆士昌，針對這群人撰寫一本理財書，就是您手上的這本書。目的是，運用程式設計師已經有的技術及知識來賺點外快，又不用花費過多的時間，並且同步培養第二專長，未來也比較有希望轉職到金融業，提高薪資。

有鑑於大多數的程式設計師對於金融商品的知識匱乏，故而在本書的前面幾章，先幫各位補強這部分的必要知識，不牽涉到過深的學問，希望能幫助讀者快速進入狀況，若將來有時間有興趣，再由別的商業類書籍補強。

接下來是程式語言的選擇，有鑑於部分程式設計師的母語及工作語言是 C、C++、C#、Java 等，故我們選擇了簡單介紹 Python 語言，若您已經會 Python 語言，那麼可略過簡介部分，直接前往交易自動化的章節閱讀。

另一方面，有些工程師是負責做資料分析的，例如資料分析師，他們所使用的工具通常是 SPSS、SAS 等工具，並沒有特別擅長的程式語言，但卻有統計的堅實基礎，故而我們也將 R 語言納入本書所採用的語言。

Python 與 R 可說是目前在金融科技最常被使用的語言，最大的原因就是因為方便性，因為多數 API 都已經開發完成，讀者只要直接採用，就可以節省大量的開發時間，這也是本書的一大目的。

總結來說，本書的願景很單純，就是要幫工程師賺錢，而且是運用工程師現有的技術基礎，不花很多時間就能賺到錢。期望這本書能夠幫助到您！

博碩文化 總編輯 陳錦輝

# 序言

　　在資訊技術逐漸滲入金融領域的同時，傳統的交易與理財工具也不斷的改變與進化。另外，隨著網路的普及，許多的資料與行為數據公開在網路上，可讓使用者分析與取用，形成金融科技應用的一個領域。

　　在這塊領域的應用上，需要金融知識、資料分析與資訊技術三者的結合，對於工程師而言，已具備一定的資訊技術，較為欠缺的是金融專業與資料分析的方法，因此本書將著眼於這些內容，提供更廣泛的介紹與更多角度的切度，讓讀者能善用程式工具，來學習投資理財的方法。

　　本書內容由商品開始介紹，讓讀者對於市面的商品與其應用有個初步的認知，第二、三章將介紹資料的取得方式，讓我們能將資料載入程式中使用。之後的章節介紹常見的投資商品與應用方式，並加上程式的輔佐應用介紹，最後介紹國內券商的即時報價與下單，期望能給讀者一個入門的金融交易概念。

　　書中的內容均可實作，並且連結即時的金融交易市場。最後，由於筆者所知有限，雖求盡善盡美，但疏誤之處在所難免，尚請讀者與先進不吝指正。

鄧 士 昌　謹識

# 本書軟體說明

## ● 軟體免責聲明

本書所提供的軟體，由昊瀚資訊股份有限公司製作，版權隸屬於該公司所有，免費提供本書的讀者做為研究或教學使用，但不得用於商業用途。

該軟體設計為測試與研究之用，並不擔保資料的正確性、即時性，以及程式的正確與穩定性，同時亦無法確保交易績效。如涉及真實交易，請使用者自行負責，作者與軟體設計公司將不承擔任何責任。

## ● 軟體下載

所有的軟體下載點為：

URL https://drive.google.com/open?id=10aR1h1t-cM7_a1mKQsHcGo5U6KjdSq2d

QR code

# 目錄

## Chapter 01　認識投資商品

## Chapter 02　金融資料的取得

# Chapter 03　善用程式工具

# Chapter 04　定存與基金試算

# Chapter 05　股票投資與程式分析

# Chapter 06　期貨與程式交易

# Chapter 07　選擇權的套利機會

# Chapter 08　認識外匯保證金

# Chapter 09　即時報價與下單函數

# Chapter 01

# 認識投資商品

投資是理財的一部分，屬於較為專業的領域，本章將偏重介紹投資方面的知識。

投資就是投入資金，並期望藉由一定的方法來獲得穩定且正向的收益。除了專職的投資人員外，多數人都是以業餘的性質來進行投資，往往藉由親友或是新聞資訊，來進行投資的判斷。在投資的領域中，首先需要了解的就是商品類型，如定存、保險、基金、股票、期貨等，也就是本章要介紹的內容。由於每種商品的屬性不同，投資人需認識商品、了解交易規則、分析價量波動與大戶投資行為後，才有機會賺取價差，從投資中獲取穩定收益。

# 技巧 1 【觀念】理財與投資

投資理財是我們常掛在口中的名詞，但「投資」與「理財」仍有一些差別。嚴格說來，「投資」屬於「理財」的一部分，但「理財」的方式並不只有投資，諸如記帳、比價等節流方式，都屬於理財的領域，而非投資的領域。

理財的意思為管理財富，可藉由投資、賺取外快、節省開銷等方式，增進財源並減少花費。就字面意義而言，理財本身的意涵偏向管理，藉由固定的習慣、方法或工具去增進財富；投資則是積極性的行為，藉由變動性與複雜性較高的方法或工具，在市場上利用商品的買賣，去創造正向的收益。

# 技巧 2 【觀念】投資以外的理財方式

在正式談到投資之前，我們先看看有哪些投資之外的理財方式。這裡我們將分為「開源」與「節流」等兩大類型介紹，分述如下：

## ● 節流

生活上的開支分為「固定性」與「突發性」等兩類。首先，我們必須藉由記帳去了解消費紀錄與習慣，藉此找出非必要性的花費，進而規劃消費的金額，方能節省開支，達到理財的目標。

### 1. 記帳

記帳可以詳實的記錄金錢的流向，將收入與支出進行分類。目前網路上有許多記帳軟體可供下載使用，如 MyAB 就是一套簡單好用的記帳軟體，網頁如圖 1-1 所示。

圖 1-1

開啓後畫面，如圖 1-2 所示。

圖 1-2

## 2. 消費分析

做完記帳後，可根據分類的科目進行消費行爲分析，了解自己在日常生活的消費比重，是否有過多不需要的花費。

## 3. 消費規劃

最後，根據記帳與分析的結果，以月爲單位進行消費規劃，並且落實管制，可有效達成節流的目的。

## ● 開源

開源就是創造更高的收入，藉由自身的技能提升正職的收入，或是創造兼職的財富。對於投資以外的開源方式，通常透過兼職與人脈的累積來進行，介紹如下：

## 1. 提升職能

進入職場後的專業技術能力，稱爲「職能」。提升職能，可有助於升遷、加薪，或是轉換跑道。一般而言，透過工作經驗的累積、閱讀專業書籍、在職進修等，都能提升專業能力，有助於收入的提升。

### 2. 賺取外快

如果工作之外有閒餘的時間與體力，也可以透過兼職，來獲取更多的財富，例如：家教、講師、外接專案等。兼職應該秉持「兼任」的心態，不宜花費過多心力，否則若是影響正職上的升遷，或是無法取得更好的工作機會，那就得不償失了。

### 3. 廣結人脈

在社會上，人脈是重要的資源，可以取得專業或資金上的協助、得知重要的訊息，或是延伸更多的人脈。人脈的建立，或許不能立即看見收益，但卻是重要且需要持續維持的一環。

# 技巧 3 【觀念】交易所與券商

交易所的設立，是為了提供交易者一個場所、設施、服務和交易規則的非營利組織，它能夠集合金融商品的買賣者，經過金融商品經紀人（或經紀商）的居間完成交易，它主要的作用為以下五點：

❏ 提供一個有組織且有秩序的交易場所。保證交易在公平公正且公開的原則下進行交易。

❏ 提供公開的交易價格。

❏ 提供相同的交易規則與標準。

❏ 提供良好的交易環境與服務。

❏ 提供交易擔保，使交易更為安全。

交易所的商品種類繁多，且每個交易所可交易的商品均不相同，從實體物品、指數商品、衍生性商品到虛擬貨幣等應有盡有。

交易所的功能，在於接受委託、撮合，並提供即時報價。舉例而言，A 想要用 105 元買一杯咖啡，B 想用 100 元賣一杯咖啡，透過交易所委託後，就會出現 105 元買單一筆，100 元賣單一筆，撮合後的成交價格為 100 元，因此當前咖啡的成交價格為 100 元。

在電子化普及之後，多數的交易所都有提供電子化的即時報價平台，並根據資料的完整性與即時性收費。另外，每個交易所提供的資訊與內容均有差異，在使用上需了解內容的差異。

　　一般政府經營的交易所，並不直接介入現金交易，而是透過券商作為中介單位。投資者必須到券商開戶，才能進行下單交易。券商會向投資者收取商品金額、保證金、手續費之後接受委託，再送到交易所進行撮合，取得成交回報之後再通知投資者，並進行風險控管與結算。

# 技巧 4　【觀念】台灣的三大交易所

　　台灣的三大交易所為台灣證券交易所、台灣期貨交易所與證券櫃檯買賣中心，這三大買賣中心各自分別有著不同類型的商品，剛好提供了完整的金融商品的買賣服務，以下個別介紹每個交易所的特色。

## ● 證交所

　　以台灣證券交易所來說，當初建立是怕股票市場管理不易且弊端甚多，為了能有效管理及監督市場而設立。而目前證交所主要的產品為集中交易市場上市交易之有價證券，包括股票、債券換股權利證書、可轉換公司債、受益憑證、認購（售）權證、ETF、臺灣存託憑證及受益證券等，但其主要還是以上市股票交易為主。

　　不僅如此，它們還自行編製了發行量加權股價指數，其指數被視為台灣經濟走向的主要指標之一，且與英國金融時報指數合作編製了台灣指數系列，包括台灣 50、台灣中型 100、台灣資訊科技指數、台灣發達指數、台灣高股息指數等，這些指數都可以幫助投資人對股票進行投資，在股票市場上，可以說是有相當大的貢獻。

圖 1-3

※ 圖片來源：**URL** http://tw.on.cc/tw/bkn/cnt/news/20150805/bkntw-20150805131841339-0805_04011_001.html

## ● 期交所

　　台灣期貨交易所是為了提升我國金融市場的國際地位，政府及金融界積極推動期貨市場的建立而成立的機構。它們推出的第一個期貨商品為台股期貨，也是目前交易量最大的商品，當然後續它們也陸續推出電子期貨、金融期貨與小型台指期貨等指數類型商品，而它們後續也從期貨市場拓展至選擇權商品的市場中，使得金融市場的避險管道更趨於多元化，也讓投資人有更多的投資選擇可供參考。

圖 1-4

※ 圖片來源：**URL** http://www.appledaily.com.tw/appledaily/article/property/20070113/3177854/

## ● 櫃買中心

　　證券櫃檯買賣中心可稱為「台灣的店頭市場」，也稱為「台灣二板市場」，因為常被人認為是輔助上櫃股票轉為上市股票的一個跳板平台，所以被視為台灣上市股票的預備市場。不過它與前兩個有稍微的不同，它並不只是單純當作上市股票的跳板，也能讓許多小公司企業能募集到足夠的資金，且發行較多種類的商品，可以說是期交所與證交所綜合版本，只是規模較小。

圖 1-5

※ 圖片來源：**URL** http://www.appledaily.com.tw/realtimenews/article/new/20141015/488237/

# 技巧 5 【觀念】台灣的券商

在台灣，如果要進行金融投資，必須至券商進行開戶並綁定指定的銀行帳號，才能進行商品的買賣。讀者若對投資有興趣，可去常往來的銀行（多數的銀行都有證券部門，或是搭配的券商）詢問，或是去較大的券商開戶。

大型的券商通常提供較好的服務、較多投資商品與較完整的資訊服務平台，因此建議新手選擇大型券商開戶。台灣對於金融控管較嚴，對於出入金均有管控與保險，投資者較不需要擔心無法出金的問題。

券商的大小可參考櫃買中心盤後資訊的「各券商當日營業金額統計表」，網址：
**URL** http://www.tpex.org.tw/web/stock/aftertrading/daily_brk2/brk2.php?l=zh-tw。

以 2018 年 3 月 22 日為例，統計表如圖 1-6 所示。

首頁 > 上櫃 > 盤後資訊 > 各券商總公司當日營業金額統計表

▶ 櫃檯買賣總公司當日營業金額統計表(含零價、零股、盤後、鉅額交易)

資料日期：107/03/21　列印/匯出HTML　另存CSV

本資訊自民國96年1月起開始提供

顯示 10 ▼ 筆資料

| 排名 ▲ | 前日排名 | 券商 | 名稱 | 家數 | 成交金額(仟元) | 日成交比率 | 本月排名 | 本月累計金額(仟元) | 本月成交比率 |
|---|---|---|---|---|---|---|---|---|---|
| 1 | 1 | 9800 | 元大 | 146 | 12,833,799 | 16.10% | 1 | 157,964,643 | 14.99% |
| 2 | 2 | 9200 | 凱基 | 79 | 7,840,086 | 9.83% | 2 | 106,498,609 | 10.10% |
| 3 | 3 | 9600 | 富邦 | 46 | 6,038,518 | 7.57% | 3 | 84,942,255 | 8.06% |
| 4 | 4 | 9A00 | 永豐金 | 54 | 4,953,133 | 6.21% | 4 | 66,713,690 | 6.33% |
| 5 | 5 | 9100 | 群益 | 51 | 4,674,437 | 5.86% | 5 | 60,128,652 | 5.70% |
| 6 | 6 | 5850 | 統一 | 36 | 3,770,841 | 4.73% | 6 | 50,375,305 | 4.78% |
| 7 | 8 | 1160 | 日盛 | 41 | 3,525,633 | 4.42% | 8 | 45,793,731 | 4.34% |
| 8 | 7 | 5920 | 元富 | 46 | 3,432,595 | 4.30% | 7 | 45,940,928 | 4.35% |
| 9 | 9 | 7000 | 兆豐 | 41 | 3,225,912 | 4.04% | 9 | 42,743,415 | 4.05% |
| 10 | 10 | 9300 | 華南永昌 | 38 | 3,097,026 | 3.88% | 10 | 38,824,765 | 3.68% |

總成交金額(仟元):79,712,677　累計總金額(仟元):1,053,794,031

第 1 至 10 筆，共 73 筆　第一頁 上一頁 1 2 3 4 5 下一頁 最後一頁

圖 1-6

# 技巧 6 【觀念】常見的投資陷阱

在當今的社會中，理財已經成為了人人必備的技能之一。許多人認為光靠正式工作所賺的薪水是不夠的，必須要靠投資來創造更多財富。事實上，投資是一門專業的領域，如果沒有深入的了解與實際的經驗，是不容易獲利的。在介紹投資的相關知識前，我們先分享一些常見的投資陷阱。

## ● 出金風險

投資的過程中，會將資金由一般（存款）帳戶轉移到投資帳戶[†1]後，才能進行交易。交易結束後，會將資金由交易帳戶轉回一般帳戶[†2]，才能真正動用資金，如下圖所示：

在這過程中，如果無法出金，所有的獲利都是假象，因此在交易前我們必須慎選投資商（包括證券商、期貨商、外匯商）。在國內的投資商基於政府法規的保護之下，不會有無法出金的問題，因此需要注意的是境外的投資單位。如果無法確認或驗證其可靠性，不建議剛入市場的投資者到境外單位進行投資。

## ● 本金虧損

有些金融投資商品標榜可以穩定收益，或是可以定期拿回利息，這時就必須了解是否保證拿回本金。如果不保證取回本金，該類商品在投資方向錯誤時，就可能賺小賠大。

會有固定收益而可能虧損本金的，在市場上最常見的就是選擇權的賣方、保險的賣方與相關性的衍生性產品。在沒有意外發生時，可以收取穩定的獲益，但在災害或趨勢預測錯誤時，會造成本金的虧損，而造成投資的失利。

## ● 交易規則

交易制度與法規是對交易環境的一個保障，也是框架與限制。當我們在進行球類比賽時，球員通常都了解比賽規則，但當我們進行金融交易時，是否熟悉交易規則？

舉例而言，如果甲方要賣咖啡，乙方要買咖啡，如果甲方的售價是 100 元，乙方使用市價購買（接受甲方的報價），那成交價就是 100；如果乙方願意用 95 購買，而甲方市價賣，則成交在 95 元。萬一甲乙雙方都沒給價格，會成交在什麼價位？

---

†1　將資金由一般（存款）帳戶轉移到投資帳戶的過程，稱為「入金」。
†2　將資金由交易帳戶轉回一般（存款）帳戶的過程，稱為「出金」。

　　這類的問題在不同的交易所，或是不同的商品，可能都會有不同的答案。當這樣的問題發生在特殊的日子（如大漲或大跌），若投資者沒有注意價格的波動，而下了市價單，將可能造成巨大的損失。

## ● 資訊不對稱

　　資訊的不對稱主要在於兩方面：一為「資料的完整度」，一為「資訊傳輸的速度」。如果有較為完整的資料，就有更多判斷的依據與策略，可提升判斷的準確度，進而提升獲利的可能性。如果擁有較快的速度，就可以較早發現訊號，或是更快速的下單，而取得較佳的價位。

　　資訊的不對稱，主要發生在散戶與大戶（法人、自營部）之間，此外，由於大戶的資金充沛，可以藉由價格的波動影響投資者的心理，藉此得到獲利的機會。

# 技巧 7　【觀念】常見的交易與投資誤區

　　在交易與投資的領域，對於新手而言，某些錯誤的想法或是作法容易造成投資的失利，茲列舉如下：

## ● 貸款融資

　　投資是具有風險性的行為，意思是在某些狀況下可能會產生難以預期的損失，因此初期的投資行為應該以「閒錢」為主，而不能透過貸款或是融資的方式取得交易資金。

　　由於貸款與融資都具有時間和金錢成本，時間一到，必須面臨還款的壓力，還必須負擔手續費與利息，因此是投資者應該避免的行為。

## ● 以小搏大

　　以小搏大的概念，就是用較少的資金去交易金額較高的商品，例如：台指期（期貨）就是以最低保證金 83,000 交易約 200 萬的指數商品（以點數 10500 計算，一點價值 200 元，總價值為 210 萬元）。只要商品產生較大幅度的波動（約 3% 到 4%），就可能被券商強制平倉（俗稱「斷頭」）。

　　以小搏大會帶來高報酬，同時也可能帶來巨幅虧損。在金融市場中，通常以大賺小容易生存，以小搏大縱然短期能夠獲利，但卻可能因為一次的虧損而退出市場。

### ● 單邊重押

　　所謂單邊重押，就是將多數資金壓在屬性相同的同類商品上，如果賺則可獲取暴利，但如果虧損，則會損失大部分的資金。筆者聽過幾位成功的專業投資者，都使用單邊重押的方式進行投資，但他們具備充足的市場交易經驗以及完整的市場資訊，並且他們往往會放一定比例的避險部位。

　　對於新手投資者而言，初期建議不放高比重的資金進入交易市場，逐步的建立多商品的投資組合，這樣才能在詭譎的金融市場長久立足。

### ● 不願停損

　　不願停損，就是俗稱的「凹單」，意思是當前的損失已經到達認賠的金額了，但卻不願意出場，並期待趨勢反轉。

　　停損的設定會根據商品的類型、資金的多寡、交易者的個性等，有不同的配置，通常會搭配歷史資料回測，取得一個比較好的「數值」。一旦確定了交易的停損點，就要嚴守紀律，確實執行。

　　這是很多交易者需要克服的心裡問題，在該停損的價位不願意停損，而要等到「受不了」才出場，導致虧損變大，這也是未來使用程式交易的好處之一。

### ● 過早停利

　　有些交易者賺到一些差價就急於脫手，而缺少對於趨勢或是停利點的判斷。在交易的過程中，要避免患得患失的心態，遵循驗證過的策略心得，不要急著獲利離場，否則往往會賺小賠大，無法真正獲利。

### ● 聽信明牌

　　市場上的新聞往往不足以當作投資的參考依據，除非是真正的內線情報（例如：公司員工提前知道公司接了大筆訂單、了解該公司的財務報表等）。一般街坊鄰居、經紀業務、投顧老師的建議，僅能當作參考，財經新聞的資訊往往已經是落後指標了。

　　投資者要建立個人觀察市場的方法，而不要聽信明牌，否則容易成為最後一個波段的進場者，套牢而捨不得停損。

## ● 人為干預

這是對於程式交易的一個常見誤區。程式交易是我們驗證過的方法，讓程式代替我們自動運行，因此在運行過程中，我們只須確認是否有按照我們的要求執行，而不該人為干預。

如果程式交易的結果不如預期，應該停止交易並重新檢驗程式，而不能手動停止後自行手動交易。

## ● 避開特例

市場的特例通常是發生了特殊的事件，例如：經濟決策、政治事件、新制上路等，這時代表該日的行情變化不在我們原本的預期內，不妨先退場觀望。對於投資，我們期望的是在可控的狀態下穩定持續，要避免一夕致富的貪念。

# 技巧 8　【分析】認識自己的個性與風險承受能力

由於每個人的生長背景、教育歷練、家庭經濟條件以及工作環境的不同，對於金錢的使用方式也不相同。投資是具有風險性的行為，必須考量自身的個性與風險承受能力，才能挑選出適合自己的投資商品與方式。

市面上有許多個性分析的分類與測驗，這裡我們簡單的介紹 DISC 測驗。若讀者想分析自己的個性，可至底下的網站進行測驗：**URL** https://www.123test.com/disc-personality-test/。

DISC 測驗是一種關於人類行為的測驗，可以藉此了解每個人屬於何種類型。DISC 的意思，分別是指「支配型」（Dominance）、「影響型」（Influence）、「穩健型」（Steadiness）、「分析型」（Compliance），我們將這四類型的人格特質與適合投資的商品分述如下：

| 類型 | 說明 |
|---|---|
| 支配型（dominance） | ❏ 特點：<br>擁有較強的主見與行動力，朝目標邁進，不達目的不罷休、充滿自信意志堅定、有活力，是推動別人行動的人。<br>❏ 投資規劃：<br>1. 高風險產品。<br>2. 主觀式交易。<br>3. 投機性交易，須做好風險控管。 |

| 類型 | 說明 |
|------|------|
| 影響型（influence） | ❑ 特點：<br>樂觀、熱情並具有很強的好奇心，喜歡團隊合作，不喜歡被忽視。<br>❑ 投資規劃：<br>1. 混合高低風險產品。<br>2. 主觀式交易或程式交易。<br>3. 投機性交易，須做好風險控管。 |
| 分析型（compliance） | ❑ 特點：<br>關注細節、深思熟慮，做事前一定要先想好計劃、理想主義、喜歡獨立行動、擔心錯誤。<br>❑ 投資規劃：<br>1. 低風險類型商品。<br>2. 程式交易。<br>3. 投資組合與套利交易。 |
| 穩健型（steadiness） | ❑ 特點：<br>性格低調、易相處、輕鬆平和、適應力強、冷靜、很好的隊友。<br>❑ 投資規劃：<br>1. 無風險類型投資。<br>2. 主觀式交易或程式交易。<br>3. 簡易型投資商品。 |

# 技巧 9 【觀念】了解常見的投資商品

市面上各式各樣的投資商品，該如何選擇呢？這裡我們列出一些常見的投資商品，讓讀者了解並選擇合適自己的類型。

## ● 存款

將金錢存入郵局或銀行中，就可以獲取一定的利息。

### 1. 開戶方式

本人攜帶雙證件至郵局或銀行開戶。

### 2. 存款類型

存款類型是「活期存款 vs. 活期儲蓄存款」、「定期存款 vs. 定期儲蓄存款」。以個人而言，這四者的差異在於定期比活期的利率要高（獲利較高），加上儲蓄兩字的利率要比沒加要來得高。目前存款的年利率都在 2% 以下，但由於幾乎無風險，仍是多數人的最愛。

### 3. 利率類型

利率類型是「固定利率 vs. 機動利率」。「固定利率」是指整個存款期間都是以固定的利率計算，而「機動利率」則是根據不同時間的利率作爲計算的基準。一般而言，如果存款利率看漲，則以機動利率計算較爲划算；若是看跌且存款期間較長，則以固定利率較爲划算。

### 4. 可能的風險損失

存款類的投資可以說是沒有風險損失。銀行存款均有 300 萬的存款保險，即使銀行倒閉，也必須由保險公司賠償。因此在 300 萬以內的存款，風險基本上是由國家完全承擔。

## ● 股票

股票是公司股權的證明，持有者即爲公司的股東。買一間公司的股票代表投資該公司，並看好該公司的未來發展。一間公司必須符合一定的資格才能公開發行股票，讓投資者進行股票的買入與賣出的動作。

股票屬於有價證券，只要該公司沒有倒閉，股票就是有價值的，只是該價值可能會因爲公司本身的營運，以及投資者的炒作而有波動。

### 1. 開戶方式

本人攜帶雙證件至券商開戶，同時需提供指定銀行的帳號作爲出入金之用。

### 2. 可能的風險損失

最高的投資風險就是淨值歸零。如果投資的股票下市，則投資的金額將無法取回，只能認列損失。如果股票仍在市場上交易，則會根據成交金額產生行情波動。目前台灣的交易所設有漲跌幅 10%，因此當日的損失最高爲 10%，但是當漲跌停發生時，往往無法進行交易（過多的人進行買進或賣出的動作），因此發生大幅的價格波動時，往往無法控制在 10% 的範圍內。

若以較長期來看，股價的波動曾發生數十元漲到千餘元，也曾從千餘元跌至百餘元，漲跌幅也算是很大，投資者必須有心理準備。

## ● 期貨

期貨是一種有期限的商品，其中以指數類的期貨最受投資者喜愛。期貨商品本身的價值較高，交易所為了讓更多投資者參與，都以保證金的方式讓投資者進行價差交易。

台灣的期貨屬於逐筆撮合，價格波動較為劇烈，風險較大，同時也是許多投資者喜愛的商品。

### 1. 開戶方式

本人攜帶雙證件至券商開戶，同時需提供指定銀行的帳號作為出入金之用。

### 2. 可能的風險損失

最高的投資風險就是淨值歸零，事實上保證金不足 25%，就可能被券商強制平倉。目前台灣的交易所設有漲跌幅 10%，因此當日的損失最高為 10%，但是保證金大概只佔期貨總價值的 4%，因此如果將全部的資金買入剛好的期貨部位（滿倉），將無法承受當日較大幅度的虧損。

期貨的投資者往往抱著以小搏大的心態，然而這往往不是一個正確的投資態度。期貨交易者必須設好策略並嚴守紀律，才有可能在市場中穩定獲利。

## ● 選擇權

選擇權是一種權力的買賣，分為「買權」（擁有在指定價格買入的權力，稱為 Call）和「賣權」（擁有在指定價格賣出的權力，稱為 Put），而這兩種權力都可進行買賣交易，因此分為「買買權」（Buy Call）、「賣買權」（Sell Call）、「買賣權」（Buy Put）與「賣賣權」（Sell Put）等四種。

其中的買方（Buy 方，包括 Buy Call、Buy Put）相當於買保險者，交出保費即可，最大的損失為保費，獲利沒有上限；賣方（Sell 方，包括 Sell Call、Sell Put）相當於賣保險者，收取保費，獲利的上限為保費，損失無上限。

### 1. 開戶方式

本人攜帶雙證件至券商開戶，同時需提供指定銀行的帳號作為出入金之用。

**2. 可能的風險損失**

投資風險根據買賣雙方有所不同，買方最高的投資風險就是成交金額，賣方最高的投資風險沒有上限。在大行情發生時，價格漲至數十到數百倍均有可能，不只投資金額歸零，往往會發生需要追繳保證金的狀況。

選擇權的賣方風險無窮，交易者必須設好策略（通常會有投資組合）並嚴守紀律，才有可能在市場中穩定獲利。

## ● 基金

基金是由特定公司發行的一種金融商品，讓投資者將錢購買該商品，而得到一筆「大錢」，再由專業投資人事進行商品或不動產的投資。

### 1. 開戶方式

本人攜帶雙證件至銀行開戶，同時需提供指定銀行的帳號作為出入金之用。

### 2. 可能的風險損失

購買基金是將錢交給基金公司，由該公司的團隊進行投資。投資總是有賺有賠，並且基金公司本身也需獲利，因此必須慎選基金公司與背後的投資團隊。

市面上的基金類型甚多，風險不一，但價值會根據市場商品波動，因此需自行評估風險。

## ● 黃金

黃金是高單價的稀有貴金屬，自古以來，一直是一種保值的商品。銀行或是交易所的黃金交易，通常指的是紙上的黃金交易（黃金存摺），而非實物交易。當民眾在黃金存摺購買一定數量的黃金，便可換取實物黃金（如果真想收藏黃金）。

黃金交易又有分實體的黃金交易（可兌換真的黃金），以及指數類的黃金交易（保證金交易）。在台灣有一些銀行提供民眾辦理黃金存摺，可以直接在線上買賣黃金，十分方便。由於黃金的交易是直接向銀行買賣，會有買價（如 1 公克 1233）與賣價（如 1 公克 1248），意思是與銀行買一公克黃金，需付 1248 元（銀行賣），賣一公克給銀行，可獲得 1233 元（銀行買），銀行靠買賣的價差獲利，因此不需收取手續費。

### 1. 開戶方式

本人攜帶雙證件至銀行開戶（黃金存摺），同時需提供指定銀行的帳號作為黃金交易之用。

### 2. 可能的風險損失

黃金是常見的商品，會有一定的波動。在過去的歷史中，金價曾在數個月跌過 20% 左右，但長期而言價格較為穩定。一般而言，金融市場較為穩定時，黃金價格會下跌，反之則會上漲。以長期而言，是一種相對保值的商品。

## ● 海外商品

在境外的所有交易所、券商、法人機構等發行的金融商品，都稱為「海外商品」。國內的某些券商會代理這些商品給國內的客戶交易，因此投資者可以和國內券商開戶，並進行交易，或是直接到國外開戶並入金交易。

常見的海外商品，有美國、日本、新加坡交易所的股票、期貨、選擇權等商品，其中交易量較大的是海外期貨與選擇權的部分，簡稱「海期」。

### 1. 開戶方式

在國內的開戶方式與期貨、選擇權相同，甚至多簽署一兩份文件即可。如果在國外開戶，則需簽署相關文件，並傳真護照、戶口名簿等資料（每間交易商的規定不同）。

### 2. 可能的風險損失

在國內開戶，風險與國內商品相似。如果在國外開戶，需注意出金的問題（無法從交易商取回資金）。

## ● 外匯

外匯一般指的是匯率或是國外的貨幣，但在金融市場指的是兩種貨幣的比率，這種比率就是一種金融商品，例如：歐元對美元的貨幣對（EURUSD）為 1.236（意思是一元歐元可以換多少美元）。如果後續看漲，就買（買進）該商品；如果看跌，就賣（放空）該商品。

外匯採用的是保證金交易，與期貨類似，在保證金的範圍內賺取（或賠償）價差。外匯是全球最大的交易市場，並不存在唯一的交易所，而是由外匯商進行委託與撮合的動作。報價上與黃金商品類似，會有買價與賣價，交易商會賺取其中的價差。

### 1. 開戶方式

在國內的開戶方式與期貨、選擇權相同，甚至多簽署一兩份文件即可。如果在國外開戶，則需簽署相關文件，並傳真護照、戶口名簿等資料（每間交易商的規定不同）。

### 2. 可能的風險損失

在國內開戶，風險與期貨相似。如果在國外開戶，需注意出金的問題（無法從交易商取回資金）。

# 技巧 10　【觀念】現貨與期貨

現貨指的是現有的貨品，也就是實物，在台灣的金融市場指的通常是股票。

現貨是一個相對於期貨的名詞，指的是一個沒有「期限」的商品，而期貨有到期的時限，到期後就會以該時間的價格進行結算。現貨與期貨指的都是相同商品，但保證金（槓桿）、交易規則與一些細部的規定會有所不同，並且在不同交易所也會有不同的規則。

一般而言，有期貨就會有對應的現貨。例如：台灣的股票，稱爲「現貨」，對於不同的股票（大型的股票）就會有對應的期貨，稱爲「個股期貨」；另外，台灣期貨交易所推出了股票集中市場的加權指數的期貨商品，稱爲「台指期貨」（分爲「大台」與「小台」），是目前最熱絡的期貨商品。

# 技巧 11　【觀念】選擇權的含義與最早的用途

選擇權就是針對一個商品買賣一個選擇的權力。舉例而言，長期石油看漲，航空公司爲了擔心油價波動大幅影響成本支出，因此就跟石油公司簽訂了契約：航空公司付出每桶 10 元給石油公司作爲權利金，在一個月後有權利以每桶 100 元購買石油。如果一個月後的石油的價格變爲 150 元，石油公司仍必須以 100 元販售給航空公司；如果價格變爲 80 元，航空公司可以放棄這個權力（因爲價格較高），以 80 元購買即可。

因此，選擇權的設計初衷是買方爲了以較少的權利金規避價格波動風險，賣方可提前獲得權利金，減低資金帶來的壓力。時至今日，選擇權已經變成完全的金融商品，買方不一定爲了避險，賣方也不一定有實際可賣的物品，雙方都是依靠價差獲利。

選擇權的權力分爲兩種：「買權」（英文稱爲 Call）與「賣權」（英文稱爲 Put），因此分爲「買買權」（Buy Call）、「賣買權」（Sell Call）、「買賣權」（Buy Put）、「賣賣權」（Sell

Put）等四種。買方可以視爲買保險者，付出一定金額，但可能有高度的獲利；賣方可視爲賣保險者，收取一定金額，但價格巨幅波動時，可能會有高額的虧損。

關於期貨交易所選擇權商品的介紹，讀者可參考技巧 88。

# 技巧 12　【觀念】對沖的含義與應用

對沖是指有價值關聯性的商品相互沖銷，具有保值、避險等功能。舉例而言，某貿易公司預計一個月後要購買一批美元計價的實體商品（簡稱 A 商品），但短期美元看漲，如果等到一個月後買，將會以較高的金額收購，增加進貨成本。這時該公司就可以預先兌換足夠多的美元，以當下的台幣金額作爲購入的成本。

以上面的例子而言，該貿易公司不需要眞的兌換美元如此麻煩，只須購買美元對台幣計價的外匯商品（底下簡稱 B 商品）即可。如果美元漲，則 B 商品會獲利並可抵掉 A 商品成本的增加；如果美元跌，則 B 商品會虧損，但是 A 商品的購入成本會下跌。簡單的說，B 商品的購買只是爲了平衡 A 商品的成本，並非賺取價差獲利。

期貨類的商品有不同的到期日，意思是相同標的的現貨商品（如加權指數）會有不同到期月份（近月與遠月）的期貨商品，如果近月看漲，我們會買近月商品，如果這時同時放空遠月商品，就是對沖了。

# 技巧 13　【觀念】避險的含義與用途

避險就是躲避風險，避免因爲方向錯誤而導致巨幅損失。在市場上的避險，會購買屬性相反的同類商品、遠期商品或是選擇權來進行避險，因此技巧 12 介紹的對沖也是一種類型的避險。

避險的功能是降低風險，但同時也會因爲避險的需求，而需要較高的交易成本，在降低風險的同時，也會減低獲利的比率。

# 技巧 14　【風控】避險的設定與作法

交易上的避險，可以透過不同商品的買賣、相同商品的反向操作，以及選擇權的買賣來做到。舉例而言，我們購買一口小台（MTX）的多單在 10800 的價位，如果結算時價格漲至 10850，則獲利 50 點（2500 元）；如果跌至 10700，則會虧損 100 點（5000 元）。

如果加上避險的概念，花費 20 點購買一口選擇權 10800 的賣方（Put），如果價格漲至 10850，則會放棄選擇權，因此獲利為 30 點（50 減去 20 點選擇權的買價）；如果跌至 10700，則選擇權方面有權力以 10800 賣出該商品，因此獲利 100 點，剛好與期貨部分沖銷，因此只須花費 20 點的選擇權買價。在這樣的結構下，買進選擇權的賣權如同買保險一般，如果方向正確，只須多繳交保費。如果錯誤，則可彌補虧損。

選擇權的成交價（權利金）是隨時浮動的，因此需看不同價格的成交價，才能取得最好的避險組合。

# 技巧 15 【觀念】認識衍生性金融商品

衍生性金融商品，是指由商品、股價、指數、利率、匯率或其他利益及其組合等所衍生之交易契約，放到市場上交易的金融商品。一般可分為「直接衍生型」（如個股期貨、個股選擇權等）與「商品組合型」（如 ETF、大盤指數類的期貨、選擇權等），常見的衍生性金融商品有「遠期契約」（Forwards）、「期貨契約」（Futures）、「交換契約」（Swap）及「選擇權契約」（Options）等四種。

衍生性金融商品是一種「人為加工」後的商品，可能是面額較小的商品（方便投資人小額投資），可能是挑選後的組合商品（方便投資人選擇），由於這類的商品結構較為複雜，投資人必須慎選商品，並了解交易規則，才能有效的管理風險，獲取正向收益。

# 技巧 16 【觀念】了解外匯交易與外匯保證金

外匯英文為 Foreign Exchange 或 Forex，是各國中央銀行以銀行存款、長短期政府證券（債券）等形式所持有的債權，是國際貿易清償的支付手段。外匯的動態含義是指將一國的貨幣兌換成另一國的貨幣，靜態含義則是指國際間結算的支付手段和信用工具，如存款、匯票、支票、外國政府債券等。

外匯交易是由外匯衍生出的交易商品，是以兩種商品的比率來作為商品交易，其中貨幣對是最常見的外匯交易商品（如歐元對美元：EURUSD、美元對日元：USDJPY），商品計價方式為兩種商品的比率，商品的類型包括現貨、期貨與選擇權，是目前世界上最大的金融交易市場。

外匯交易並非集中市場，而是由券商與銀行承攬業務。外匯交易方式是由交易者匯入一筆外匯保證金，接著可以選擇商品在風險額度之內進行買賣交易。因此外匯保證金如同信用額度的費用，讓交易者在額度內進行交易。

# 技巧 17 【觀念】槓桿與保證金

科學家發明槓桿，目的是用較少的力氣去推動較重的物品。在金融上，就是用較少的資金去買賣金額較大的商品。如何運作金融上的槓桿呢？如果股價 200 元（一張股票 1000 股，因此一張股票 20 萬），我們以現金 20 萬買入一張，一個月後漲至 25 萬，則獲利 5 萬元。

如果我們以年利率 6% 貸款 100 萬元，加上原有的 20 萬元買入 6 張股票，則股價價差會獲利 30 萬元，扣掉貸款的成本 5000 元（100 萬 ×6%÷12 個月），則總共獲利 29 萬 5000 元。反之，如果跌至 15 萬元，則會虧損 30 萬元（再加上貸款的成本 5000 元）。因此槓桿的作用就是放大盈虧的比率。

有些商品本身就有槓桿的概念，為了讓投資者以較少的金額進行交易，就會以保證金的方式來進行。保證金的概念是讓投資者放入一筆錢，進行點數的價差交易。只要虧損範圍在這筆錢的一定比例（75% 左右）內，都可以進行交易；如果超過，則會由券商強制平倉（以當前的價格買賣，俗稱「斷頭」）。

例如：台灣指數型期貨的價格約在一萬左右，大型台指期貨價格一點的金額為 200 元，因此總價值約在 200 萬上下，而交易大型台指期貨只需要保證金 83000，因此槓桿為 200 萬除以 83000，約為 24 倍左右。

保證金類的商品交易，不宜放得「剛剛好」，否則在商品有較大幅度的波動時，會遭到券商強制平倉出場，失去繼續交易的機會。

# 技巧 18 【風控】出入金的意義與風險

出金與入金是指金錢的進出，金錢由一般的儲蓄帳戶進入交易帳戶，稱為「入金」；由交易帳戶進入儲蓄帳戶，稱為「出金」。入金後才能進行交易，交易結束並結算後返回交易帳戶，透過出金才能將錢匯入儲蓄帳戶，這時方能真正動用。

如果券商或是中間機構發生問題，導致無法出金，那麼即使交易賺了再多的錢，都是無法兌現的。因此慎選券商、外匯商是十分重要的，儘管每間券商的手續費或是價差都不一樣，但我們可能會選擇較有保障的券商。

在國內的交易人受到法規保護，不需擔心出金問題，比較需要注意的是國外的機構，需要將錢匯出台灣交易。這時就需注意結算後，是否能將錢匯回銀行帳號。

# 技巧 19　【風控】停損的概念

停損的字面意思是停止更多的損失，也就是確定的虧損的金額，先退場結算觀望。交易市場中的漲跌是循環的，但個人的資金卻是有限的，因此不能在波動中損失過大，喪失下一次交易的機會。底下列出一些為何要停損的原因：

## 1. 降低損失

如果虧損達到了預期的設定，就應該退場（平倉）結算，避免更多的損失。或許停損後價格又會反轉，但也可能發生更巨幅的行情，而造成更多的損失。交易的獲利關鍵往往不在於獲利多少，而是方向錯了之後，如何能安全退場。

## 2. 保留實力

由於個人的資金有限，必須要保持能夠繼續交易的資金。如果虧損過大，而喪失下一次的交易機會，就不是正確的投資心態。因此停損的一大原因就是保留實力，能夠進行下一筆交易。

## 3. 維持紀律

對於人性而言，往往因為貪婪與恐懼，而喪失了許多正確的判斷。透過以往的經驗加以具體分析後，設定停損的規則並確實的維持紀律，往往有助於風險的控管，並維持穩定績效。

# 技巧 20　【風控】停損的設定與作法

我們會根據經驗法則、商品的屬性、個人資本的多寡、市場普遍的看法等，來訂定一個停損的數值或是區間。底下列出常見的停損設定：

## 1. 固定金額

固定金額市場用的停損方式，通常為個人可承受損失的某個比例。例如：某投資者的資金為 100 萬元，可承受的損失金額為 20 萬元，那停損的金額約抓在八成，即為 16 萬左右。如果該投資者的總投資損失達 16 萬元，就會進行停損了。

## 2. 商品價值比例

商品價值比例是很常用的停損方式。以期貨大型台指為例，保證金為 83000，商品價值約 210 萬，因此漲跌幅到達 3%（損失 6 萬），就可能被券商強制平倉，我們可抓 3% 的十分之一，也就是千分之三作為停損比例。

舉例而言，當我們用 10000 元買入一個 A 商品，並訂定停損點為 0.3%，那麼當價格跌至 9970 時，就該進行賣出的動作。

### 3. 價格高低點

有些策略是以價格的高低點做為進場的條件，因此到達該價格時，就會產生一波行情。至於價格高低點的範圍，不同的商品就有不同的設定方式，例如：股票可能會取較長的時間範圍，期貨則會取開盤的前 15-20 分鐘的範圍。

### 4. 對沖商品

在資金足夠的情況下，要停止虧損不一定要平倉，而可以買入反向的商品。例如：買入一口大型台指，如果要停損，可以放空一口大型台指（台灣相同帳號不得同時作多與放空，可開設不同帳號，或是在不同券商開戶），也可以放空四口小型台指（大型台指一點 200 元，小型台指一點 50 元）。

這樣的作法較為彈性，可以選擇更好的時機點將這兩個商品平倉，而非直接退出市場。

# Chapter 02

# 金融資料的取得

金融資料的範圍甚廣，包括盤中資訊、盤後資料、公司基本資料、新聞資料、原物料、國際金融資訊等，其中資料又根據準確度、即時性與資料密度，分為不同的層級。一般網路上可自由取得的公開資訊不保證準確度，且以日資料為主。在本章將介紹常見的金融資訊及其內容格式，以及取得的方式。

# 技巧 21 【觀念】有哪些類型的金融資訊

金融資訊代表關於金融商品的相關資訊，不同領域的金融商品都有投資者關注的訊息。金融資訊含括公開資訊、財務報表、報價資訊、技術指標。

以下將概述這幾種金融資訊：

## ● 金融公開資訊、財務報表

金融公開資訊包含許多類型的資訊，其中分為報價資訊、盤後資料、財務報表，最常用的網站有「台灣證券交易所官方網站」、「台灣期貨交易所官方網站」、「公開資訊觀測站」。

台灣為了保障上市櫃公司股票投資人的投資權益，「公開資訊觀測站」（**URL** http://mops.twse.com.tw/mops/web/index）是用來作為上市櫃公司資訊的發散地，該單位有相關的法令，強制規定上市櫃公司必須依照規定定期更新財務報表，以及在重大事件發生時必須做出公告，以保障投資人的基本權益。

證交所的官方網站（**URL** http://www.tse.com.tw/zh/），主要揭示證券交易相關的盤後資訊，而台灣期貨交易所也有相關的資訊揭示網站（**URL** http://www.taifex.com.tw/chinese/index.asp），該網站揭示期貨、選擇權相關的金融資訊。在該網站下載到的統計資訊，大多屬於盤後資訊，就投資者而言，這種屬性的資料比較偏向日交易周期以上的金融資訊。另外，期貨交易所除了揭示統計資訊以外，還有揭示每日的成交資訊，在之後的章節中，會介紹如何下載期交所網站的公開資訊。

## ● 報價資訊、技術指標

「報價資訊」即交易所的主機在每天開盤後都會揭示的資訊，不論是集中市場，或是非集中市場，都會有不同的報價資訊，這些資訊除了公告成交相關資訊外，可協助投資人了解市場狀況，作為交易的參考依據。

「技術指標」是利用當前市場上的即時報價以及其他有利的資訊，透過公式來進行計算，每種技術指標會有其蘊含的意義，許多投資人會透過技術指標來進行交易判斷。

報價資訊及技術指標，通常可以從券商或資訊商所提供看盤軟體中看到，但一般無法直接取出使用。因此，若要進行程式交易，則必須透過券商的行情 API 來取得報價。

# 技巧22　【觀念】提供免費金融資訊的網站

　　許多網站提供了免費的金融資訊，但往往資訊來源不明，所以正確性有待求證。當讀者遇到了一個新的資訊提供來源時，必須注意該資料的正確性，再去做進一步的資訊研究，才能取得有價值的內容。

　　在本技巧中，介紹比較常用的網站，有公開資訊觀測站、證券交易所官方網站、期貨交易所官方網站、Yahoo Finance，以下將分別介紹這些內容。

## ● 公開資訊觀測站

　　公開資訊觀測站是專門揭露上市櫃股票的公司概況。當中提供的金融資訊，包含常用財務報表、公司基本資料、股東會公告、公司治理相關資訊等。

　　在這網站中，許多投資人最關心的訊息是上市櫃股票的公告訊息。只要有重大情事，就必須在公開資訊觀測站中進行公告，若在指定時限內沒有公告，則會違反證券交易法。因此這項公開資訊相當具有參考價值，許多投資人也會定期關注來保障自己的權益。公開資訊觀測站網站畫面，如圖2-1所示。

圖 2-1

## ● 證券交易所官方網站

　　台灣證券交易所官方網站，主要是揭示關於證券相關的法規、商品資訊以及公布盤後資訊的網站。證券交易所官方網站畫面，如圖2-2所示。

圖 2-2

## ● 期貨交易所官方網站

台灣期貨交易所官方網站，主要是公布盤後統計資訊的網站，但在近年來，為了因應金融大數據的潮流，期貨交易所也提供每秒成交資訊，但到目前為止，僅提供前 30 個開盤日的資料。期貨交易所官方網站畫面，如圖 2-3 所示。

圖 2-3

## ● Yahoo Finance

Yahoo Finance 提供相當多市場的商品報價，同時也提供歷史資料給使用者下載，但歷史資訊的最小時間單位為日，所以沒辦法了解日內交易市場的走勢。

網站內容也提供台灣股票的資料可供查詢，使用者必須在股票代碼後輸入「.tw」，即可查詢股票日 K 資料，例如：台積電「2330.tw」。

Yahoo Finance 網站畫面，如圖 2-4 所示。

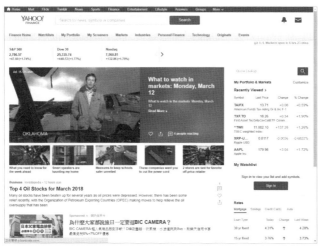

圖 2-4

# 技巧 23 【觀念】免費資料常見的資料型態

當我們對於金融市場不了解時，會需要許多資訊輔助我們理解市場。在這個資訊蓬勃的時代，許多金融商品的資訊已不再是黑盒子了，相對容易取得。常見的資料包括：

### 1. K 線資訊

透過逐筆成交資訊轉換過後的指標資料，將某個時間段的價量轉換為統計資料，有開高低收量五個欄位。

### 2. Tick 逐筆資訊

交易所揭示的資訊，常用的有成交、委託、上下五檔價量等資訊。

礙於 Tick 資料的龐大，許多免費資訊雖然聲稱 Tick 資訊，但其實是已經過調整的，就期交所的資料為例，1 秒鐘可能高達 10 筆成交資訊，但可能經過調整後，每秒僅揭示 1 筆資訊。

# 技巧24 【觀念】時間段的開高低收量（K 線）

「K 線」又稱為「蠟燭線」、「日本線」、「陰陽線」或是「紅黑線」等，源於日本德川時代，當時用來記錄米價的波動，後來被應用於股票與期貨市場，以東南亞地區特別流行，發展出獨到的一門 K 線型態學。

K 線源於日本，被寫作「罫」，而該字音譯為 kei，因此就以第一個字 K，翻譯為 K line，也就是現在所說的 K 線。K 線表示出一個時間區段[1]的四個價位的資訊，如「開盤價」（Open）、「最高價」（High）、「最低價」（Low）、「收盤價」（Close），這四個價位資訊常簡稱為「OHLC」。

> **說明**
> K 線呈現的是一個時間區段內的數值資訊，呈現出一種圖表變化，可視為統計資訊的一類。K 線無法呈現逐筆的行情資訊，如果要了解每一筆的變化，需要讀取 Tick 資料。

在 K 線中，我們會透過類似蠟燭的圖形來表示這四個資訊，我們可以想像一個直立的蠟燭，上下都有燭心，蠟燭本體的部分為開盤與收盤的範圍，而上面燭心的頂端是最高價，而下面燭心的頂端為最低價，如圖 2-5 所示。

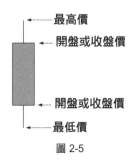

圖 2-5

---

[1] 一般常見的時間區段包括「分」、「時」、「日」、「週」、「月」、「季」，因此我們在 K 線之前會加上時間單位，如「日 K 線」，就代表以日為單位的開高低收四個價格。時間區段越短，精準度越高，一般坊間能取到的最小單位為「分 K」，如果能取到秒以下的資訊，就屬於高頻資料的範疇了。

如果收盤價高於開盤價，代表趨勢往上，會以紅色（我們用紅色表示上漲，而歐美相反，會以綠色表示安全）表示，這時開盤價就在下方，收盤價在上方；如果收盤價低於開盤價，代表趨勢往下，會以綠色（我們用綠色表示下跌，而歐美相反，會以紅色表示警告）表示，這時開盤價就在上方，收盤價在下方，如圖 2-6 所示。

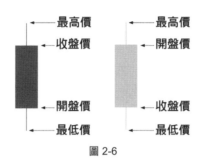

圖 2-6

另一種表現方式會以實心表示上漲（紅 K），空心表示下跌（綠 K），如圖 2-7 所示。

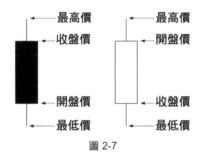

圖 2-7

而 K 線是目前交易指標中最常被用來觀察價格變化的圖表，依照每個投資人交易的不同，會關注不同週期的 K 線，若交易週期較長的投資人，就會看月 K、日 K，若為短波段的交易人，則會看 30 分 K、1 分 K 等，而依據 K 線棒不同的呈現，也會帶來許多不同的解讀。

# 技巧 25　【觀念】Tick 資料的意義

Tick 資料代表逐筆資訊，以成交資訊來說，成交資訊會逐筆揭露，一筆資訊稱為「一筆 Tick 資料」。假設當前市場上有一個投資者要買 A 商品 100 元一個，也有另一個人要賣 A 股票 100 元一個，撮合成功後，交易所會揭露當前成交 A 商品 100 元一個，這就是所謂的「Tick 資料」。

上個技巧有介紹到 K 線資料，K 線資料就是某個時間區段的統計資訊，也就是由 Tick 資料延伸而來，透過每筆 Tick 的價格資訊，來進行開高低收量的統計判斷。

在目前，許多市面上的看盤軟體會將 K 線當作主要的價格走勢觀察圖，這有幾個原因組成：

❏ 因為 K 線圖從古至今使用的人數眾多，K 線自然衍生出一套 K 線理論，當許多人遵循該理論進行交易決策判斷，K 線就自然而然成為眾所皆知的技術指標。

❏ Tick 價格走勢圖就視覺上來說相對凌亂，甚至可能會因為極短期間的大幅震盪，這類圖表可能會影響投資者情緒，所以大多數投資人不習慣使用該圖表。

❏ Tick 資訊沒有固定的時間間隔，K 線圖則有固定的時間間隔，就資訊技術上來說，K 線圖較容易繪製。

不過，Tick 還是有它的優勢的，以下一一敘述：

❏ Tick 資料相較於 K 線資料更為即時。

❏ Tick 資料中有更詳盡的交易資訊，不僅包含價格、數量的資訊，還會包含買方筆數、賣方筆數，某些情況下，這些資料可以延伸判斷當前市場的趨勢。舉例而言，在期交所的完整成交揭示中，甚至有價格註記（一筆成交資訊成交了幾個價位）、總量、買筆數、賣筆數，這些資訊都是在 K 線資訊中無法取得的。

所以，在金融大數據的時代，若可以精準的瞭解、運用 Tick 資料，絕對勝過於單純使用 K 線指標，畢竟 K 線僅是 Tick 資料的延伸應用。

# 技巧 26 【觀念】證交所的報價資料格式

何謂證交所的資料，也就是代表證交所在每個開盤日都會揭示市場相關資訊，揭示這些資訊的目的，就是幫助投資人理解市場現況。

證券交易所的報價資訊，總共有十幾個表格，雖說有十幾個表格，但往往一般投資人並不需要接觸到所有表格，通常最貼近投資者的表格還是「成交揭示表格」，除了這個表格以外，還有「市場總體委託」、「股價加權指數」的揭示表格，這三個表格是最接近投資人的揭示資訊，以下一一介紹這些表格：

## ● 成交揭示表格

揭示各檔上市櫃股票的「成交資訊」以及「上下五檔價量資訊」，以下將列出有用的欄位：

*時間、股票代號、價格註記、價、量、總量、上下五檔價量*

其中，比較值得關注的是「價格註記」欄位，證交所的「價格註記」欄位通常代表著該 Tick 資訊是否成交、擁有上下幾檔的委託價格，也就代表每筆成交揭示資訊並不代表皆有成交，而價格註記是二進位碼。

> **☞ 說明**
>
> 證交所成交揭示與期交所成交揭示表格有所不同，證交所成交揭示表格中有包含上下五檔價量資訊，而期交所的成交資訊中放在其他表格中。

## ● 市場總體委託表格

證交所的委託資訊，與期交所的委託資訊不同之處，在於期交所的委託資訊是依據每個商品來進行揭露，而證交所的委託資訊是依照整個商品市場來進行揭露，也就是說，證交所僅揭示整個市場的上市股票總委託量、上櫃股票總委託量等，這些資訊僅能代表目前市場的活絡程度、市況等，並不能從中得知個別商品的相關情形。

## ● 股價指數表格

股價指數也就代表著目前市場上相關股價的加權指數，股價指數在期交所有相關的期貨以及選擇權商品，往往牽動著整個台灣交易所市場。期交所與證交所股價指數相關的期貨商品：

- ❏ 臺股期貨
- ❏ 臺灣 50 期貨
- ❏ 電子期貨
- ❏ 櫃買期貨
- ❏ 金融期貨
- ❏ 非金電期貨
- ❏ 小型臺指期貨

股價指數種類繁多，其中，以下將列出證交所揭示股價指數的欄位：

*資料時間、加權指數、不含金融指數的加權指數、不含電子指數的加權指數、化學工業、生技醫療業、水泥窯製（原分類股價指數）、食品（原分類股價指數）、塑膠化*

工（原分類股價指數）、紡織纖維（原分類股價指數）、機電（原分類股價指數）、造紙（原分類股價指數）、營造建材（原分類股價指數）、雜項（原分類股價指數）、金融保險（原分類股價指數）水泥工業、食品工業、塑膠工業、紡織纖維、電機機械、電器電纜、化學生技醫療、玻璃陶瓷、造紙工業、鋼鐵工業、橡膠工業、汽車工業、電子工業、建材營造、航運業、觀光事業、金融保險、貿易百貨、其他、未含金電股發行量加權股價指數、油電燃氣業、半導體業、電腦及週邊設備業、光電業、通信網路業、電子零組件業、電子通路業、資訊服務業、其他電子業

> **✪ 說明**
>
> 證交所的報價源管道，僅能由證交所的會員（在台灣通常為資訊商），一般投資人可以透過券商 API 來取得股票報價資料，本章概述證交所的資料格式，可以幫助投資人更進一步理解證交所架構。

# 技巧 27 【分析】證交所資料的簡易分析

證交所的資料格式，在上一點技巧中有提到，本技巧將簡單分析證交所的資料欄位，以及資料的屬性。

股票的成交揭示表格中，時間欄位最小單位為微秒，但值得思考的是，股票目前撮合機制為 5 秒集中撮合一次，也就代表當前的時間欄位最小單位存在的意義不大，不過證交所近年來開始推動逐筆撮合機制，也就代表這個欄位的最小單位即將發揮作用了。

當前證券市場的報價時間欄位至小數點以下六位：

09: 00:42.383000

代表早上 9 點 00 分 42.383 秒。

以當前的股票市場來說，是集中撮合機制，並且每一個商品每五秒鐘才會揭示成交資訊與上下五檔價量，即時報價機制相較於期貨市場，缺乏即時性以及報價資料的完整性。

# 技巧 28 【觀念】期交所的資料格式

何謂期交所的資料，也就是代表期交所在每個開盤日都會揭示市場相關資訊，揭示這些資訊的目的，就是幫助投資人理解市場現況。

　　期券交易所的報價資訊，相較於證交所又更加繁多，除了一般資訊外還增加了鉅額交易資訊，總共有二十幾個表格，與證交所一樣，許多表格比較屬於資訊傳輸層面的資料，並非對於投資人有那麼直接的關係，所以投資人常見的表格有三個：「成交資訊」、「委託資訊」、「上下五檔價量資訊」，以下一一介紹這些表格：

## ● 成交資訊表格

　　期交所的成交資訊表格，是依據每個期貨商品分別揭示，撮合的機制為逐筆撮合，以下將列出該表格的欄位：

*資訊時間、撮合時間、商品名稱、價格註記、價、量、總量、總買筆、總賣筆*

　　其中，期交所的「價格註記」欄位與證交所的揭示有差異，證交所的「價格註記」是代表著該筆揭示資訊「是否成交」以及「目前是否有最佳五檔委託資訊」，但因為期交所的成交資訊表格只會揭示確認成交的資訊，並不會揭示未成交的資訊，也就代表「價格註記」欄位在期交所的成交資訊中，只剩下表達「成交幾個價位」的意義。

## ● 委託資訊表格

　　期交所的委託資訊表格，是依據每個期貨商品分別揭示，每五秒揭示一次，例如：加權指數期貨 8:30 開始接收委託，每五秒揭示一次，以下將列出該表格的欄位：

*資訊時間、商品名稱、委託買口數、委託買筆數、委託賣口數、委託賣筆數*

## ● 上下五檔價量資訊表格

　　期交所的上下五檔價量資訊，是不斷揭示的資訊，由加權指數期貨來說，從開盤 8:45 分開始揭示，本技巧所介紹的三種表格中，「上下五檔價」是資訊量最大的表格。

　　上下五檔價量，其實就是委託的資訊，不過期交所僅開放五檔以內的委託價量提供交易者參考。

　　以下是上下五檔價量資訊表格欄位：

*資訊時間、商品名稱、下一檔價格、下一檔量、下二檔價格、下二檔量、下三檔價格、下三檔量、下四檔價格、下四檔量、下五檔價格、下五檔量、上一檔價格、上一檔量、上二檔價格、上二檔量、上三檔價格、上三檔量、上四檔價格、上四檔量、上五檔價格、上五檔量*

## 技巧 29 【分析】期交所資料的簡易分析

從上一個技巧所介紹的期交所資訊表格中，能夠了解每個表格所代表的意義。而這個技巧將簡易分析上個技巧的成交資訊表格所介紹的欄位以及每個欄位所代表的意義。

### ● 成交資訊表格

欄位如下：

*資訊時間、撮合時間、商品名稱、價格註記、價、量、總量、總買筆、總賣筆*

資訊時間與撮合時間，分別代表資訊揭示的時間，以及商品撮合當下的時間。

期交所還揭示「成交總買筆數」、「成交總賣筆數」，這代表什麼呢？先從成交筆數、成交量的區別開始說明，成交筆數、成交量分別代表的是幾筆訂單以及訂單上總共有幾個商品。由這些欄位來進行分析，若現在台灣指數期貨市場當前總量為 100 成交口數、20 筆成交買筆數、10 口成交賣筆數，這有什麼意涵呢？也就代表當前市場上賣的平均口數較高，可能代表著空方的力道大於多方力道。

## 技巧 30 【操作】下載免費的期交所 Tick 資料

期交所目前每天盤後有提供前 30 日免費的 Tick 資料，供各位投資者進行研究，以下介紹下載的方式。

**Step 01** 首先，進入期交所網站（**URL** http://www.taifex.com.tw/chinese/index.asp），接著點選❶「交易資訊」，如圖 2-8 所示。

圖 2-8

**Step 02** 接著，選擇❷「資料下載專區」，如圖 2-9 所示。

圖 2-9

**Step 03** 進入後，點選❸「前 30 個交易日期貨每筆成交資訊」，接著點選所需交易日的資料（csv 檔），點選❹「下載」，下載為壓縮檔案，解壓縮後即可讀取，如圖 2-10 所示。

圖 2-10

**Step 04** 檔案開啟畫面，如圖 2-11 所示。

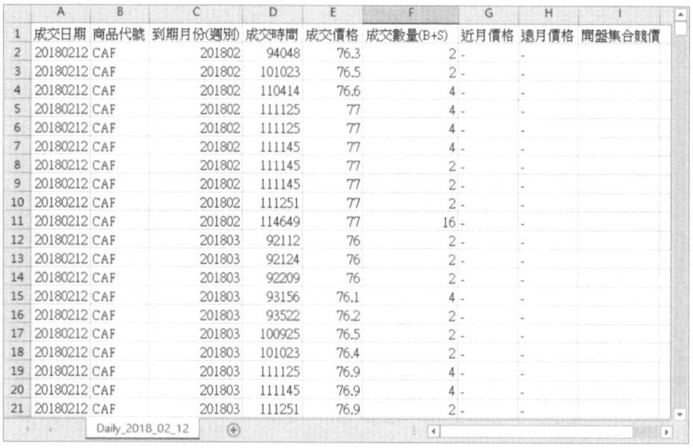

| | A | B | C | D | E | F | G | H | I |
|---|---|---|---|---|---|---|---|---|---|
| 1 | 成交日期 | 商品代號 | 到期月份(週別) | 成交時間 | 成交價格 | 成交數量(B+S) | 近月價格 | 遠月價格 | 開盤集合競價 |
| 2 | 20180212 | CAF | 201802 | 94048 | 76.3 | 2 | - | - | |
| 3 | 20180212 | CAF | 201802 | 101023 | 76.5 | 2 | - | - | |
| 4 | 20180212 | CAF | 201802 | 110414 | 76.6 | 4 | - | - | |
| 5 | 20180212 | CAF | 201802 | 111125 | 77 | 4 | - | - | |
| 6 | 20180212 | CAF | 201802 | 111125 | 77 | 4 | - | - | |
| 7 | 20180212 | CAF | 201802 | 111145 | 77 | 4 | - | - | |
| 8 | 20180212 | CAF | 201802 | 111145 | 77 | 2 | - | - | |
| 9 | 20180212 | CAF | 201802 | 111145 | 77 | 2 | - | - | |
| 10 | 20180212 | CAF | 201802 | 111251 | 77 | 2 | - | - | |
| 11 | 20180212 | CAF | 201802 | 114649 | 77 | 16 | - | - | |
| 12 | 20180212 | CAF | 201803 | 92112 | 76 | 2 | - | - | |
| 13 | 20180212 | CAF | 201803 | 92124 | 76 | 2 | - | - | |
| 14 | 20180212 | CAF | 201803 | 92209 | 76 | 2 | - | - | |
| 15 | 20180212 | CAF | 201803 | 93156 | 76.1 | 4 | - | - | |
| 16 | 20180212 | CAF | 201803 | 93522 | 76.2 | 2 | - | - | |
| 17 | 20180212 | CAF | 201803 | 100925 | 76.5 | 2 | - | - | |
| 18 | 20180212 | CAF | 201803 | 101023 | 76.4 | 2 | - | - | |
| 19 | 20180212 | CAF | 201803 | 111125 | 76.9 | 4 | - | - | |
| 20 | 20180212 | CAF | 201803 | 111145 | 76.9 | 4 | - | - | |
| 21 | 20180212 | CAF | 201803 | 111251 | 76.9 | 2 | - | - | |



圖 2-11

# 技巧 31 【觀念】集中市場與非集中市場

本技巧介紹集中市場以及非集中市場的區別。目前國內的股票及期貨市場都屬於集中市場，而外匯屬於非集中市場。

集中市場是市場以集中公開競價方式進行交易的市場，競價的方式分爲「電腦自動撮合」以及「人工撮合」等兩種，當前台灣的集中市場均爲電腦自動撮合。

另外，非集中市場也就是外匯市場，它並非有眞正的一個集中交易所（例：證券交易所）提供投資人進行交易，而是散步在全球任何一個金融機構中有進行外匯買賣交易及貨幣之間的交換行爲的一個統稱，也就是說，任何一個可以買賣外匯的機構，就可以代表一個外匯的非集中市場，該市場可以進行買賣撮合，而至於每個外匯交易所，彼此之間都有可能產生價差，不過不用擔心，有幾個因素是穩定每個外匯交易所價格差異不那麼大的因素：

- ❑ 當前全球化、高速的網路，一有價格差異缺口，很容易就被補滿了。
- ❑ 外匯金融市場最主要的參與者爲銀行業，大部分的外匯交易量都由銀行經手，外幣的轉換都會有一定的規定，一般投資人無法對外匯價格走勢進行操弄。

外匯爲全球最大的交易市場，就算每個外匯交易市場分別操作，最終也會回歸全球化市場的供需穩定價格。

# 技巧 32　【觀念】外匯資料的種類

外匯通常都是兩種貨幣所帶來的匯率，就是甲國貨幣換成乙國貨幣的匯率，假設台幣與美元的匯率是 29.25，也就代表購買 1 美元，需要花費 29.25 的台幣。

因此外匯是一種貨幣對的概念，指的是某種貨幣（或商品）對另一種貨幣（或商品）的比率，而外匯商品買賣的就是這些匯率，如果看漲就買進（做多），如果看跌則賣出（放空）。

外會的商品包括七大貨幣對與其他，分述如下：

## ● 七大貨幣對

外匯的主力商品為七大貨幣對，其中又包含「直接報價」與「間接報價」，介紹如下：

### 1. 直接報價

直接報價是將美元當作分母來計算匯率。七大主要貨幣對中的直接報價，包括 EUR/USD（歐元對美元）、GBP/USD（英鎊對美元）、AUD/USD（澳元對美元）、NZD/USD（紐幣對美元）。

### 2. 間接報價

間接報價是將美元當作分子來計算匯率。七大主要貨幣對中的間接報價，包括 USD/CHF（美元對瑞士法郎）、USD/JPY（美元對日圓）、USD/CAD（美元對加拿大元）。

## ● 其他

在七大貨幣對之外的貨幣對為交叉報價，通常以美元為單位來換算匯率，或是透過其他清算機構來計算匯率，如 AUD/JPY（澳元對日圓）、USD/CNY（美元對人民幣）等。此外，還有石油、貴金屬等商品對美元的商品與衍生性商品。

# 技巧 33　【操作】下載免費的外匯 Tick 資料

外匯的逐筆成交資訊下載，可以透過免費軟體 Tick Downloader，下載網址為
**URL** https://strategyquant.com/tickdownloader/。

Step 01 進入網址後，點選❶「Get Tick Data Downloader」，畫面如圖 2-12 所示。

圖 2-12

Step 02 接著，輸入自己的帳戶跟 Email 即可免費下載，點選❷「Get for free」，畫面如圖
2-13 所示。

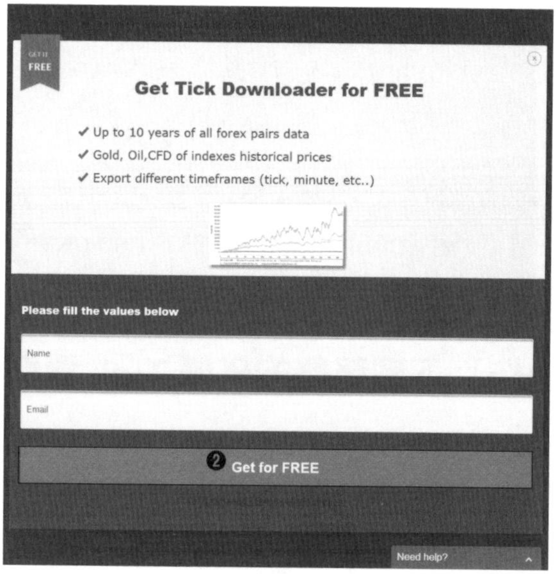

圖 2-13

Step 03 選擇❸「32bit version」或「64bit version」，畫面如圖 2-14 所示。

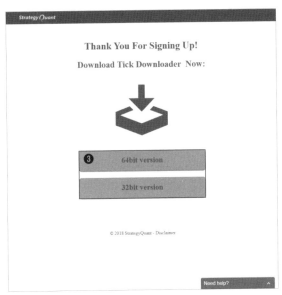

圖 2-14

Step 04 下載完成後，啟動安裝檔，進入安裝畫面後，點選❹「Next」，畫面如圖 2-15 所示。

圖 2-15

**Step 05** 接著，選擇 ❺「I agree the agreement」，點選❻「Next」，畫面如圖 2-16 所示。

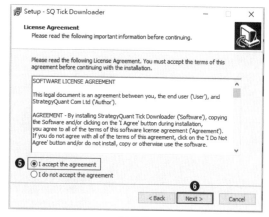

圖 2-16

**Step 06** 接著點選❼「Next」，畫面如圖 2-17 所示。

圖 2-17

**Step 07** 選擇下載檔案路徑，點選❽「Next」，畫面如圖 2-18 所示。

圖 2-18

Step 08 選擇程式安裝路徑，點選❾「Next」，畫面如圖 2-19 所示。

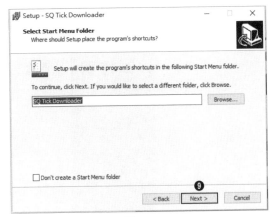

圖 2-19

Step 09 點選❿「Next」，畫面如圖 2-20 所示。

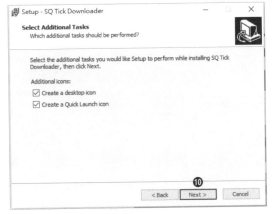

圖 2-20

Step 10 點選⓫「Install」，畫面如圖 2-21 所示。

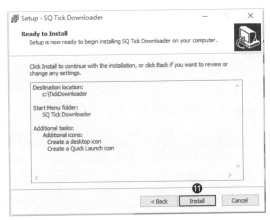

圖 2-21

Step 11 點選⓬「Finish」，畫面如圖 2-22 所示。

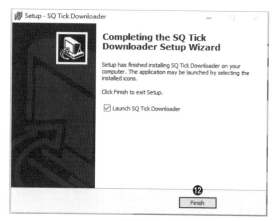

圖 2-22

Step 12 安裝完成後，進入程式畫面，如圖 2-23 所示。

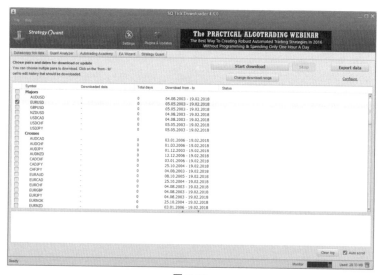

圖 2-23

Step 13 要下載外匯商品，需要兩個步驟。首先是下載，按下⓭「Start download」，接著導出資料，按下⓮「Export data」，然後點選⓯「Download from- to」，可以選擇下載日期，如圖 2-24 所示。

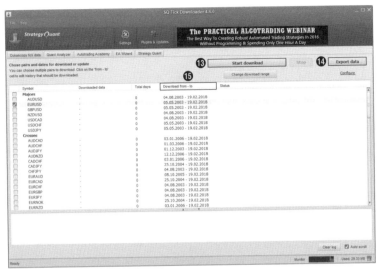

圖 2-24

**Step 14** 選擇下載日期，如圖 2-25 所示。

圖 2-25

# 技巧 34 【分析】解讀外匯資料的內容

外匯不像集中市場的報價一般，有成交、委託、上下五檔等資訊。一般外匯只有買入與賣出的價格，而外匯交易商賺取的就是買入與賣出的差價，稱爲 spread，資料欄位如下：

*時間、賣出價、買入價*

外匯的賣出價及買入價，英文分別爲 ask、bid，而這之間的價差（spread）則是每個外匯交易商依據上家（也就是龍頭）給的 ask、bid 價格，再加上額外外匯交易商所賺的錢，才是每個投資人的 ask、bid。

每個投資者都需明白 ask、bid 之間有存在價差，所以若要透過外匯賺取價差，則必須將 spread 視爲交易成本。

# Chapter 03

# 善用程式工具

程式是我們掌握資料的重要工具，在本章我們將介紹 R 語言與 Python 的運算與工具函數，讓讀者熟悉這兩種語言的操作，能夠靈活地運用在其他章節的範例中。

# 技巧 35 【觀念】挑選適用的程式語言

每一種程式語言都有它的特性，因此要根據需求來選擇適用的程式語言。這是每個量化投資者的第一門功課，程式語言種類五花八門，我們又該如何挑選呢？

首先，從撰寫程式語言的方便性來說，最好選擇直譯式語言，比編譯式語言少了編譯的過程，這會大幅的降低撰寫程式的時間。接著，若我們能選擇在金融領域已經寫好相關套件的程式語言，也可降低程式開發的時間，甚至可以在短短幾行程式碼內，就達成許多複雜的功能。

在這裡，我們推薦兩種程式語言：R、Python，本書也會依據這兩種語言去進行案例說明。這兩種語言符合以上所說的特性，但是在使用上來說，也有許多相異之處。

就 R 語言來說，有非常友善的繪圖函數。對於金融圖形的繪製，讀者可以在短時間內駕輕就熟，並且在矩陣的應用規劃上，也是相當方便使用，在資料統計、分析的相關應用上是相當成熟的，而 R 語言中也有許多開放的金融套件，對於金融領域的使用者是相當方便的。

而 Python 相較於 R，擁有更快速的運算效率，卻不需要低階語言繁複的程式語法，因此對於許多不熟程式語言的新手，是最適合不過的選擇了。

兩種語言的特性都介紹過了，讀者可自行選擇適合的語言去學習，只要能善用該程式語言的特性，將會事半功倍。

# 技巧 36 【程式】了解 Python 的基本操作、內建函數

這裡我們將介紹 Python 中的基本操作與常用的內建函數。

## ● 變數的指定－（=）

Python 與大多數程式語言相同，透過「=」來進行變數指令，由右邊的值指定至左方。舉例如下：

```
>>> x
1
>>> x=(1,2,3) ———— 將 tuple 指定為 x 變數
>>> x
(1, 2, 3)
>>> x=[1,2,3] ———— 將 list 指定為 x 變數
```

```
>>> x
[1, 2, 3]
```

## ● 變數的移除－del

Python 中，需透過 del 指令才能將變數移除。

操作如下：

```
>>> x
[1, 2, 3]
>>> del x
>>> x ───────────────── 無此變數，取用時會發生錯誤
Traceback (most recent call last):
  File "<stdin>", line 1, in <module>
NameError: name 'x' is not defined
```

## ● 運算賦值－（+=、-=、*=、/=、//=、**=、%=）

Python 繼承了 C 語言的方式，也有了運算賦值的功能，可以有效減少程式碼撰寫，以下將簡單的介紹如何使用。

操作如下：

```
>>> x=1
>>> x
1
>>> x+=1 ───────────── 等同於 x=x+1
>>> x
2
>>> x-=1 ───────────── 等同於 x=x-1
>>> x
1
>>> x*=3 ───────────── 等同於 x=x*3
>>> x
3
>>> x/=3 ───────────── 等同於 x=x/3
>>> x
1
```

平方的運算賦值，操作如下：

```
>>> x=3
>>> x**=3 ───────────── 等同於 x=x**3
```

```
>>> x
27
```

地板除法的運算賦值，操作如下：

```
>>> x
27
>>> x//=4 ─────── 等同於 x=x//4
>>> x
6
```

## ● 顯示當前變數－dir、globals、locals

Python 透過 dir 能顯示變數，globals 能顯示廣域變數，locals 能顯示區域變數。

操作如下：

```
>>> dir()
['__builtins__', '__doc__', '__name__', '__package__', 'random', 'x', 'y']
>>> globals()
{'__builtins__': <module '__builtin__' (built-in)>, 'random': <module 'random'
from 'C:\Program Files\python\lib\random.py'>, '__package__': None, 'x': 14, 'y':
3, '__name__': '__main__', '__doc__': None}
>>> locals()
{'__builtins__': <module '__builtin__' (built-in)>, 'random': <module 'random'
from 'C:\Program Files\python\lib\random.py'>, '__package__': None, 'x': 14, 'y':
3, '__name__': '__main__', '__doc__': None}
```

## ● 查詢變數的型態－type

在 python，中透過 type 函數能夠顯示出當前變數的型態，型態主要分為下列幾種：Numbers、String、List、Tuple、Dictionary。

其中 Numbers 又分為四種，以下將常用的型態分別定義以及查詢，操作如下：

```
>>> x=1
>>> type(x)
<type 'int'>
>>> x=1.0
>>> type(x)
<type 'float'>
>>> x="123"
>>> type(x)
<type 'str'>
```

```
>>> x=[1,2,3]
>>> type(x)
<type 'list'>
>>> x=(1,2,3)
>>> type(x)
<type 'tuple'>
>>> x={}
>>> type(x)
<type 'dict'>
```

## ● 加減乘除－（+、-、*、/）

python 中提供的基本運算：加、減、乘、除，分別爲「+」、「-」、「*」、「/」，以下透過簡單的操作來介紹：

```
>>> 1 + 2
3
>>> 7 - 4
3
>>> 7 * 3
21
>>> 21 / 3
7
>>> 21 / 4 ————  python 中的整數 (int) 計算過後回傳也會是整數
5
>>> 21.0 / 4 ——— 若設爲 float 則計算後會回傳 float
5. 25
```

變數間的運算方式類似，如下所示。

```
>>> x=3
>>> y=4
>>> x+y
7
>>> x-y
-1
```

## ● 無條件捨去除法－（//）

無條件捨去除法爲 python 中比較特別的運算子，又稱爲「地板（floor）除法」。

以下透過簡單的操作來介紹：

```
>>> 3.0/2
1.5
>>> 3.0//2
1.0
```

無條件捨去除法會將計算出來的值（float）無條件捨去，若值為整數（int）則無影響。

變數間的運算方式類似，如下所示。

```
>>> x=14.0
>>> y=3
>>> x/y
4.666666666666667
>>> x//y
4.0
```

## ● 次方－（**）

python 中提供了次方運算，如果 x 的 y 次方則語法表達為 x**y，以下顯示操作範例：

```
>>> 4**3
64
```

使用變數進行次方運算，範例如下：

```
>>> x=3
>>> y=4
>>> x**y
81
```

## ● 餘數－（%）

python 中，如果透過餘數進行運算，x 除以 y 所得餘數的語法為 x%y，以下顯示操作範例：

```
>>> 300%10
0
>>> 300%11
3
>>> 12%10
2
```

使用變數進行餘數運算，如下所示。

```
>>> x=14
>>> y=3
>>> x%y
2
```

## ● 亂數產生－random

python 中有提供 random 套件，但不是在預設套件中，所以必須在使用相關函數前，載入 random 套件。

以下介紹 random 套件的用法，以及介紹幾個常用函數用法，舉例如下：

### 1. 載入 random 套件，並隨機產生 0 至 99 的任一值

```
>>> import random
>>> random.randint(0,99)
95
>>> random.randint(0,99)
47
```

### 2. 隨機產生 0 至 101 中的 2 的倍數

```
>>> random.randrange(0, 101, 2)
28
>>> random.randrange(0, 101, 2)
78
```

### 3. 隨機產生 0 至 101 中的 3 的倍數

```
>>> random.randrange(0, 101, 3)
57
>>> random.randrange(0, 101, 3)
75
```

### 4. 隨機產生一個小於 1 並且大於 0 的值

```
>>> random.random()
0. 24863617521706927
```

## ● 轉換數值型態－int、float

在 python 中，可以透過函數進行強制轉換數值型態，以下顯示操作範例：

```
>>> int(3.1)
3
>>> x=4.2
>>> int(x)
4
>>>
>>> float(3)
3. 0
>>> float(3.7)
3. 7
```

小數位數轉整數位會無條件捨去

小數位數轉整浮點位數會完整轉出

在 python 中，與 C 語言相比，不僅限於整數與浮點位數之間的轉換，也可以透過字串轉數值，以下顯示操作範例：

```
>>> x ="1.2"
>>> float(x)
1. 2
```

## ● 四捨五入函數－round

在 python 中，可以透過函數進行強制轉換數值型態，以下顯示操作範例：

```
>>> round(4.5654455)
5. 0
>>> round(4.5654455,3)
4. 565
>>> round(4.5654455,4)
4. 5654
>>>
```

若沒有填入位數參數，預設則為 0

輸入位數參數 3，則代表四捨五入至小數第 3 位

使用變數進行四捨五入，如下所示。

```
>>> x=4/3
>>> round(x)
1. 0
```

## ● 小於等於的最大整數－floor

在 python 中，可以透過 floor 函數取得小於等於的最大整數。由於 floor 函數存在於 math 套件中，所以必須先載入該套件才可以使用。

列舉範例如下：

```
>>> import math
>>>
>>> math.floor(4.56778)
4. 0
>>> math.floor(4)
4. 0
>>> math.floor(-3.44556)
-4.0
```

使用變數進行操作，如下所示。

```
>>> x=3.45
>>> y=-4.56
>>> math.floor(x)
3. 0
>>> math.floor(y)
-5.0
```

## ● 大於等於的最小整數－ceil

在 python 中，可以透過 ceil 函數來取得大於等於的最小整數。由於 ceil 函數存在於 math 套件中，所以必須先載入該套件才可以使用。

列舉範例如下：

```
>>> import math
>>> math.ceil(4)
4. 0
>>> math.ceil(4.1)
5. 0
>>> math.ceil(-3)
-3.0
>>> math.ceil(-3.3)
-3.0
```

使用變數進行操作，如下所示。

```
>>> x=3.45
>>> y=-4.56
>>> math.ceil(y)
-4.0
>>> math.ceil(x)
4. 0
```

### ● 比較數值大小函數－cmp

在 python 中，可以透過 cmp 函數判斷數值大小，使用方式為：

❏ 當參數 1 大於參數 2 時，回傳 1。

❏ 當參數 1 小於參數 2 時，回傳 -1。

❏ 當參數 1 等於參數 2 時，回傳 0。

此函數可以用來進行正負號判斷，只要將參數 2 設定為 0 即可。

列舉範例如下：

```
>>> cmp(1,0) ———————— 正負號判斷
1
>>> cmp(1,1) ———————— 小數位數也可以判斷
0
>>> cmp(1.234,1.345)
-1
>>> cmp(-3,-4)
1
>>>
```

# 技巧 37 【程式】了解 R 語言的基本語法

這裡我們將介紹 R 語言的基本語法。

### ● 變數的指定－ <-、->、=

指定變數可以透過三種符號指定：「<-」、「->」、「=」，前兩種與等號的不同之處，在於前兩種指定變數的方法具有方向性，「<-」是由右邊的值指定至左方，「->」則與前者相反。

舉例如下：

```
> x <- 3
> x
[1] 3
> x <- 1:4
> x
[1] 1 2 3 4
> x <- c(1,3,6)
> x
```

```
[1] 1 3 6
```

## ● 檢視使用的變數－ls

語法：*ls( )*

| 引數 | 功能 |
|------|------|
| Name | 此環境參數是使用來顯示可用的物件 |
| pos | 是 name 的替代參數 |
| envir | 是 name 的替代參數 |
| all.names | 邏輯參數，如果為 TURE，所有物件回被回傳；若為 FALSE，則物件名稱則會在開頭以 . 被忽略 |
| pattern | 只有物件名稱符合 patten 才回傳 |
| sorted | 邏輯參數，是否依照字幕排序 |

列舉範例如下：

```
> ls()
 [1] "A"          "X"          "y"          "z"
>
```

## ● 移除使用的變數－rm

語法：*rm(x,argument...)*

| 引數 | 功能 |
|------|------|
| x | 物件 |
| list | 字元參數命名物件被刪除 |
| pos | 在哪裡被刪除，通常使用預設值 |
| envir | 環境函數，environment 函數 |
| inherits | 檢查是否有繼承 |

列舉範例如下：

```
> ls()
 [1] "A"          "X"          "y"          "z"
> rm(A)
> ls()
 [1] "X"          "y"          "z"
>
```

## ● 查詢物件的類別－ class、str

語法：*class (x)、str(x)*

| 引數 | 功能 |
|------|------|
| x | 物件 |

列舉範例如下：

class、strc 函數可以查詢物件的類別，而兩種函數所查詢的結果顯示不相同，class 列舉範例如下：

```
> x
     [,1] [,2] [,3] [,4] [,5]
[1,]    1    3    5    7    9
[2,]    2    4    6    8   10
> class(x)
[1] "matrix"
> y <- 1:10
> class(y)
[1] "integer"
```

str 列舉範例如下：

```
> str(x)
 int [1:2, 1:5] 1 2 3 4 5 6 7 8 9 10
> str(y)
 int [1:10] 1 2 3 4 5 6 7 8 9 10
```

## ● 改變變數或元素的類型－ as.Date、as.array、as.character、as.numeric...

語法：*as.Date (x)*

| 引數 | 功能 |
|------|------|
| x | 物件 |
| format | 格式 |
| origin | 起始時間 |
| tz | 時區 |

列舉範例如下：

將普通的數值向量轉換爲日期操作，如下所示。

```
> dates <- c("02/27/92", "02/27/92", "01/14/92", "02/28/92", "02/01/92")
> as.Date(dates, "%m/%d/%y")
[1] "1992-02-27" "1992-02-27" "1992-01-14" "1992-02-28" "1992-02-01"
```

產生日期向量，如下所示。

```
> as.Date(1:10,origin='2015-01-01')
 [1] "2015-01-02" "2015-01-03" "2015-01-04" "2015-01-05" "2015-01-06"
 [6] "2015-01-07" "2015-01-08" "2015-01-09" "2015-01-10" "2015-01-11"
> class(as.Date(1:10,origin='2015-01-01'))
[1] "Date"
```

語法：*as.array (x)*

| 引數 | 功能 |
|---|---|
| x | 物件 |
| data.name | 資料列名稱 |

列舉範例如下：

將元素轉換爲字串，如下所示。

```
> letters
 [1] "a" "b" "c" "d" "e" "f" "g" "h" "i" "j" "k" "l" "m" "n" "o" "p" "q" "r" "s"
[20] "t" "u" "v" "w" "x" "y" "z"
> as.array(letters)
 [1] "a" "b" "c" "d" "e" "f" "g" "h" "i" "j" "k" "l" "m" "n" "o" "p" "q" "r" "s"
[20] "t" "u" "v" "w" "x" "y" "z"
> class(letters)
[1] "character"
> class(as.array(letters))
[1] "array"
```

語法：*as. character (x)*

| 引數 | 功能 |
|---|---|
| x | 物件 |

列舉範例如下：

將一般的數值格式改爲字元，如下所示。

```
> x <- 1:10
> x
 [1]  1  2  3  4  5  6  7  8  9 10
> class(x)
[1] "integer"
> as.character(x)
 [1] "1"  "2"  "3"  "4"  "5"  "6"  "7"  "8"  "9"  "10"
> class(as.character(x))
[1] "character"
```

語法：*as. numeric (x)*

| 引數 | 功能 |
|------|------|
| x | 物件 |

列舉範例如下：

將字元格式改為數值格式，並進行運算，前提是資料更改前的格式必須為數字，如下所示。

```
> x
 [1] "1"  "2"  "3"  "4"  "5"  "6"  "7"  "8"  "9"  "10"
> class(x)
[1] "character"
> y
 [1]  1  2  3  4  5  6  7  8  9 10
> x + y
Error in x + y : non-numeric argument to binary operator
> as.numeric(x) + y
 [1]  2  4  6  8 10 12 14 16 18 20
```

## ● 加減乘除－（＋、－、＊、／）

R 語言中提供的基本運算：加、減、乘、除，分別為「＋」、「－」、「＊」、「／」，以下透過簡單的操作來介紹：

```
> 7+7
[1] 14
> 7-4
[1] 3
> 7*3
[1] 21
> 7/3
[1] 2.333333
```

變數間的運算方式類似，如下所示。

```
> x <- 2
> y <- 8
> x+y
[1] 10
> x-y
[1] -6
```

## ● 次方 – （^）

R 語言中提供了次方運算，如果 x 的 y 次方則語法表達為 x^y，以下顯示操作範例：

```
> 2^5
[1] 32
```

使用變數進行次方運算，範例如下：

```
> x <- 3
> y <- 3
> x^y
[1] 27
```

## ● 計算兩者相除的商 – （/）

如果透過除法進行運算：x 除以 y 的語法為 x/y，以下顯示操作範例：

```
> 12/3
[1] 4
```

使用變數進行除法運算，範例如下：

```
> x <- 6
> y <- 2
> x/y
[1] 3
```

## ● 餘數 – （%%）

R 語言中，如果透過餘數進行運算，x 除以 y 所得餘數的語法為 x%%y，以下顯示操作範例：

```
> 2275%%10
[1] 5
```

使用變數進行餘數運算，如下所示。

```
> x <- 21
> y <- 2
> x%%y
[1] 1
```

## ● 亂數產生－sample

語法：*sample(x, size, replace = FALSE,...)*

| 引數 | 功能 |
|------|------|
| x | 正數，隨機數的選擇 |
| size | 正數，隨機數數量 |
| replace | 預設為 FALSE，不可重複隨機數 |
| prob | 預設為 NULL |

列舉兩個範例如下：

### 1. 隨機排列範例

```
> x <- 1:18
> sample(x)
 [1] 16  1 11 15  5  7  3  4  6  8 10 18 13 12  2 17  9 14
```

### 2. 隨機產生 8 個 10000 以內的亂數

```
> sample(10000,9)
[1] 8693 8557 2691 2609 7525 3786 9443 6637  565
```

## ● 正負號的判斷－sign

語法：*sign(x)*

| 引數 | 功能 |
|------|------|
| x | 數值 |

列舉範例如下：

透過 sign 取得正負號時，如果該數值爲正，則回傳 1；如果該數值爲負，則回傳 -1，如下所示。

```
> sign(66)
[1] 1
> sign(-66)
[1] -1
> sign(0)
[1] 0
```

## ● 四捨五入函數 – round

語法：*round (x)*

| 引數 | 功能 |
|------|------|
| x | 數值 |
| n | 四捨五入有效位數 |

列舉範例如下：

使用四捨五入函數時，有效位數 n 預設為 0，因此如果沒有輸入 n 引數，則預設四捨五入至整數位，如下所示。

```
> round(2.45)
[1] 2
> round(2.56)
[1] 3
> round(2.456789,5)
[1] 2.45679
```

## ● 取整數 – trunc

語法：*trunc (x)*

| 引數 | 功能 |
|------|------|
| x | 數值 |

列舉範例如下：

取得該值的整數部分，如下所示。

```
> trunc(3.456789)
[1] 3
> trunc(-56.56789)
[1] -56
```

## ● 小於等於的最大整數－floor

語法：*floor (x)*

| 引數 | 功能 |
|------|------|
| x | 數值 |

列舉範例如下：

透過 floor 函數取得小於等於該值的整數，如下所示。

```
> floor(-3.67)
[1] -4
> floor(6.67)
[1] 6
```

## ● 大於等於的最小整數－ceiling

語法：*ceiling (x)*

| 引數 | 功能 |
|------|------|
| x | 數值 |

列舉範例如下：

透過 ceiling 函數取得大於等於該值的整數，如下所示。

```
> ceiling(-3.45678)
[1] -3
> ceiling(6.789)
[1] 7
```

# 技巧 38 【程式】了解 Python 的邏輯判斷、迴圈

這個技巧將介紹 Python 的邏輯判斷用法，以及迴圈的使用方式。

## ● 邏輯判斷式

Python 中的邏輯判斷式有：

| 名稱 | 符號 |
|------|------|
| 大於、大於等於 | >、>= |
| 小於、小於等於 | <、<= |

| 名稱 | 符號 |
|------|------|
| 等於、不等於 | =、!= |
| 且 | and |
| 或 | or |

以下分別介紹每種邏輯判斷式：

## 1. 大於、大於等於

```
>>> x=10
>>> x>10
False
>>> x>=10
True
```

## 2. 小於、小於等於

```
>>> x=10
>>> x<10
False
>>> x<=10
True
```

## 3. 等於、不等於

```
>>> x=10
>>> y=9
>>> x==y
False
>>> x!=y
True
```

## 4. 且（and）

```
>>> x
10
>>> y
9
>>> x==9 and y==9
False
>>> x==10 and y==9
True
>>>
```

## 5. 或（or）

```
>>> x
10
>>> y
9
>>> x==9 or y==10
False
>>> x==10 or y==9
True
>>> x==10 or y==1
True
>>> x==9 or y==9
True
```

## ● 條件判斷式

介紹完邏輯判斷式後，接著介紹條件判斷式。條件判斷式是透過判斷指定的條件後，去做接下來的運算。條件判斷式主要有 if else 以及 switch，以下分別介紹這兩者的使用方式。

if else 的常用用法分為幾種，首先介紹普通的用法，在 if 後方輸入條件式，並用括號括住，接著，若條件成立為 TRUE，則執行第一指定動作，若條件不成立，則成立第二指定動作。

```
>>> x
10
>>> if x==10:        ——— 第一指定動作
...      x+=10
... else:            ——— 第二指定動作
...      x-=10
...
>>> x
20
```

python 中的 if else 語法是：

*if 判斷式:*

*( 空白 ) 運算式 ...*

*elif 判斷式 2:*

*( 空白 ) 運算式 ...*

以下範例介紹：

```
>>> x
20
>>> if x ==20:
...     x+=10
... elif x==10:
...     x-=10
...
>>> x
30
```

在 python 中，常用的迴圈類行為 for、while，這三種迴圈用法皆稍有不同。另外，在迴圈中也有關於迴圈的控制語法（break、continue、pass），以下將分別介紹。

以往許多程式語言都是透過大括號將迴圈中的程式碼包覆，但在 python 的語法中，是透過縮排（ident）來定義迴圈內的程式碼。

## for 迴圈

for 迴圈控制結構中，基本的語法為：

*for 迴圈變數 in 向量：*

　*{ 運算式 }*

上述基本語法中的迴圈變數，是扮演迴圈一個專屬的變數，會透過迴圈的循環來改變值，最常被用來當作迴圈變數的變數為 i，當然也可以使用 o、e 等其他變數名稱。當迴圈結束時，迴圈變數則不會繼續存在 python 環境中。

迴圈所制定的運算式，可以從簡單至繁雜，依照每個人的需求來制定運算式，可以是簡單的函數、四則運算到複雜的運算分析。

剛開始在寫迴圈時，必須要注意到，在迴圈的運算式中，如果有用到新變數時，必須先定義變數，通常變數定義適合定義在迴圈外，定義在迴圈內，可能會影響運算，以下透過範例介紹 for 迴圈用法。

另外，也透過一個簡單的實例，來介紹 python 迴圈真實的樣貌，在 python 中可以透過逗點分隔物件，並且運用在迴圈中，迴圈的迴圈變數會透過向量內的每個值去循環。下列將迴圈變數的循環透過 print 函數去顯示出來：

```
>>> for i in 1,2,3,4 :
...     print "No.",i
...
No. 1
No. 2
No. 3
No. 4
```

for 迴圈透過向量循環的作法不只上述方法而已，也可以透過 list、tuple 物件變數來作為循環因子。以下介紹定義向量，並透過迴圈顯示出來：

```
>>> x = [1,2,3,4,5,6,7,8,9,10]
>>> for i in x :
...     print "No.",i
...
No. 1
No. 2
No. 3
No. 4
No. 5
No. 6
No. 7
No. 8
No. 9
No. 10
```

這種作法也可以讓循環變成不規則性。所謂的「不規則性」，即不是單純的讓數值是從 1 到 10。以下操作顯示 2 的倍數值：

```
>>> x = [1,2,3,4,5,6,7,8,9,10]
>>> for i in x[::2] :
...     print "No.",i
...
No. 1
No. 3
No. 5
No. 7
No. 9
```

以上範例都是介紹 for 迴圈中的循環因子的變化，以下開始介紹透過迴圈的運算式進行運算。以下這個迴圈的功用在於可以將 x 變數進行 10 次的計算，再透過 i 的相加，以計算出 1+2+3...+10 這個數值（55）。

```
>>> x
[1, 2, 3, 4, 5, 6, 7, 8, 9, 10]
>>> y
0
>>> for i in x:
...     y+=i
...     print y
...
1
3
6
10
15
21
28
36
45
55
```

再來，透過上述的迴圈，進行一點變化，加入邏輯判斷，並且做出處理。如下範例，
x 從 1 加到 10，但是做出一個判斷，也就是當 i 值為 7 時，則略過該循環，略過循環進
行下一個計算。

```
>>> x
[1, 2, 3, 4, 5, 6, 7, 8, 9, 10]
>>> y
0
>>> for i in x:
...     if i == 7:
...             continue
...     y+=i
...     print y
...
1
3
6
10
15
21
29
38
48
```

## ● while 迴圈

在 R 語言中，while 迴圈是除了 for 另外一種主要迴圈，它的基本原理很簡單，就是制定一個判斷原則（邏輯表達式），遵循這個原則來循環迴圈。while 以及 for 迴圈的差異在於 while 是透過邏輯判斷進行循環，for 則是制定一個有限的變數或向量物件來循環迴圈。

while 迴圈控制結構中，基本的語法爲：

*while 判斷式：*

　*運算式*

首先，與 for 一樣寫出一個簡單的迴圈，了解 while 循環的架構，

```
>>> x=0
>>> while x<=7:
...     print x
...     x+=1
...
0
1
2
3
4
5
6
7
>>> x
8
```

while 的特性是容易閱讀，上面的範例可以看到當 x 的值超過 7 時，就會跳出迴圈，跳出迴圈之後，就不再進行任何計算。而在使用 while 迴圈時，必須小心制定迴圈判斷式，因爲如果制定不好，可能就會形成無限迴圈。

無限迴圈就是條件式結果永遠爲 1（系統辨識爲 TRUE），則迴圈無法停止。以下是無限迴圈的簡單作法。

```
>>> x =0
>>> while 1 :
...     print x
...     x+=1
```

```
...
0
1
2
3
4
5
6
7
......
......
```

　　了解到 while 迴圈循環的概念後，就可以進行四則運算。只要符合判斷式，就會一直重複執行運算式，直到不符合爲止。以下介紹 while 的四則運算迴圈用法。

```
>>> x=1
>>> y=0
>>> while x<= 10:
...      y+=x
...      x+=1
...
>>> y
55
```

　　而在 while 迴圈中，不僅僅可以透過 while 判斷式來決定迴圈的循環，也可以透過 break 以及 next 這兩個語法來強制改變 while 迴圈的循環型態。以下範例介紹 while 搭配 next 語法的用法。

```
>>> x=0
>>> while x<10:
...      x+=1
...      if x==5 :
...            continue
...      print x
...
1
2
3
4
6
7
8
```

```
9
10
```

上述範例的結果可以看到，當 x 值為 5 時，跳至下一循環，並沒有顯示 5。

## ● break 跳出迴圈

break 語法可以套用在上述三個迴圈當中，功能為跳出迴圈，使用的時機點依照每個人不同的需求來進行。

break 與 next 的不同，在於 break 會直接跳出迴圈，不再執行迴圈內的下個循環，而 next 是跳脫出該迴圈的某個循環，並且執行下個循環。

break 用法可以參考上述迴圈範例。

## ● next 跳過此次迴圈

next 語法可以套用在迴圈當中，功能為跳出該循環，使用的時機點依照每個人不同的需求來進行。

next 與 break 的不同，在於 next 是跳脫出該迴圈的某個循環，並且執行下個循環，而 break 會直接跳出迴圈，不再執行迴圈內的下個循環。

next 用法可以參考上述迴圈範例。

## ● pass 不執行任何動作

pass 與 break、next 不同之處，在於 pass 並沒有實際的作用，都是用來編寫空的迴圈主體，並不執行任何動作。

# 技巧 39 【程式】了解 R 語言的邏輯判斷、迴圈

這個技巧將介紹 R 語言的邏輯判斷用法，以及迴圈的使用方式。

## ● 邏輯判斷式

R 語言中的邏輯判斷式有：

| 名稱 | 符號 |
|------|------|
| 大於、大於等於 | >、>= |
| 小於、小於等於 | <、<= |

| 名稱 | 符號 |
|---|---|
| 等於、不等於 | = 、 != |
| 非 | ! |
| 且（and） | && 、 & |
| 或（or） | ‖ 、 | |

以下分別介紹每種邏輯判斷式：

## 1. 大於、大於等於

```
> x <- 15
> x > 14
[1] TRUE
> x > 15
[1] FALSE
> x >= 15
[1] TRUE
```

## 2. 小於、小於等於

```
> y <- 12
> y < 11
[1] FALSE
> y < 13
[1] TRUE
> y <= 11
[1] FALSE
> y <= 12
[1] TRUE
```

## 3. 等於、不等於

```
> x <- 10
> y <- 9
> x == y
[1] FALSE
> x != y
[1] TRUE
```

## 4. 非

```
> x
[1] 10
```

```
> ! x < 11
[1] FALSE
> x < 11
[1] TRUE
> ! TRUE
[1] FALSE
```

## 5. 且（and）

&& 以及 & 的差別，在於 && 只能判斷單一值，而 & 可以判斷多個值。

```
> 1:3 < 2 & 3:1 > 2
[1]  TRUE FALSE FALSE
> 1:3 < 2 && 3:1 > 2
[1] TRUE
```

## 6. 或（or）

|| 以及 | 的差別，在於 || 只能判斷單一值，而 | 可以判斷多個值。

```
> 1:3 > 2 | 3:1 < 2
[1] FALSE FALSE  TRUE
> 1:3 > 2 || 3:1 < 2
[1] FALSE
```

## ● 條件判斷式

介紹完邏輯判斷式後，接著介紹條件判斷式。條件判斷式是透過判斷指定的條件後，去做接下來的運算。條件判斷式主要有 if else 以及 switch，以下分別介紹這兩者的使用方式。

if else 的常用用法分為幾種，首先介紹普通的用法，在 if 後方輸入條件式，並用括號括住，接著，若條件成立為 TRUE，則執行第一指定動作，若條件不成立，則成立第二指定動作。

```
> x <- 10
> if( x < 15 ){
+ x <- x +10 ───────── 第一指定動作
+ }else{
+ x <- x -10 ───────── 第二指定動作
+ }
> x
[1] 20
```

if else 的第二種用法爲單行用法，透過單行的 if else，就不必透過大括號將指定動作括住，以下範例介紹：

```
> x <- 10
> if(x < 5) y <- 1 else y <- 10
> y
[1] 10
```

最後，介紹 if else 的特殊用法，就是函數用法，函數名稱爲 ifelse，以下介紹 ifelse：

## ● 條件判斷式 – ifelse

語法：*ifelse (test,yes,no)*

| 引數 | 功能 |
|------|------|
| test | 邏輯判斷式 |
| yes | 正確回傳值 |
| no | 錯誤回傳值 |

列舉兩個隨機排列的範例如下：

```
> ifelse(3 < 10,'Yes','No')
[1] "Yes"
> x <- c(1,2,-4,2,8,-4,-6,-3,6,-8,5,4)
> ifelse(x < 0,x,NA)
 [1] NA NA -4 NA NA -4 -6 -3 NA -8 NA NA
```

在 R 語言中，常用的迴圈類行爲 for、while 以及 repeat，這三種迴圈用法皆稍有不同，另外，在迴圈中也有關於迴圈的控制語法（break、next），以下將分別介紹。

## ● for 迴圈

for 迴圈控制結構中，基本的語法爲：

*for( 迴圈變數 in 向量或列表 ){ 運算式 }*

上述基本語法中的迴圈變數是扮演迴圈一個專屬的變數，會透過迴圈的循環來改變值，最常被用來當作迴圈變數的變數爲 i，當然也可以使用 o、e 等其他變數名稱。當迴圈結束時，迴圈變數則不會繼續存在 R 環境中。

迴圈所制定的運算式，可以從簡單至繁雜，依照每個人的需求來制定運算式，可以是簡單的函數、四則運算到複雜的運算分析。

剛開始在寫迴圈時，必須要注意到，在迴圈的運算式中，如果有用到新變數時，必須先定義變數，通常變數定義適合定義在迴圈外，定義在迴圈內，可能會影響運算，以下透過範例介紹 for 迴圈用法。

透過一個簡單的實例，來介紹 R 迴圈真實的樣貌，在 R 中的可以透過 x:y 去產生數值 x 至 y 的向量，並且運用在迴圈中，迴圈的迴圈變數會透過向量內的每個值去循環，下列將迴圈變數的循環透過 print 函數去顯示出來。

```
> 1:5
[1] 1 2 3 4 5
> for(i in 1:5){cat("I say:",i,"\n")}
I say: 1
I say: 2
I say: 3
I say: 4
I say: 5
```

for 迴圈透過向量循環的作法不只上述方法而已，也可以透過向量變數來作為循環因子。當然這種作法也可以讓循環變成不規則性。所謂的「不規則性」，即不是單純的讓數值是從 1 到 10。以下介紹定義向量，並透過迴圈顯示出來。

```
> x <- c(2,4,6,8,10)
> for(i in x){print(i)}
[1] 2
[1] 4
[1] 6
[1] 8
[1] 10
```

接著，透過 sample 亂數函數來產生不規則的向量，並且作為循環因子。

```
> x <- sample(45:50)
> for(i in x){print(i)}
[1] 50
[1] 47
[1] 46
[1] 49
[1] 45
[1] 48
```

以上範例都是介紹 for 迴圈中的循環因子的變化，以下開始介紹透過迴圈的運算式進行運算，以下這個迴圈的功用在於可以將 x 變數進行 10 次的計算，再透過 i 的相加，以計算出 1+2+3...+10 這個數值（55）。

```
> x <- 0
> for(i in 1:10){x <- x + i
+ print(x)}
[1] 1
[1] 3
[1] 6
[1] 10
[1] 15
[1] 21
[1] 28
[1] 36
[1] 45
[1] 55
```

再來，透過上述的迴圈，進行一點變化，加入邏輯判斷，並且做出處理。如下範例，x 從 1 加到 10，但是做出一個判斷，也就是當 i 值為 7 時，則跳出迴圈，跳出迴圈後，則不會再進行任何計算。

```
> x <- 0
> for(i in 1:10){
+ if(i == 7){break}
+ x <- x + i
+ print(x)}
[1] 1
[1] 3
[1] 6
[1] 10
[1] 15
[1] 21
```

對於初學程式語法的讀者，可以由簡單迴圈去做改變應用，例如：計算出亂數向量的移動平均值。

```
> sample(1:10) -> x
> x
 [1]  8 10  9  7  2  3  5  1  4  6
> for(i in 1:length(x)){
+ if(i != 1) x[i] <- (x[i] + x[i-1])/i
```

```
+ }
> x
 [1] 8.0000000 9.0000000 6.0000000 3.2500000 1.0500000 0.6750000 0.8107143
 [8] 0.2263393 0.4695933 0.6469593
```

透過 for 迴圈去拆解矩陣，首先產生有兩行的舉陣，透過 for 迴圈去取得 row 的數量，再透過第二個迴圈去取得 col 的數量，最後依照相對座標去顯示出矩陣內每個因子。

```
> x <- matrix(1:10, 2, 5)
> x
     [,1] [,2] [,3] [,4] [,5]
[1,]    1    3    5    7    9
[2,]    2    4    6    8   10
> for(y in seq_len(nrow(x))) {
+     for(z in seq_len(ncol(x))) {
+     print(x[y, z])
+     }
+ }
[1] 1
[1] 3
[1] 5
[1] 7
[1] 9
[1] 2
[1] 4
[1] 6
[1] 8
[1] 10
```

for 在 R 語言中，有些時候是多餘的，怎麼說呢？參考以下例子，以下例子有兩個作法。

❑ 作法一：

```
> x <- 1:5
> y <- 5:1
> z <- 0
> for(i in 1:length(x)){
+ z[i] <- x[i] + y[i]}
> z
[1] 6 6 6 6 6
```

❏ 作法二（直接透過 R 向量化特性進行運算）：

```
> x <- 1:5
> y <- 5:1
> z <- 0
> z <- x + y
> z
[1] 6 6 6 6 6
```

　以上兩種作法的目的都是將 1:5 和 5:1 的向量相加，而兩種方式對於系統效能來說，是有相當的差別的，資料量小時並沒有分別，但是在資料量龐大的時候，就會造成效能的差異。

　原因是 R 語言具有向量性資料的優勢，所以進行向量計算時，使用 for 迴圈是不符合系統效能最佳化的方式。

## ● while 迴圈

　在 R 語言中，while 迴圈是除了 for 另外一種主要迴圈，它的基本原理很簡單，就是制定一個判斷原則（邏輯表達式），遵循這個原則來循環迴圈。while 以及 for 迴圈的差異在於 while 是透過邏輯判斷進行循環，for 則是制定一個有限的變數或向量物件來循環迴圈。

　while 迴圈控制結構中，基本的語法為：

*while ( 判斷式 ){ 運算式 }*

　首先，與 for 一樣寫出一個簡單的迴圈，來了解 while 循環的架構。

```
> x <- 0
> while(x <= 7) {
+ print(x)
+ x <- x + 1
+ }
[1] 0
[1] 1
[1] 2
[1] 3
[1] 4
[1] 5
[1] 6
[1] 7
```

　　while 的特性是容易閱讀，上面的範例可以看到當 x 的值超過 7 時，就會跳出迴圈，跳出迴圈之後，就不再進行任何計算。而在使用 while 迴圈時，必須要小心的制定迴圈判斷式，因為如果制定不好，可能就會形成無限迴圈。

　　無限迴圈就是條件式結果永遠為 1（系統辨識為 TRUE），則迴圈無法停止。以下則是無限迴圈的簡單作法。

```
> x<-0
> while(1) {
+ print(x)
+ x <- x +1
+ }
[1] 0
[1] 1
[1] 2
[1] 3
[1] 4
[1] 5
[1] 6
......
......
```

　　了解到 while 迴圈循環的概念後，就可以進行四則運算。只要符合判斷式，就會一直重複執行運算式，直到不符合為止，以下介紹 while 的四則運算迴圈用法。

```
> x <- 1
> y <- 0
> while (x <= 10) {
+   y <- x + y
+   x <- x++
+ }
[1] 55
```

　　而在 while 迴圈中，不僅僅可以透過 while 判斷式來決定迴圈的循環，也可以透過 break 以及 next 這兩個語法，來強制改變 while 迴圈的循環型態，以下範例介紹 while 搭配 next 語法的用法。

```
> x<-0
> while(x <10) {
+ x <- x +1
+ if(x == 5){
+ print('next')
+ next}
```

```
+ print(x)
+ }
[1] 1
[1] 2
[1] 3
[1] 4
[1] "next"
[1] 6
[1] 7
[1] 8
[1] 9
[1] 10
```

上述範例的結果可以看到，當 x 值為 5 時，while 內判斷顯示 next 字串，並跳至下一循環，並沒有顯示 5。

## ● repeat 迴圈

repeat 迴圈與 while 相似，repeat 與 while 的差別在於 while 有邏輯判斷式控制著迴圈循環，而 repeat 沒有。簡單而言，repeat 迴圈每次都是由無限迴圈開始建構，迴圈循環的判斷、跳脫迴圈、跳至下一循環，都是使用者額外編輯。

以下介紹最基本的 repeat 無限迴圈，語法如下：

```
> x <- 1
> repeat(print(x))
[1] 1
[1] 1
[1] 1
[1] 1
[1] 1
[1] 1
 [1] 1
.....
.....
```

很顯然的，repeat 只是在重複進行著指定的運算。

接著加上某些特定的邏輯判斷，語法如下：

```
> x <- 1
> y <- 0
> repeat {
+ if (x > 50) break
```

```
+ y <- x + y
+ x <- x + 1
+ }
> x
[1] 51
> y
[1] 1275
```

該迴圈是計算 y 變數從 1 加到 50，在 x 為 51 的時候跳脫迴圈。

## ● break 跳出迴圈

break 語法可以套用在上述三個迴圈當中，功能為跳出迴圈，使用的時機點依照每個人不同的需求來進行。

break 與 next 的不同，在於 break 會直接跳出迴圈，不再執行迴圈內的下個循環，則 next 是跳脫出該迴圈的某個循環，並且執行下個循環。

簡單的範例語法如下：

```
> sample(1:10) -> x
> for(i in x){
+ if(i == 6){
+ print('bingo')
+ break}
+ print(i)}
[1] 1
[1] 4
[1] 8
[1] 10
[1] "bingo"
> x
 [1]  1  4  8 10  6  3  5  7  2  9
```

上述範例可以透過 sample 產生亂數向量，並且當 x 向量中的值為 6 的時候退出迴圈，並顯示 "bingo" 字串。

## ● next 跳過此次迴圈

next 法可以套用在上述三個迴圈當中，功能為跳出該循環，使用的時機點依照每個人不同的需求來進行。

next 與 break 的不同,在於 next 是跳脫出該迴圈的某個循環,並且執行下個循環,則 break 會直接跳出迴圈,不再執行迴圈內的下個循環。

以下介紹 next 的用法,透過簡單的範例。

```
> sample(1:15) -> x
> x
 [1] 12 11 15  7 10  8  5  4 13  2  9  3 14  1  6
> for(i in x){
+ if(i > 10){
+ print('the number > 10')
+ next}
+ print(i)}
[1] "the number > 10"
[1] "the number > 10"
[1] "the number > 10"
[1] 7
[1] 10
[1] 8
[1] 5
[1] 4
[1] "the number > 10"
[1] 2
[1] 9
[1] 3
[1] "the number > 10"
[1] 1
[1] 6
```

我們將該向量內超過 10 的值不做顯示,並且顯示錯誤訊息。

# 技巧 40 【程式】使用 R 語言取得公開日資訊

本技巧將介紹如何透過 R 語言,來取得 google finance 或是 yahoo finance 的財經資訊。

R 語言可以透過 quantmod 套件,來取得股票日單位的資料,以下將介紹如何在 R 中透過 quantmod 來取得資料。

```
> library('quantmod')
>
> getSymbols('AAPL',src='yahoo')
[1] "AAPL"
>
```

```
> Data<-get("AAPL")
>
> head(Data)
           AAPL.Open AAPL.High AAPL.Low AAPL.Close AAPL.Volume AAPL.Adjusted
2007- 01-03  12.32714  12.36857 11.70000   11.97143   309579900      8.104137
2007- 01-04  12.00714  12.27857 11.97429   12.23714   211815100      8.284014
2007- 01-05  12.25286  12.31428 12.05714   12.15000   208685400      8.225021
2007- 01-08  12.28000  12.36143 12.18286   12.21000   199276700      8.265641
2007- 01-09  12.35000  13.28286 12.16429   13.22429   837324600      8.952269
2007- 01-10  13.53571  13.97143 13.35000   13.85714   738220000      9.380682
>
> tail(Data)
           AAPL.Open AAPL.High AAPL.Low AAPL.Close AAPL.Volume AAPL.Adjusted
2018- 03-02   172.80    176.30   172.45     176.21    38454000       176.21
2018- 03-05   175.21    177.74   174.52     176.82    28401400       176.82
2018- 03-06   177.91    178.25   176.13     176.67    23788500       176.67
2018- 03-07   174.94    175.85   174.27     175.03    31703500       175.03
2018- 03-08   175.48    177.12   175.07     176.94    23774100       176.94
2018- 03-09   177.96    180.00   177.39     179.98    32065200       179.98
```

# 技巧 41 【程式】使用 Python 讀取固定欄位的檔案

Python 對檔案的控制，也設計得相當完善，透過 open、close、write、read 就可以控制檔案的讀取與寫入，以下將分別介紹控制檔案的函數用法。

## ● opne －取用檔案

python 提供的 open 內建函數，可以直接對檔案進行取用，並且設定適當的權限，就可以對檔案進行讀取。

取用檔案介紹如下：

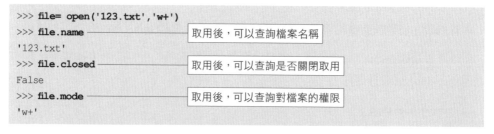

透過 open 後啓用檔案後，接著透過列表推導式將內容逐行輸出成 list，即完成檔案的取用，以下透過讀取期交所公布的檔案「Daily_2018_03_12.csv」內容爲範例。

```
>>> [ line for line in open('Daily_2018_03_12.csv')][1:10]
['20180309,MTX    ,201803    ,150000,10860,38,-,-,*\n', '20180309,MTX    ,201803
,150000,10861,2,-,-, \n', '20180309,MTX    ,201803    ,150000,10861,4,-,-, \n',
'20180309,MTX    ,201803    ,150000,10862,4,-,-, \n', '20180309,MTX    ,201803
,150000,10862,2,-,-, \n', '20180309,MTX    ,201803    ,150001,10862,2,-,-, \n',
'20180309,MTX    ,201803    ,150001,10863,4,-,-, \n', '20180309,MTX    ,201803
,150001,10864,2,-,-, \n', '20180309,MTX    ,201803    ,150001,10864,2,-,-, \n']
>>>
```

接著，取用檔案介紹完成後，就開始進行欄位拆解，python 中的字串透過固定分隔符號，需要透過 split 函數進行拆解，操作過程如下：

```
>>> [ line.replace(' ','').split(',') for line in open('Daily_2018_03_12.csv')][1:10]
[['20180309', 'MTX', '201803', '150000', '10860', '38', '-', '-', '*\n'], ['20180309',
 'MTX', '201803', '150000', '10861', '2', '-', '-', '\n'], ['20180309', 'MTX',
'201803', '150000', '10861', '4', '-', '-', '\n'], ['20180309', 'MTX', '201803',
'150000', '10862', '4', '-', '-', '\n'], ['20180309', 'MTX', '201803', '150000',
'10862', '2', '-', '-', '\n'], ['20180309', 'MTX', '201803', '150001', '10862',
'2', '-', '-', '\n'], ['20180309', 'MTX', '201803', '150001', '10863', '4', '-',
'-', '\n'], ['20180309', 'MTX', '201803', '150001', '10864', '2', '-', '-', '\n'],
['20180309', 'MTX', '201803', '150001', '10864', '2', '-', '-', '\n']]
```

> **⊘ 說明**
>
> 透過 replace 函數，先將內容中的「空格」移除。

該用法是透過矩陣（list）的特性，直接將檔案透過迴圈存進 list 中。

# 技巧 42　【程式】使用 R 語言讀取固定欄位的檔案

R 語言讀取固定欄位，是透過指定的函數取得檔案內容後，直接存為矩陣，讀取檔案有多個函數種類，主要都是以 read.table 函數進行延伸，差異僅在於分隔符號，以下將一一介紹各函數使用方法。

## ● 輸入多變數資料－ read.table

語法：*read.table (file)*

| 引數 | 功能 |
|------|------|
| file | 寫出資料 |
| header | 是否區要顯示檔案名 |

| 引數 | 功能 |
|------|------|
| sep | 分隔符號 |
| quote | 每次搜尋的量 |
| dec | 小數點符號 |
| row.names | 行名 |
| col.names | 列名 |

列舉範例如下：

讀取外部檔案，如下所示。

```
> x <- 1:10
> write.table(x,file='123.csv',row.names=2:11)
> read.table('123.csv')
    x
2    1
3    2
4    3
5    4
6    5
7    6
8    7
9    8
10   9
11  10
> read.table('123.csv',col.names='number')
   number
2       1
3       2
4       3
5       4
6       5
7       6
8       7
9       8
10      9
11     10
```

## ● 輸入符號分隔的 CSV 格式檔 —read.csv、read.csv2

read.csv、read.csv2 兩者皆是將透過符號分隔的 csv 檔輸入至 R 語言中的函數，使用者如果需要取得外部資料，這是相當好用的函數。

　　而 read.csv、read.csv2 這兩個函數的差別，在於 read.csv 是用來取得透過逗號「,」分隔的檔案，則 read.csv2 是取得透過分號「;」分隔的檔案。

　　以下介紹 read.csv，而 read.csv2 操作以及引數的使用皆為相同，只有 sep 引數預設的內容（逗號及分號）不同。

　　語法：*read.csv (file)*

| 引數 | 功能 |
| --- | --- |
| file | 寫出資料 |
| header | 是否需要顯示檔案名 |
| sep | 分隔符號 |
| quote | 每次搜尋的量 |
| dec | 小數點符號 |
| row.names | 行名 |
| col.names | 列名 |

　　列舉範例如下：

　　查看檔案內容，如下所示。

```
# cat data.csv
a,b,c,d,e
1, 2,3,4,5
6, 7,8,9,10
11, 12,13,14,15
16, 17,18,19,20
```

　　實際將檔案透過 read.csv 函數取用，如下所示。

```
> read.csv('data.csv')
   a  b  c  d  e
1  1  2  3  4  5
2  6  7  8  9 10
3 11 12 13 14 15
4 16 17 18 19 20
```

## ● 輸入 Tab 鍵分隔的檔案－read.delim

　　read.delim 函數與 read.csv 函數相當類似，只是 read.delim 函數是取得透過 Tab 鍵分隔的檔案。

語法：*write.delim (file)*

| 引數 | 功能 |
|------|------|
| file | 寫出資料 |
| header | 是否需要顯示檔案名 |
| sep | 分隔符號 |
| quote | 每次搜尋的量 |
| dec | 小數點符號 |
| row.names | 行名 |
| col.names | 列名 |

列舉範例如下：

查看檔案內容，如下所示。

```
# cat data1.csv
a          b          c
1          2          3
4          5          6
```

取得透過 Tab 鍵分隔的檔案，如下所示。

```
> read.delim('data1.csv')
   a b c
1  1 2 3
2  4 5 6
```

## ● 輸入固定寬度格式檔案－read.fwf

read.fwf 函數是用來取得固定寬度格式的檔案，並無限制於哪種分隔符號。

語法：*write.fwf (file)*

| 引數 | 功能 |
|------|------|
| file | 寫出資料 |
| widths | 固定寬度 |
| header | 是否需要顯示檔案名 |
| sep | 分隔符號 |
| quote | 每次搜尋的量 |
| dec | 小數點符號 |
| row.names | 行名 |
| col.names | 列名 |

列舉範例如下：

查看固定長度檔案內容，如下所示。

```
# cat data2.csv
a   b   c
1   2   3
4   5   6
7   8   9
```

透過 write.fwf 函數取得檔案內容，如下所示。

```
> read.fwf('data2.csv',7)
        V1
1 a  b  c
2 1  2  3
3 4  5  6
4 7  8  9
```

# 技巧43　【程式】使用 Python 讀取資料庫的內容

要從 python 存取 MySQL 資料庫有許多套件，本技巧透過 pymysql 套件來進行介紹。安裝 pymysql 套件，則至 CMD 輸入以下指令安裝 pymysql。

*pip install pymysql*

安裝完成後，需先載入套件，才可以使用套件，載入語法如下：

*import pymysql*

接著，若要存取資料庫，就必須與資料庫建立連線。在 pymysql 套件中，必須透過 connect 函數來建立連線的物件，之後透過連線的物件來對資料庫下指令。

以下介紹透過 pymysql 如何對資料庫存取物件，以及透過資料庫進行存取。讀者也可以自行建立資料庫進行存取。

pymysql 中執行 SELECT、INSERT 等動作，操作過程大致相同，只要在 execute 執行句中輸入 SQL 查詢句即可，以下依序介紹操作過程：

1. 首先，確認資料庫中，有資料庫及使用者後，建立連線。

*conn = pymysql.connect(host='IP 位址 ', port= 埠號 , user=" 使用者 ", passwd=" 密碼 ", db=" 資料庫 ")*

2. 建立連線後，接著建立游標，接下來的動作，都是由該物件來進行操作。

*cur = conn.cursor()*

3. 接著執行查詢句。

*cur.execute( "SQL 查詢句 " )*

4. 將查詢結果依序顯示出來。

*for row in cur:*

   *print(row)*

5. 關閉游標。

*cur.close()*

6. 關閉連線。

*conn.close()*

# 技巧 44 【程式】使用 R 語言讀取資料庫的內容

從上一節所介紹的資料庫建置以及存取用法後，接下來依序介紹 R 語言來延伸資料庫的存取應用。要從 R 語言存取 MySQL 資料庫，必須使用 RMySQL 套件。

安裝 RMySQL 套件，在 R 指令列輸入以下指令：

*install.packages("RMySQL")*

安裝完成後，需先載入，才可以使用套件，載入語法如下：

*library('RMySQL')*

接著，若要存取資料庫，就必須與資料庫建立連線。在 RMySQL 套件中，必須透過 dbConnect 函數來建立連線的物件，之後透過連線的物件來對資料庫下指令，建立連線的語法如下：

### ● dbConnect

語法：*dbConnect (...)*

| 參數 | 功能 |
|------|------|
| dbname | 資料庫名稱 |
| username | 使用者 |
| password | 密碼 |
| host | 主機位址 |
| port | 資料庫埠號 |

範例指令：

*con<- dbConnect(MySQL( ), dbname = "資料庫名稱",username = "使用者名稱",
password = "密碼",host = "IP 位址", port= 埠號 )*

操作畫面：

```
> con<- dbConnect(MySQL(), dbname = "ExamScore",username = "paul", password =
"123456" ,host = "localhost")
>
```
沒有錯誤回報，代表成功

從上一節所介紹的資料庫建置以及存取用法後，接下來將開始依序介紹 R 語言來延伸資料庫的存取應用。

在 R 語言的 RMySQL 套件中，大部分的 query 語句，都必須透過 dbGetQuery 函數對資料庫送達指令。

要從 R 中取得資料庫資料，首先必須取得資料庫連結，接著要對資料庫進行動作就必須透過 dbGetQuery，指令介紹如下：

## ● dbGetQuery

語法：*dbGetQuery (conn, ...)*

| 參數 | 功能 |
|------|------|
| conn | 透過 MySqlConnection 連接資料庫而成的連結 |

dbGetQuery 的使用方式就是在第一個參數放上與資料庫連結的變數，參考 3.2.2，接著填上 MySQL 的敘述句，就可以了，透過以下範例來介紹。

範例指令：

*dbGetQuery(con, " select * from AClass ")*

R 語言操作畫面：

```
> con<- dbConnect(MySQL(), dbname = "ExamScore",username = "root", password =
"1234qwer" ,host = "localhost")
> dbGetQuery(con, " select * from AClass ")
  id name chinese english math
1  1 小劉       80     100    90
2  2 小美       94      73    91
3  3 小郎       77      69    48
4  4 小彥       99      89    79
```

資料庫操作畫面：

```
mysql> select * from AClass;
+----+--------+---------+---------+------+
| id | name   | chinese | english | math |
+----+--------+---------+---------+------+
|  1 | 小劉   |      80 |     100 |   90 |
|  2 | 小美   |      94 |      73 |   91 |
|  3 | 小郎   |      77 |      69 |   48 |
|  4 | 小彥   |      99 |      89 |   79 |
+----+--------+---------+---------+------+
4  rows in set (0.00 sec)
```

# 技巧 45 【程式】使用 Python 進行欄位的運算

Python 中並沒有矩陣物件，但 list 以及 tuple 物件皆可以定義多維度，也可以視為矩陣，但由於 tuple 沒辦法修改內容值，所以我們透過 list 來進行介紹。

本技巧將介紹如何進行 list 的計算，若要進行行的計算，可以透過迴圈來處理，但若要進行列的計算，必須透過列表推導式（list comprehension）。

列表推導式能夠透過簡短的程式碼，將一個 list 轉換為另一個 list。簡單而言，有點像在取該 list 的子集合，但又不全然如此，在列表推導式中還可以進行欄位的判斷，實際上可以實現的功能相當多。

操作上來說，就是透過迴圈來進行 list 的判斷、計算，但列表推導式不需要透過換行就可以實現迴圈，不過就功能上來說，還是有某些限制，例如：不能在列表推導式進行巢狀迴圈。

列表推導式經常使用在讀取檔案、進行資料篩選時會用到。以下為列表推導式的範例操作：

```
>>> content = [ line for line in open('Futures_20170815_I020.csv')]    #———
>>> content[1:10]                                                 取得檔案內容
['8450010,8450009,TXFH7,128,10310,732,732,202,349\n', '8450011,8450010,TXFH7,128,1
0309,4,736,206,350\n', '8450011,8450010,TXFH7,128,10309,1,737,207,351\n', '8450011
,8450010,TXFH7,128,10310,1,738,208,352\n', '8450011,8450010,TXFH7,128,10310,1,739,
209,353\n', '8450011,8450010,TXFH7,128,10309,2,741,210,354\n', '8450011,8450011,TX
FH7,128,10309,1,742,211,355\n', '8450013,8450011,TXFH7,128,10310,1,743,212,356\n',
'8450013,8450011,TXFH7,128,10310,1,744,213,357\n']
>>> I020 = [ line.strip('\n').split(",") for line in content][1:]
>>> I020[1:10]
[['8450011', '8450010', 'TXFH7', '128', '10309', '4', '736', '206', '350'],
 ['8450011', '8450010', 'TXFH7', '128', '10309', '1', '737', '207', '351'],
 ['8450011', '8450010', 'TXFH7', '128', '10310', '1', '738', '208', '352'],
 ['8450011', '8450010', 'TXFH7', '128', '10310', '1', '739', '209', '353'],
 ['8450011', '8450010', 'TXFH7', '128', '10309', '2', '741', '210', '354'],
 ['8450011', '8450011', 'TXFH7', '128', '10309', '1', '742', '211', '355'],
 ['8450013', '8450011', 'TXFH7', '128', '10310', '1', '743', '212', '356'],
 ['8450013', '8450011', 'TXFH7', '128', '10310', '1', '744', '213', '357'],
 ['8450013', '8450012', 'TXFH7', '129', '10310', '2', '749', '214', '362']]
```

# 技巧 46 【程式】使用 R 語言進行欄位的運算

當 R 語言要進行欄位（column）的計算，可以直接進行透過矩陣來指定特定欄位，並且進行指定操作，而若要進行行數（row）的計算，則必須要採用迴圈的操作，或是透過 quantmod 中的 Lag 來進行計算。

首先。介紹 R 語言如何呼叫矩陣中的值：

❑ 第 x 列 Column：矩陣 [,x]。

❑ 第 x 行 Row：矩陣 [x,]。

❑ 第 x 行 y 列：矩陣 [x,y]。

以 quantmod 套件取用股票資料為例，來進行案例分析。

```
> library('quantmod')
> getSymbols('AAPL',src='yahoo')
[1] "AAPL"
> Data<-get("AAPL")
> # 取得 AAPL 第一列
> head(Data[,1])
          AAPL.Open
2007- 01-03  12.32714
```

```
2007- 01-04   12.00714
2007- 01-05   12.25286
2007- 01-08   12.28000
2007- 01-09   12.35000
2007- 01-10   13.53571
> # 取得 AAPL 第二列
> head(Data[,2])
              AAPL.High
2007- 01-03   12.36857
2007- 01-04   12.27857
2007- 01-05   12.31428
2007- 01-08   12.36143
2007- 01-09   13.28286
2007- 01-10   13.97143
> # 將兩列進行計算
> head(Data[,1]+Data[,2])
              AAPL.Open
2007- 01-03   24.69571
2007- 01-04   24.28571
2007- 01-05   24.56714
2007- 01-08   24.64143
2007- 01-09   25.63286
2007- 01-10   27.50714
```

# Chapter 04

# 定存與基金試算

定存與基金都是常見的投資工具，投資者只要決定了商品標的，定時
投資即可，不需要時時關注商品波動，是適合上班族的投資類型。本
章將介紹常見的商品類型，以及投資金額的試算方式。

# 技巧 47 【觀念】台灣的存放款利率查詢

存款利率是指一般民眾存錢在銀行時，銀行會付的利息，通常以年為計算週期，以百分比作為顯示的基本單位。如果某間銀行的存款年利率為 1，代表存入的錢會以這個標準付出利息。台灣的中央銀行為台灣銀行，因此各銀行的利息都會以台灣銀行的公告利率作為標準，而略有增減。

放款利率則相反，是民眾與銀行借錢時，銀行放出款項要收的利息。計算與顯示方式和存款利率相同，以年為週期，以百分比為顯示的單位。台灣銀行存放款利率的網站：URL http://rate.bot.com.tw/twd，如圖 4-1 所示。

歷史資料查詢

掛牌日期：2018/04/01　　　　　　　　　　　　　　　　實施日期：2018/04/01

| 類別 | 期別 | 金額 | 利率(年息%) | |
| --- | --- | --- | --- | --- |
| | | | 機動利率 | 固定利率 |
| 定期儲蓄存款 | 三年 | 一般 | 1.165 | 1.115 |
| | | 五百萬元(含)以上 | 0.290 | 0.280 |
| | 二年～未滿三年 | 一般 | 1.115 | 1.075 |
| | | 五百萬元(含)以上 | 0.260 | 0.250 |
| | 一年～未滿二年 | 一般 | 1.090 | 1.070 |
| | | 五百萬元(含)以上 | 0.240 | 0.230 |
| 定期存款 | 三年 | 一般 | 1.115 | 1.065 |
| | | 五百萬元(含)以上 | 0.290 | 0.280 |
| | 二年～未滿三年 | 一般 | 1.090 | 1.040 |
| | | 五百萬元(含)以上 | 0.260 | 0.250 |
| | 一年～未滿二年 | 一般 | 1.065 | 1.035 |
| | | 五百萬元(含)以上 | 0.240 | 0.230 |
| | 九個月～未滿十二個月 | 一般 | 0.950 | 0.910 |
| | | 五百萬元(含)以上 | 0.200 | 0.190 |
| | 六個月～未滿九個月 | 一般 | 0.835 | 0.795 |
| | | 五百萬元(含)以上 | 0.170 | 0.160 |
| | 三個月～未滿六個月 | 一般 | 0.660 | 0.630 |
| | | 五百萬元(含)以上 | 0.140 | 0.130 |
| | 一個月～未滿三個月 | 一般 | 0.600 | 0.600 |
| | | 五百萬元(含)以上 | 0.110 | 0.110 |

圖 4-1

銀行的存款利率又根據固定存款、儲蓄存款[1]、存款期間、存款金額等，而有不同的利率與計算方式。

台灣銀行公告的匯率是一個「標準」，各銀行根據這個「標準」為基礎，訂定更優惠的方案來吸引客戶，例如：更高的存款利率或是更優惠的計算方式等。我們可以到常往來銀行的網站查詢利率，並尋找較有利的方案，坊間有許多網站彙整了銀行的存款利率，圖 4-2 為 URL http://www.taiwanrate.com/ 所整理的銀行利率。

---

[1] 可參考下一個技巧的介紹。

| 固定利率比較 請選擇存款金額 => | 300萬以下 | 500萬以下 | 1000萬以下 | 3000萬以下 | 5000萬以下 | 1億以下 | 3億以下 | 5億以下 | 10億以下 |
| 機動利率比較 請選擇存款金額 => | 300萬以下 | 500萬以下 | 1000萬以下 | 3000萬以下 | 5000萬以下 | 1億以下 | 3億以下 | 5億以下 | 10億以下 |

最新圖表!銀行利率1年3年5年10年走動圖表!

機動利率比較:(存款金額:0至300萬)

| 銀行 | 活期利率 | 活期儲蓄 | 1月 | 2月 | 3月 | 4月 | 5月 | 6月 | 7月 | 8月 | 9月 | 10月 | 11月 | 1年 | 2年 | 3年 | 定期儲蓄1年 | 定期儲蓄2年 | 定期儲蓄3年 |
|---|---|---|---|---|---|---|---|---|---|---|---|---|---|---|---|---|---|---|---|
| 中華開發工業銀行 | 0.170 | 0.170 | 0.880 | 0.880 | 0.940 | 0.940 | 0.940 | 1.120 | 1.120 | 1.120 | 1.210 | 1.210 | 1.210 | 1.330 | 1.350 | 1.360 | 1.360 | 1.360 | 1.360 |
| 三信商業銀行 | 0.080 | 0.200 | 0.600 | 0.600 | 0.660 | 0.660 | 0.660 | 0.810 | 0.810 | 0.810 | 0.930 | 0.930 | 0.930 | 1.065 | 1.090 | 1.100 | 1.090 | 1.115 | 1.125 |
| 中國信託銀行 | 0.010 | 0.050 | 0.600 | 0.600 | 0.660 | 0.660 | 0.660 | 0.810 | 0.810 | 0.810 | 0.920 | 0.920 | 0.920 | 1.065 | 1.090 | 1.090 | 1.090 | 1.110 | 1.140 |
| 中華郵政股份有限公司 | 0.080 | 0.200 | 0.590 | 0.590 | 0.660 | 0.660 | 0.660 | 0.780 | 0.780 | 0.780 | 0.785 | 0.785 | 0.785 | 0.785 | 0.785 | 0.785 | 1.060 | 1.095 | 1.095 |
| 元大商業銀行 | 0.050 | 0.160 | 0.600 | 0.600 | 0.660 | 0.660 | 0.660 | 0.810 | 0.810 | 0.810 | 0.920 | 0.920 | 0.920 | 1.065 | 1.090 | 1.090 | 1.090 | 1.115 | 1.140 |
| 台中商業銀行 | 0.080 | 0.220 | 0.600 | 0.600 | 0.660 | 0.660 | 0.660 | 0.835 | 0.835 | 0.835 | 0.950 | 0.950 | 0.950 | 1.065 | 1.090 | 1.090 | 1.090 | 1.115 | 1.140 |
| 台北富邦銀行 | 0.010 | 0.100 | 0.600 | 0.600 | 0.660 | 0.660 | 0.660 | 0.830 | 0.830 | 0.830 | 0.960 | 0.960 | 0.960 | 1.065 | 1.090 | 1.115 | 1.090 | 1.115 | 1.165 |
| 台灣中小企銀 | 0.080 | 0.230 | 0.600 | 0.600 | 0.660 | 0.660 | 0.660 | 0.810 | 0.810 | 0.810 | 0.930 | 0.930 | 0.930 | 1.065 | 1.090 | 1.110 | 1.090 | 1.300 | 1.300 |
| 合作金庫銀行 | 0.080 | 0.200 | 0.600 | 0.600 | 0.660 | 0.660 | 0.660 | 0.835 | 0.835 | 0.835 | 0.950 | 0.950 | 0.950 | 1.065 | 1.090 | 1.115 | 1.090 | 1.115 | 1.165 |
| 國泰世華商業銀行 | 0.050 | 0.150 | 0.600 | 0.600 | 0.660 | 0.660 | 0.660 | 0.800 | 0.800 | 0.800 | 0.935 | 0.935 | 0.935 | 1.065 | 1.085 | 1.115 | 1.090 | 1.115 | 1.140 |
| 安泰銀行 | 0.100 | 0.190 | 0.600 | 0.600 | 0.660 | 0.660 | 0.660 | 0.820 | 0.820 | 0.820 | 0.940 | 0.940 | 0.940 | 1.070 | 1.100 | 1.120 | 1.090 | 1.115 | 1.150 |
| 彰化商業銀行 | 0.080 | 0.230 | 0.600 | 0.600 | 0.660 | 0.660 | 0.660 | 0.810 | 0.810 | 0.810 | 0.920 | 0.920 | 0.920 | 1.065 | 1.090 | 1.090 | 1.090 | 1.110 | 1.140 |
| 板信商業銀行 | 0.060 | 0.170 | 0.600 | 0.600 | 0.660 | 0.660 | 0.660 | 0.835 | 0.835 | 0.835 | 0.930 | 0.930 | 0.930 | 1.090 | 1.100 | 1.100 | 1.120 | 1.120 | 1.160 |
| 永豐商業銀行 | 0.070 | 0.150 | 0.600 | 0.600 | 0.660 | 0.660 | 0.660 | 0.820 | 0.820 | 0.820 | 0.950 | 0.950 | 0.950 | 1.065 | 1.090 | 1.120 | 1.090 | 1.115 | 1.150 |
| 第一商業銀行 | 0.080 | 0.230 | 0.600 | 0.600 | 0.660 | 0.660 | 0.660 | 0.810 | 0.810 | 0.810 | 0.920 | 0.920 | 0.920 | 1.065 | 1.090 | 1.090 | 1.090 | 1.115 | 1.170 |
| 臺灣土地銀行 | 0.080 | 0.200 | 0.600 | 0.600 | 0.660 | 0.660 | 0.660 | 0.835 | 0.835 | 0.835 | 0.950 | 0.950 | 0.950 | 1.065 | 1.090 | 1.115 | 1.090 | 1.115 | 1.165 |
| 臺灣銀行 | 0.080 | 0.200 | 0.600 | 0.600 | 0.660 | 0.660 | 0.660 | 0.835 | 0.835 | 0.835 | 0.950 | 0.950 | 0.950 | 1.065 | 1.090 | 1.115 | 1.090 | 1.115 | 1.165 |
| 華泰商業銀行 | 0.080 | 0.230 | 0.600 | 0.600 | 0.660 | 0.660 | 0.660 | 0.810 | 0.810 | 0.810 | 0.920 | 0.920 | 0.920 | 1.065 | 1.090 | 1.090 | 1.090 | 1.115 | 1.140 |
| 華僑商業銀行 | 0.040 | 0.150 | 0.600 | 0.600 | 0.660 | 0.660 | 0.660 | 0.810 | 0.810 | 0.810 | 0.950 | 0.950 | 0.950 | 1.065 | 1.090 | 1.110 | 1.090 | 1.170 | 1.170 |
| 遠東銀行 | 0.100 | 0.200 | 0.600 | 0.600 | 0.660 | 0.660 | 0.660 | 0.810 | 0.810 | 0.810 | 0.920 | 0.920 | 0.920 | 1.055 | 1.080 | 1.080 | 1.080 | 1.080 | 1.080 |
| 陽信銀行 | 0.030 | 0.120 | 0.600 | 0.600 | 0.660 | 0.660 | 0.660 | 0.835 | 0.835 | 0.835 | 0.950 | 0.950 | 0.950 | 1.065 | 1.100 | 1.100 | 1.120 | 1.120 | 1.170 |
| 華銀銀行 | 0.050 | 0.160 | 0.600 | 0.600 | 0.660 | 0.660 | 0.660 | 0.820 | 0.820 | 0.820 | 0.950 | 0.950 | 0.950 | 1.060 | 1.090 | 1.110 | 1.150 | 1.110 | 1.130 |
| 玉山銀行 | 0.010 | 0.090 | 0.600 | 0.600 | 0.655 | 0.655 | 0.655 | 0.800 | 0.800 | 0.800 | 0.940 | 0.940 | 0.940 | 1.060 | 1.090 | 1.090 | 1.090 | 1.120 | 1.120 |
| 上海商業儲蓄銀行 | 0.080 | 0.200 | 0.600 | 0.600 | 0.650 | 0.650 | 0.650 | 0.790 | 0.790 | 0.790 | 0.900 | 0.900 | 0.900 | 1.030 | 1.050 | 1.060 | 1.070 | 1.090 | 1.100 |

圖 4-2

　　該網站中的「中華開發商業銀行」是先前的資訊,目前對一般民眾並不提供服務。這裡要提醒讀者,利率還是要以銀行的正式公告為準,一般「民間」自行整理的網站資料可能會過時或是疏漏。

# 技巧 48　【觀念】定期存款與定期儲蓄存款的差異

　　存款分為活期存款與定期存款兩類,差異在於前者可隨時動用資金但利息低,後者在存款期限內不得動用資金,但卻能獲取較高的利息。

　　事實上,在定期存款中又分為一般的定期存款與定期儲蓄存款,對於個人而言,兩者的申辦條件幾乎一樣,但後者確有較高的利息與較多的選擇方案,茲列舉如下:

| | 定期存款 | 定期儲蓄存款 |
|---|---|---|
| 最短存款期限 | 一個月 | 一年 |
| 最長存款期限 | 三年 | 三年 |
| 指定到期日 | 可 | 可 |

| | 定期存款 | 定期儲蓄存款 |
|---|---|---|
| 計算利息方式 | 一到三年的固定利率<br>一到三年的機動利率 | ❏ 整存整付：存戶初期存入本金，每個月產生的利息都會進入本金計算，到期後可以一併提領。<br>❏ 存本取息：存戶初期存入本金，可按月或按年領取利息，到期後領回本金。<br>❏ 零存整付：每個月存入本金，將本金與利息併入本金計算，到期後可一併提領。 |

列舉[2]銀行存款利率與定存（一年）利率[3]做比較：

| 銀行名稱 | 活期利率 | 活期儲蓄利率 | 定存利率 | 定期儲蓄利率 |
|---|---|---|---|---|
| 台灣中小企銀 | 0.08 | 0.23 | 1.045 | 1.07 |
| 彰化商業銀行 | 0.08 | 0.23 | 1.045 | 1.07 |
| 第一商業銀行 | 0.08 | 0.23 | 1.045 | 1.07 |
| 華南商業銀行 | 0.08 | 0.23 | 1.045 | 1.07 |
| 台中商業銀行 | 0.08 | 0.22 | 1.045 | 1.07 |
| 三信商業銀行 | 0.08 | 0.2 | 1.035 | 1.07 |
| 上海商業儲蓄銀行 | 0.08 | 0.2 | 1.01 | 1.05 |
| 中華郵政股份有限公司 | 0.08 | 0.2 | 0.77 | 1.04 |
| 合作金庫銀行 | 0.08 | 0.2 | 1.035 | 1.07 |
| 日盛國際商業銀行 | 0.08 | 0.2 | 1 | 1.02 |
| 臺灣土地銀行 | 0.08 | 0.2 | 1.035 | 1.07 |
| 臺灣銀行 | 0.08 | 0.2 | 1.035 | 1.07 |
| 遠東銀行 | 0.1 | 0.2 | 1.045 | 1.07 |
| 安泰銀行 | 0.1 | 0.19 | 1.04 | 1.05 |
| 兆豐國際商業銀行 | 0.05 | 0.18 | 1.015 | 1.04 |
| 板信商業銀行 | 0.06 | 0.17 | 1.05 | 1.1 |
| 元大商業銀行 | 0.05 | 0.16 | 1.035 | 1.05 |
| 凱基銀行 | 0.06 | 0.16 | 1.03 | 1.05 |
| 台新銀行 | 0.06 | 0.16 | 1.025 | 1.05 |

我們以台灣銀行定期存款利率 1.035 與定期儲蓄存款利率 1.07 來做比較。存款 100 萬一年後，兩者的差異：

**定期存款**：1,000,000 * (1+1.035%) = 1,010,350

**定期儲蓄存款（整存整付）**：1,000,000 * (1+1.07%/12)^12 = 1,010,753

---

[2] 本表為 2018/4/6 的資料，實際利率需參考銀行官方公告。

[3] 這裡列出的是固定利率，關於固定利率與機動利率，讀者可參考下一個技巧。

若以台灣銀行三年定期儲蓄存款利率 1.115 來計算 100 萬三年後的收益：

**定期存款**：1,000,000 * (1+1.035%*3) = 1,031,050

**定期儲蓄存款（整存整付）**：1,000,000 * (1+1.115%/12)^36 = 1,034,000

如果比較一般定期存款與定期儲蓄存款，一年後兩者的差異不明顯，而三年期由於儲蓄存款利率較高，兩者差異為 3,000 元左右。

# 技巧 49　【觀念】機動利率與固定利率的差異

在銀行的利率計算中，有機動利率與固定利率等兩種。其中固定利率是指整個定存期間的利率都是固定的，而機動利率則是會變動的，利率的計算以當時銀行公告的機動利率為準。

> **⊘ 說明**
>
> 由於固定利率含有「未來」的概念（往後的日子銀行都得用這利率付款），因此如果固定利率低於機動利率，代表未來利率看跌，反之則看漲。

| 銀行名稱 | 定期存款 | | 定期儲蓄存款 | |
|---|---|---|---|---|
| | 固定利率 | 機動利率 | 固定利率 | 機動利率 |
| 台灣銀行 | 1.035 | 1.065 | 1.070 | 1.090 |
| 台灣中小企銀 | 1.045 | 1.065 | 1.090 | 1.090 |
| 第一商業銀行 | 1.045 | 1.065 | 1.090 | 1.090 |
| 華南商業銀行 | 1.045 | 1.065 | 1.090 | 1.090 |
| 台灣土地銀行 | 1.035 | 1.065 | 1.070 | 1.090 |
| 彰化商業銀行 | 1.045 | 1.065 | 1.090 | 1.090 |

以上表的台灣銀行的定期儲蓄存款為例，如果以固定利率存款 100 萬一年（整存整付），月息約為 0.089167%（年息 1.070% 除以 12）複利計算，一年後可得：

100 萬 *（1 + 1.070%/12）^ 12 =1,010,753

如果以機動利率來看，需以當月的利率來計算。由於固定利率小於機動利率，代表未來的利率看跌，因此假設未來 12 個月利率分別為 1.090、1.080、1.075、1.070、1.065、1.060、1.065、1.060、1.050、1.055、1.050、1.045，則一年後可得：

100 萬 *（1 + 1.090%/12 )*（1 + 1.080%/12 ) *（1 + 1.075%/12 )

*（1 + 1.070%/12 )*（1 + 1.065%/12 ) *（1 + 1.060%/12 )

* ( 1 + 1.065%/12 )* ( 1 + 1.060%/12 ) *( 1 + 1.050%/12 )

* ( 1 + 1.055%/12 )* ( 1 + 1.050%/12 ) *( 1 + 1.045%/12 )

=1,010,690

由此，我們得知固定利率的獲益略高於機動利率（在我們假設的機動利率下）。事實上，以較為長期的定期儲蓄存款而言，可選用固定利率與機動利率中較低者；若以較為短期的定期儲蓄存款而言，可選用固定利率與機動利率中較高者。

# 技巧 50 【程式】擷取網站上各銀行的存款利率

每間銀行的存款利率都有一些差異，公告在銀行的官方網站上。如果我們要去每間銀行查看匯率，會顯得有些麻煩，而目前市面上已經有許多網站幫我們做好了資料整理，我們只需下載該網站的資料，就可以取得各大銀行的存款利率相關的數據，十分方便。

在這個技巧中，我們將前往兩個利率比較網站，並使用 R 語言進行利率資料的下載、彙整，存入變數 A 之中，以便於後續的分析之用。

## ● 鉅亨網

鉅亨網是一個專業的金融資訊網站，我們可以到「理財→銀行服務」，網址為：URL http://www.cnyes.com/MONEY/DepositRate1.htm，如圖 4-3 所示。

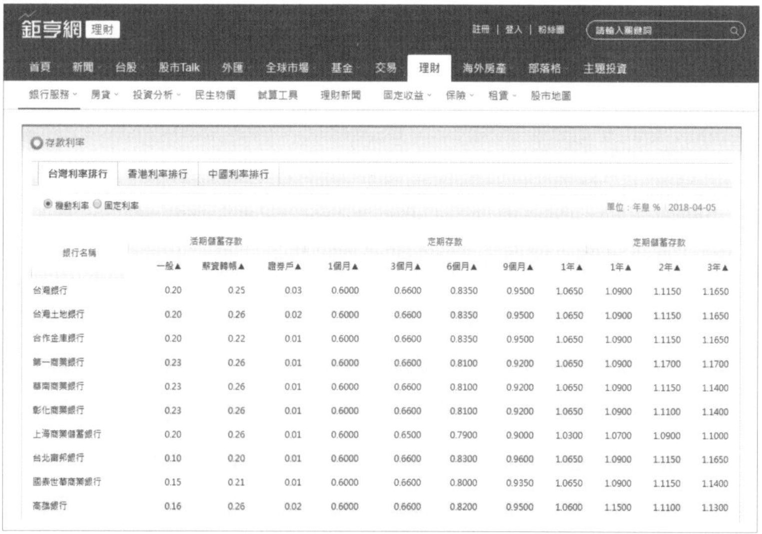


| 銀行名稱 | 活期儲蓄存款 | | | 定期存款 | | | | | 定期儲蓄存款 | | |
|---|---|---|---|---|---|---|---|---|---|---|---|
| | 一般▲ | 薪資轉帳▲ | 證券戶▲ | 1個月▲ | 3個月▲ | 6個月▲ | 9個月▲ | 1年▲ | 1年▲ | 2年▲ | 3年▲ |
| 台灣銀行 | 0.20 | 0.25 | 0.03 | 0.6000 | 0.6600 | 0.8350 | 0.9500 | 1.0650 | 1.0900 | 1.1150 | 1.1650 |
| 台灣土地銀行 | 0.20 | 0.26 | 0.02 | 0.6000 | 0.6600 | 0.8350 | 0.9500 | 1.0650 | 1.0900 | 1.1150 | 1.1650 |
| 合作金庫銀行 | 0.20 | 0.22 | 0.01 | 0.6000 | 0.6600 | 0.8350 | 0.9500 | 1.0650 | 1.0900 | 1.1150 | 1.1650 |
| 第一商業銀行 | 0.23 | 0.26 | 0.01 | 0.6000 | 0.6600 | 0.8100 | 0.9200 | 1.0650 | 1.0900 | 1.1700 | 1.1700 |
| 華南商業銀行 | 0.23 | 0.26 | 0.01 | 0.6000 | 0.6600 | 0.8100 | 0.9200 | 1.0650 | 1.0900 | 1.1150 | 1.1400 |
| 彰化商業銀行 | 0.23 | 0.26 | 0.01 | 0.6000 | 0.6600 | 0.8100 | 0.9200 | 1.0650 | 1.0900 | 1.1100 | 1.1400 |
| 上海商業儲蓄銀行 | 0.20 | 0.26 | 0.01 | 0.6000 | 0.6500 | 0.7900 | 0.9000 | 1.0300 | 1.0700 | 1.0900 | 1.1000 |
| 台北富邦銀行 | 0.10 | 0.20 | 0.01 | 0.6000 | 0.6600 | 0.8300 | 0.9600 | 1.0650 | 1.0900 | 1.1150 | 1.1650 |
| 國泰世華商業銀行 | 0.15 | 0.21 | 0.01 | 0.6000 | 0.6600 | 0.8000 | 0.9350 | 1.0650 | 1.0900 | 1.1150 | 1.1400 |
| 高雄銀行 | 0.16 | 0.26 | 0.02 | 0.6000 | 0.6600 | 0.8200 | 0.9500 | 1.0600 | 1.1500 | 1.1100 | 1.1300 |

圖 4-3

底下我們將介紹 R 語言的資料取用方式。

首先，需安裝套件 RCurl，如下所示：

*install.packages("RCurl")*

接著，載入套件並取得網站內容：

```
library("RCurl")

x=getURL("http://www.cnyes.com/MONEY/DepositRate1.htm",.encoding='UTF-8')
```

再來，我們就必須對 x 進行內容的過濾與篩選，由於取得的資料太長，我們建議從 R 中複製到 Notepad 中，看看該如何拆解資料。變數 x 的內容，如圖 4-4 所示。

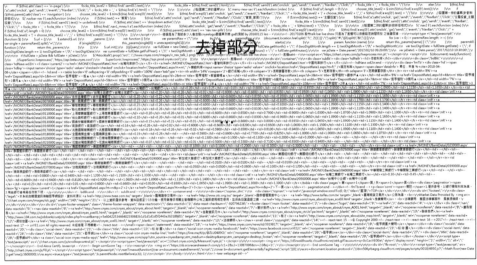

圖 4-4

我們發現網頁內容中都有關鍵字「/MONEY/BankDetail/」，因此以該關鍵字作為分隔，取為向量變數。

在 R 中，我們使用 strsplit 函數拆解關鍵字「/MONEY/BankDetail/」，並取出第一個緯度的向量值：

*y=strsplit(x,"/MONEY/BankDetail/")[[1]]*

由於向量的第一個值為前面多餘的網頁程式碼，我們直接去掉：

*u=y[-1]*

u 取出的結果應該如圖 4-5 所示：

圖 4-5

我們抽出一行內容來看看：

```
0040000.aspx' title='台灣銀行 '>台灣銀行</a></td><td>0.20</td><td>0.25</td><td>
0.03</td><td>0.6000</td><td>0.6600</td><td>0.8350</td><td>0.9500</td><td>1.0650</
td><td>1.0900</td><td>1.1150</td><td>1.1650</td></tr><tr><td class='cnlt'><a
href='
```

上面為每一行的格式，我們可以藉由「>」作為分隔符號，取出後面的字串，並使用「</td></tr>」作為分隔符號，取出前面的字串：

*z=strsplit(u[i],"'>")[[1]][2]*

*z=strsplit(z,'</td></tr>')[[1]][1]*

執行後資料如下：

```
台灣銀行</a></td><td>0.20</td><td>0.25</td><td>0.03</td><td>
0.6000</td><td>0.6600</td><td>0.8350</td><td>0.9500</td><td>
1.0650</td><td>1.0900</td><td>1.1150</td><td>1.1650
```

將多餘的「</a>」刪除：

*z=sub('</a>','',z)*

執行後資料如下：

```
台灣銀行</td><td>0.20</td><td>0.25</td><td>0.03</td><td>
0.6000</td><td>0.6600</td><td>0.8350</td><td>0.9500</td><td>
1.0650</td><td>1.0900</td><td>1.1150</td><td>1.1650
```

使用「</td><td>」作為分隔符號拆解欄位：

*z=strsplit(z,'</td><td>')[[1]]*

執行畫面如下：

```
> strsplit(z,'</td><td>')[[1]]
 [1] "台灣中小企銀 " "0.23"          "0.26"          "0.01"          "0.6000"
 [6] "0.6600"        "0.8100"        "0.9300"        "1.0650"        "1.0900"
[11] "1.3000"        "1.3000"
```

最後把資料用 cbind 合併，就大功告成了！完整的程式碼如下所示：

```
library("RCurl")

x=getURL("http://www.cnyes.com/MONEY/DepositRate1.htm",.encoding='UTF-8')

y=strsplit(x,"/MONEY/BankDetail/")[[1]]
u=y[-1]

A=numeric(0)
for ( i in 1:length(u) ) {

z=strsplit(u[i],"'>")[[1]][2]
z=strsplit(z,'</td></tr>')[[1]][1]
z=sub('</a>','',z)
z=strsplit(z,'</td><td>')[[1]]
A=rbind(A,z)

}

# 將第二頁的資料重複處理一次，差異僅在於不得將變數 A 清空
x=getURL("http://www.cnyes.com/MONEY/DepositRate1.aspx?rt=m&p=2",.
encoding='UTF-8')

y=strsplit(x,"/MONEY/BankDetail/")
u=y[[1]][-1]

for ( i in 1:length(u) ) {

  z=strsplit(u[i],"'>")[[1]][2]
  z=strsplit(z,'</td></tr>')[[1]][1]
  z=sub('</a>','',z)
  z=strsplit(z,'</td><td>')[[1]]
    if ( length(z) <=12 ) {
```

```
      z[12]= ""
    }
  A=rbind(A,z)

}


# 將第三頁的資料重複處理一次，與第二頁相同
x=getURL("http://www.cnyes.com/MONEY/DepositRate1.aspx?rt=m&p=3",.
encoding='UTF-8')


y=strsplit(x,"/MONEY/BankDetail/")
u=y[[1]][-1]

for ( i in 1:length(u) ) {

  z=strsplit(u[i],"'>")[[1]][2]
  z=strsplit(z,'</td></tr>')[[1]][1]
  z=sub('</a>','',z)
  z=strsplit(z,'</td><td>')[[1]]
    if ( length(z) <=12 ) {
      z[12]= ""
    }
  A=rbind(A,z)

}
```

取出的矩陣為 A，內容如圖 4-6 所示。

| | [,1] | [,2] | [,3] | [,4] | [,5] | [,6] | [,7] | [,8] | [,9] | [,10] | [,11] | [,12] |
|---|---|---|---|---|---|---|---|---|---|---|---|---|
| > A | | | | | | | | | | | | |
| [1,] | "台灣銀行" | "0.20" | "0.25" | "0.03" | "0.6000" | "0.6600" | "0.8350" | "0.9500" | "1.0650" | "1.0900" | "1.1150" | "1.1650" |
| [2,] | "台灣土地銀行" | "0.20" | "0.26" | "0.02" | "0.6000" | "0.6600" | "0.8350" | "0.9500" | "1.0650" | "1.0900" | "1.1150" | "1.1650" |
| [3,] | "合作金庫銀行" | "0.20" | "0.22" | "0.01" | "0.6000" | "0.6600" | "0.8350" | "0.9500" | "1.0650" | "1.0900" | "1.1150" | "1.1650" |
| [4,] | "第一商業銀行" | "0.23" | "0.26" | "0.01" | "0.6000" | "0.6600" | "0.8100" | "0.9200" | "1.0650" | "1.0900" | "1.1700" | "1.1700" |
| [5,] | "華南商業銀行" | "0.23" | "0.26" | "0.01" | "0.6000" | "0.6600" | "0.8100" | "0.9200" | "1.0650" | "1.0900" | "1.1150" | "1.1400" |
| [6,] | "彰化商業銀行" | "0.23" | "0.26" | "0.01" | "0.6000" | "0.6600" | "0.8100" | "0.9200" | "1.0650" | "1.0900" | "1.1100" | "1.1400" |
| [7,] | "上海商業儲蓄銀行" | "0.20" | "0.26" | "0.01" | "0.6000" | "0.6500" | "0.7900" | "0.9000" | "1.0300" | "1.0700" | "1.0900" | "1.1000" |
| [8,] | "台北富邦銀行" | "0.10" | "0.26" | "0.01" | "0.6000" | "0.6600" | "0.8300" | "0.9600" | "1.0650" | "1.0900" | "1.1150" | "1.1650" |
| [9,] | "國泰世華商業銀行" | "0.15" | "0.21" | "0.01" | "0.6000" | "0.6600" | "0.8000" | "0.9350" | "1.0650" | "1.0900" | "1.1150" | "1.1400" |
| [10,] | "高雄銀行" | "0.16" | "0.26" | "0.02" | "0.6000" | "0.6600" | "0.8200" | "0.9500" | "1.0600" | "1.1500" | "1.1100" | "1.1300" |
| [11,] | "兆豐國際商業銀行" | "0.18" | "0.26" | "0.01" | "0.5900" | "0.6500" | "0.8100" | "0.9400" | "1.0650" | "1.0900" | "1.1150" | "1.1400" |
| [12,] | "全國農業金庫" | "0.19" | "0.26" | "--" | "0.5900" | "0.6600" | "0.7700" | "0.8250" | "1.0000" | "1.0000" | "1.0650" | "1.0750" |
| [13,] | "日商瑞穗實業銀行" | "--" | "--" | "--" | "0.1300" | "0.1300" | "0.1300" | "0.2000" | "0.2000" | "--" | "--" | "--" |
| [14,] | "花旗台灣商業銀行" | "0.07" | "0.32" | "0.01" | "0.5000" | "0.5300" | "0.7100" | "0.8300" | "0.9400" | "--" | "--" | "--" |
| [15,] | "美國商業銀行" | "--" | "--" | "--" | "0.1000" | "0.1000" | "0.2000" | "0.3000" | "0.3000" | "--" | "--" | "--" |
| [16,] | "泰國盤谷銀行" | "--" | "--" | "--" | "" | "" | "" | "" | "" | "--" | "--" | "--" |
| [17,] | "菲律賓首都銀行" | "--" | "--" | "--" | "" | "" | "" | "" | "" | "--" | "--" | "--" |
| [18,] | "美國紐約銀行" | "--" | "--" | "--" | "" | "" | "" | "--" | "--" | "--" | "--" | "--" |
| [19,] | "新加坡大華銀行" | "--" | "--" | "--" | "" | "" | "" | "--" | "--" | "--" | "--" | "--" |
| [20,] | "美商道富銀行" | "--" | "--" | "--" | "0.0100" | "0.0100" | "--" | "0.0100" | "--" | "--" | "--" | "--" |
| [21,] | "法商興業銀行" | "--" | "--" | "--" | "0.0500" | "0.0500" | "0.0800" | "0.1000" | "0.1200" | "--" | "--" | "--" |
| [22,] | "澳商澳盛銀行" | "--" | "--" | "--" | "" | "" | "" | "" | "" | "--" | "--" | "--" |
| [23,] | "中華開發工業銀行" | "--" | "--" | "--" | "0.8800" | "0.9400" | "1.1200" | "1.2100" | "1.3300" | "--" | "--" | "--" |
| [24,] | "台灣工業銀行" | "0.30" | "0.45" | "--" | "0.6000" | "0.6400" | "0.8100" | "0.9200" | "1.0600" | "1.0900" | "1.1100" | "1.1400" |
| [25,] | "台灣中小企銀" | "0.23" | "0.26" | "0.01" | "0.6000" | "0.6600" | "0.8100" | "0.9300" | "1.0650" | "1.0900" | "1.3300" | "1.3000" |

圖 4-6

Python 的運作原理類似,底下列出程式碼,並將說明註解在程式碼中:

```
# -*- coding: UTF-8 -*-
# 載入相關套件
import urllib.request,re

# 定義轉值為 float,若遇到 N/A 字串則轉為 None
def float_or_na(value):
 if value == '' :
  return None
 elif value == '--' :
  return None
 else:
  return float(value)

# 取得網頁資訊
x = urllib.request.urlopen("http://www.cnyes.com/MONEY/DepositRate1.htm").read().
decode("utf-8")
# 進行字串拆解
y=x.split('<table')[1]
z=y.split('</table>')[0]
a=z.split('</tr>')[2:]



# 將表格資訊填入 list 當中
resource=[]

for i in a[:-1] :
 tmplist=[]
 j=i.split('</td>')
 tmplist+=[ j[0].split('>')[-2].strip('</a') ]
 tmplist+=[ float_or_na(j[1].strip('<td>')) ]
 tmplist+=[ float_or_na(j[2].strip('<td>')) ]
 tmplist+=[ float_or_na(j[3].strip('<td>')) ]
 tmplist+=[ float_or_na(j[4].strip('<td>')) ]
 tmplist+=[ float_or_na(j[5].strip('<td>')) ]
 tmplist+=[ float_or_na(j[6].strip('<td>')) ]
 tmplist+=[ float_or_na(j[7].strip('<td>')) ]
 tmplist+=[ float_or_na(j[8].strip('<td>')) ]
 tmplist+=[ float_or_na(j[9].strip('<td>')) ]
 tmplist+=[ float_or_na(j[10].strip('<td>')) ]
 tmplist+=[ float_or_na(j[11].strip('<td>')) ]
 resource+=[tmplist]
```

```
# 依照欄位排序
sorted(resource, key=lambda x: (x[1] is None, x[1]),reverse=True)
```

## ● taiwanrate.com 網站

**URL** www.taiwanrate.com 是一個有詳細利率比較表的網站，如圖 4-7 所示。

圖 4-7

首先，載入套件並取得網站內容：

```
library("RCurl")

x=getURL("http://www.taiwanrate.com/",.encoding='UTF-8')
```

再來，我們就必須對 x 進行內容的過濾與篩選，由於取得的資料太長，我們建議從 R 中複製到 Notepad 中，看看該如何拆解資料。拆解方式類似之前的例子，我們不一一拆解詳述。完整的程式碼如下所示：

```
library("RCurl")

x=getURL("http://www.taiwanrate.com/",.encoding='UTF-8')
```

```
y=strsplit(x,"interest_rate_bank.php")[[1]]
y=y[-1]
y=y[-length(y)]

y=gsub('?c=',"",y,fixed=TRUE)
y=gsub('</a></td><td >',",",y,fixed=TRUE)
y=gsub('</td><td >',",",y,fixed=TRUE)
y=gsub("</td></tr><tr align=right class=bodytabletr2><td><a href='","",y,fixed=TRUE)
y=gsub("</td></tr><tr align=right class=bodytabletr1><td><a href='","",y,fixed=TRUE)
y=gsub("</td><td class=bodytabletrsort>",",",y,fixed=TRUE)

A=numeric(0)
for ( i in 1:length(y) ) {
  z=strsplit(y[i],'>')[[1]][2]
  z=strsplit(z,",")[[1]]
  A=rbind(A,z)

}
```

取出的矩陣爲 A，內容如圖 4-8 所示。

> A

| | [,1] | [,2] | [,3] | [,4] | [,5] | [,6] | [,7] | [,8] | [,9] | [,10] | [,11] | [,12] | [,13] | [,14] | [,15] | [,16] | [,17] | [,18] | [,19] | [,20] |
|---|---|---|---|---|---|---|---|---|---|---|---|---|---|---|---|---|---|---|---|---|
| z | "中華開發工業銀行" | "0.170" | "0.170" | "0.880" | "0.880" | "0.950" | "0.950" | "0.950" | "1.120" | "1.120" | "1.120" | "1.230" | "1.230" | "1.230" | "1.350" | "1.380" | "1.390" | "1.390" | "1.390" | "1.390" |
| z | "斐商標準銀行" | "-" | "-" | "0.580" | "0.580" | "0.800" | "0.800" | "0.800" | "0.800" | "0.800" | "0.800" | "0.800" | "0.800" | "0.800" | "0.800" | "0.800" | "0.800" | "0.800" | "0.800" | "0.800" |
| z | "大眾銀行" | "0.050" | "0.160" | "0.600" | "0.720" | "0.720" | "0.630" | "0.630" | "0.770" | "0.770" | "0.770" | "0.880" | "0.880" | "0.880" | "1.035" | "1.035" | "1.035" | "1.050" | "1.065" | "1.105" |
| z | "三信商業銀行" | "0.080" | "0.200" | "0.600" | "0.600" | "0.660" | "0.660" | "0.660" | "0.780" | "0.780" | "0.780" | "0.900" | "0.900" | "0.900" | "1.035" | "1.040" | "1.060" | "1.070" | "1.075" | "1.095" |
| z | "台中商業銀行" | "0.080" | "0.220" | "0.600" | "0.600" | "0.660" | "0.660" | "0.660" | "0.795" | "0.795" | "0.795" | "0.910" | "0.910" | "0.910" | "1.045" | "1.070" | "1.070" | "1.090" | "1.095" | "1.095" |
| z | "台灣中小企銀" | "0.080" | "0.230" | "0.600" | "0.600" | "0.660" | "0.660" | "0.660" | "0.770" | "0.770" | "0.770" | "0.880" | "0.880" | "0.880" | "1.045" | "1.070" | "1.070" | "1.090" | "1.095" | "1.095" |
| z | "彰化商業銀行" | "0.080" | "0.230" | "0.600" | "0.600" | "0.660" | "0.660" | "0.660" | "0.770" | "0.770" | "0.770" | "0.880" | "0.880" | "0.880" | "1.045" | "1.070" | "1.070" | "1.090" | "1.095" | "1.095" |
| z | "星展(臺灣)商業銀行" | "0.070" | "0.120" | "0.560" | "0.580" | "0.660" | "0.660" | "0.660" | "0.770" | "0.770" | "0.770" | "0.770" | "0.770" | "0.770" | "1.015" | "1.015" | "1.015" | "1.040" | "1.040" | "1.040" |
| z | "板信商業銀行" | "0.060" | "0.170" | "0.600" | "0.600" | "0.660" | "0.660" | "0.660" | "0.795" | "0.795" | "0.795" | "0.910" | "0.910" | "0.910" | "1.050" | "1.060" | "1.060" | "1.100" | "1.110" | "1.120" |
| z | "第一商業銀行" | "0.080" | "0.230" | "0.600" | "0.600" | "0.660" | "0.660" | "0.660" | "0.770" | "0.770" | "0.770" | "0.880" | "0.880" | "0.880" | "1.045" | "1.070" | "1.070" | "1.090" | "1.095" | "1.095" |
| z | "華南商業銀行" | "0.080" | "0.230" | "0.600" | "0.600" | "0.660" | "0.660" | "0.660" | "0.770" | "0.770" | "0.770" | "0.880" | "0.880" | "0.880" | "1.045" | "1.070" | "1.070" | "1.090" | "1.095" | "1.095" |
| z | "中華郵政股份有限公司" | "0.080" | "0.200" | "0.590" | "0.590" | "0.650" | "0.650" | "0.650" | "0.770" | "0.770" | "0.770" | "0.770" | "0.770" | "0.770" | "0.770" | "0.770" | "0.770" | "1.040" | "1.040" | "1.040" |
| z | "安泰銀行" | "0.100" | "0.190" | "0.600" | "0.600" | "0.650" | "0.650" | "0.650" | "0.780" | "0.780" | "0.780" | "0.900" | "0.900" | "0.900" | "1.040" | "1.050" | "1.050" | "1.050" | "1.080" | "1.080" |
| z | "聯邦銀行" | "0.050" | "0.150" | "0.590" | "0.590" | "0.650" | "0.650" | "0.650" | "0.750" | "0.750" | "0.750" | "0.880" | "0.880" | "0.880" | "1.040" | "1.080" | "1.085" | "1.070" | "1.090" | "1.100" |
| z | "華泰商業銀行" | "0.040" | "0.150" | "0.600" | "0.600" | "0.650" | "0.650" | "0.650" | "0.780" | "0.780" | "0.780" | "0.910" | "0.910" | "0.910" | "1.040" | "1.042" | "1.065" | "1.070" | "1.090" | "1.115" |
| z | "遠東銀行" | "0.100" | "0.200" | "0.600" | "0.600" | "0.650" | "0.650" | "0.650" | "0.800" | "0.800" | "0.800" | "0.910" | "0.910" | "0.910" | "1.045" | "1.060" | "1.060" | "1.070" | "1.070" | "1.070" |
| z | "凱基銀行" | "0.060" | "0.160" | "0.600" | "0.600" | "0.640" | "0.640" | "0.640" | "0.750" | "0.750" | "0.750" | "0.890" | "0.890" | "0.890" | "1.030" | "1.030" | "1.030" | "1.050" | "1.060" | "1.080" |
| z | "台灣工業銀行" | "0.080" | "0.080" | "0.600" | "0.600" | "0.640" | "0.640" | "0.640" | "0.780" | "0.780" | "0.780" | "0.890" | "0.890" | "0.890" | "1.040" | "1.050" | "1.060" | "1.060" | "1.060" | "1.060" |
| z | "合作金庫銀行" | "0.080" | "0.200" | "0.600" | "0.600" | "0.640" | "0.640" | "0.640" | "0.775" | "0.775" | "0.775" | "0.890" | "0.890" | "0.890" | "1.035" | "1.035" | "1.055" | "1.070" | "1.075" | "1.105" |
| z | "上海商業儲蓄銀行" | "0.080" | "0.200" | "0.600" | "0.600" | "0.630" | "0.630" | "0.630" | "0.770" | "0.770" | "0.770" | "0.880" | "0.880" | "0.880" | "1.010" | "1.030" | "1.040" | "1.050" | "1.070" | "1.070" |
| z | "元大商業銀行" | "0.050" | "0.160" | "0.600" | "0.600" | "0.630" | "0.630" | "0.630" | "0.770" | "0.770" | "0.770" | "0.880" | "0.880" | "0.880" | "1.035" | "1.035" | "1.035" | "1.050" | "1.065" | "1.105" |
| z | "台北富邦銀行" | "0.010" | "0.100" | "0.570" | "0.570" | "0.630" | "0.630" | "0.630" | "0.790" | "0.790" | "0.790" | "0.920" | "0.920" | "0.920" | "1.025" | "1.040" | "1.055" | "1.050" | "1.065" | "1.105" |
| z | "台新銀行" | "0.060" | "0.160" | "0.600" | "0.600" | "0.630" | "0.630" | "0.630" | "0.750" | "0.750" | "0.750" | "0.900" | "0.900" | "0.900" | "1.025" | "1.010" | "1.010" | "1.050" | "1.040" | "1.040" |
| z | "新光銀行" | "0.050" | "0.100" | "0.600" | "0.600" | "0.630" | "0.630" | "0.630" | "0.790" | "0.790" | "0.790" | "0.900" | "0.900" | "0.900" | "1.035" | "1.040" | "1.065" | "1.070" | "1.075" | "1.110" |
| z | "永豐商業銀行" | "0.070" | "0.150" | "0.580" | "0.580" | "0.630" | "0.630" | "0.630" | "0.740" | "0.740" | "0.740" | "0.880" | "0.880" | "0.880" | "1.010" | "1.020" | "1.030" | "1.080" | "1.090" | "1.100" |
| z | "臺灣土地銀行" | "0.080" | "0.200" | "0.600" | "0.600" | "0.630" | "0.630" | "0.630" | "0.785" | "0.785" | "0.785" | "0.900" | "0.900" | "0.900" | "1.035" | "1.040" | "1.065" | "1.070" | "1.075" | "1.110" |
| z | "臺灣銀行" | "0.080" | "0.200" | "0.600" | "0.600" | "0.630" | "0.630" | "0.630" | "0.795" | "0.795" | "0.795" | "0.910" | "0.910" | "0.910" | "1.035" | "1.040" | "1.065" | "1.070" | "1.075" | "1.115" |
| z | "陽信商銀" | "0.030" | "0.120" | "0.600" | "0.600" | "0.630" | "0.630" | "0.630" | "0.795" | "0.795" | "0.795" | "0.910" | "0.910" | "0.910" | "1.035" | "1.040" | "1.065" | "1.075" | "1.080" | "1.120" |
| z | "高雄銀行" | "0.050" | "0.160" | "0.590" | "0.590" | "0.630" | "0.630" | "0.630" | "0.760" | "0.760" | "0.760" | "0.910" | "0.910" | "0.910" | "1.010" | "1.040" | "1.060" | "1.040" | "1.060" | "1.080" |
| z | "兆豐國際商業銀行" | "0.050" | "0.180" | "0.590" | "0.590" | "0.620" | "0.620" | "0.620" | "0.780" | "0.780" | "0.780" | "0.910" | "0.910" | "0.910" | "1.015" | "1.040" | "1.050" | "1.040" | "1.060" | "1.090" |
| z | "國泰世華商業銀行" | "0.050" | "0.150" | "0.580" | "0.580" | "0.620" | "0.620" | "0.620" | "0.750" | "0.750" | "0.750" | "0.870" | "0.870" | "0.870" | "1.020" | "1.025" | "1.040" | "1.040" | "1.050" | "1.080" |
| z | "玉山銀行" | "0.010" | "0.090" | "0.590" | "0.590" | "0.620" | "0.620" | "0.620" | "0.740" | "0.740" | "0.740" | "0.880" | "0.880" | "0.880" | "1.035" | "1.020" | "1.030" | "1.050" | "1.050" | "1.060" |
| z | "中國信託銀行" | "0.010" | "0.050" | "0.540" | "0.540" | "0.600" | "0.570" | "0.570" | "0.720" | "0.720" | "0.720" | "0.830" | "0.830" | "0.830" | "1.015" | "1.000" | "1.000" | "1.040" | "1.025" | "1.050" |
| z | "京城商業銀行" | "0.040" | "0.150" | "0.560" | "0.560" | "0.600" | "0.600" | "0.600" | "0.730" | "0.730" | "0.730" | "0.840" | "0.840" | "0.840" | "1.030" | "1.050" | "1.120" | "1.070" | "1.050" | "1.120" |
| z | "日盛國際商業銀行" | "0.080" | "0.200" | "0.560" | "0.560" | "0.600" | "0.600" | "0.600" | "0.750" | "0.750" | "0.750" | "0.850" | "0.850" | "0.850" | "1.000" | "1.020" | "1.030" | "1.020" | "1.050" | "1.080" |
| z | "匯豐（台灣）商業銀行" | "0.020" | "0.020" | "0.500" | "0.500" | "0.560" | "0.560" | "0.560" | "0.690" | "0.690" | "0.690" | "0.810" | "0.810" | "0.810" | "0.920" | "1.000" | "1.000" | "1.000" | "1.000" | "1.000" |
| z | "澳商澳盛銀行" | "0.010" | "0.010" | "0.500" | "0.350" | "0.550" | "0.500" | "0.500" | "0.500" | "0.500" | "0.500" | "0.500" | "0.500" | "0.500" | "0.550" | "0.650" | "0.750" | "0.750" | "0.750" | "0.750" |
| z | "荷商安智銀行" | "-" | "-" | "0.450" | "0.470" | "0.550" | "0.500" | "0.500" | "0.550" | "0.550" | "0.550" | "0.580" | "0.580" | "0.580" | "0.600" | "0.600" | "0.600" | "0.600" | "0.600" | "0.600" |
| z | "花旗台灣商業銀行" | "0.010" | "0.070" | "0.490" | "0.490" | "0.520" | "0.520" | "0.520" | "0.680" | "0.680" | "0.680" | "0.800" | "0.800" | "0.800" | "0.910" | "0.920" | "0.940" | "0.940" | "0.940" | "0.940" |
| z | "菲律賓首都銀行" | "-" | "-" | "0.260" | "0.260" | "0.340" | "0.340" | "0.340" | "0.520" | "0.520" | "0.520" | "0.610" | "0.610" | "0.610" | "0.810" | "0.860" | "0.910" | "0.910" | "0.910" | "0.910" |
| z | "法國巴黎銀行" | "-" | "-" | "0.250" | "0.280" | "0.280" | "0.290" | "0.300" | "0.300" | "0.300" | "0.300" | "0.300" | "0.300" | "0.300" | "0.300" | "0.460" | "0.460" | "0.570" | "0.610" | "0.650" |
| z | "加拿大商豐業銀行" | "-" | "-" | "0.200" | "0.200" | "0.250" | "0.250" | "0.250" | "0.300" | "0.300" | "0.300" | "0.320" | "0.320" | "0.320" | "0.350" | "0.350" | "0.350" | "0.350" | "0.350" | "0.350" |
| z | "香港商東亞銀行" | "0.070" | "0.070" | "0.200" | "0.200" | "0.210" | "0.210" | "0.210" | "0.260" | "0.260" | "0.260" | "0.290" | "0.290" | "0.290" | "0.340" | "0.350" | "0.350" | "0.350" | "0.350" | "0.350" |

圖 4-8

Python 的運作原理類似，底下列出程式碼，並將說明註解在程式碼中：

```
# -*- coding: UTF-8 -*-
# 載入相關套件
import urllib.request,re
```

```
# 定義轉值為 float，若遇到 N/A 字串則轉為 None
def float_or_na(value):
 if value == '-' :
  return None
 else:
  return float(value)


# 取得網頁資訊
x = urllib.request.urlopen("http://www.taiwanrate.com/").read().decode("utf-8")
# 進行字串拆解
y=x.split('<table')[5].split('</TABLE>')[0]
a=y.split('</tr>')[1:58]


# 將表格資訊填入 list 當中
resource=[]


for i in a :
 tmplist=[]
 j=i.split('</td>')[:-1]
 tmplist+=[ j[0].split('>')[-2].strip('</a') ]
 tmplist+=[ float_or_na(j[1].strip('<td >')) ]
 tmplist+=[ float_or_na(j[2].strip('<td >')) ]
 tmplist+=[ float_or_na(j[3].strip('<td >')) ]
 tmplist+=[ float_or_na(j[4].strip('<td >')) ]
 tmplist+=[ float_or_na(j[5].strip('<td class=bodytabletrsort>')) ]
 tmplist+=[ float_or_na(j[6].strip('<td >')) ]
 tmplist+=[ float_or_na(j[7].strip('<td >')) ]
 tmplist+=[ float_or_na(j[8].strip('<td >')) ]
 tmplist+=[ float_or_na(j[9].strip('<td >')) ]
 tmplist+=[ float_or_na(j[10].strip('<td >')) ]
 tmplist+=[ float_or_na(j[11].strip('<td >')) ]
 tmplist+=[ float_or_na(j[12].strip('<td >')) ]
 tmplist+=[ float_or_na(j[13].strip('<td >')) ]
 tmplist+=[ float_or_na(j[14].strip('<td >')) ]
 tmplist+=[ float_or_na(j[15].strip('<td >')) ]
 tmplist+=[ float_or_na(j[16].strip('<td >')) ]
 tmplist+=[ float_or_na(j[17].strip('<td >')) ]
 tmplist+=[ float_or_na(j[18].strip('<td >')) ]
 tmplist+=[ float_or_na(j[19].strip('<td >')) ]
 resource+=[tmplist]
```

# 技巧 51 【程式】將網站上各銀行的存款利率進行排序

在本技巧中，我們想比較六個月的存款利率，繪出各銀行的利率柱形圖表，並根據利率的高低順序進行排序。

首先，我們使用技巧 50 的方式，將銀行利率進行下載，並存爲矩陣變數 A（以鉅亨網的內容爲例），接著取出第一個欄位（銀行名稱）與第六個欄位（六個月定存利率），並且跑一個迴圈，將利率值爲「--」或是空值者去除，程式如下所示：

```
A1=A[,c(1,6)]
B=numeric(0)
for ( i in 1: nrow(A1) ) {
  if (A1[i,2] != "" & A1[i,2] !="--" ) {
        B=rbind(B,A1[i,])
  }
}
```

得到的矩陣 B，就是銀行名稱與六個月利率的矩陣，接著使用 barplot 繪出圖表，並使用參數「names.arg」，將銀行名稱繪於底部：

*barplot(as.numeric(B[,2]),names.arg=B[,1])*

繪出的圖形如圖 4-9 所示，會根據圖形的寬度比例列出數個銀行名稱。

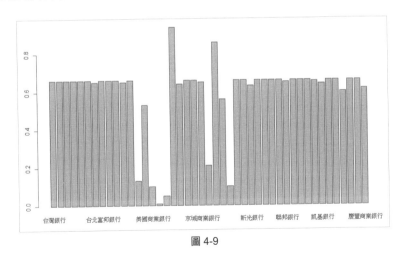

圖 4-9

如果要列出所有的銀行名稱，需採用橫印的方式（加上參數「las=2」）：

*barplot(as.numeric(B[,2]),names.arg=B[,1],las=2)*

繪出的圖形如圖 4-10 所示，超過五個中文會自動刪除。

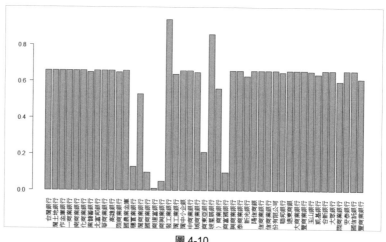

**圖 4-10**

為了資料整齊與圖形美觀，我們可以使用 substr 函數，取銀行名稱的前四個字元：

*barplot(as.numeric(B[,2]),names.arg=substr(B[,1],1,4),las=2)*

繪出的圖形如圖 4-11 所示。

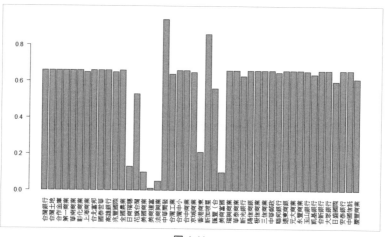

**圖 4-11**

如果要對矩陣 B 的第二個欄位排序，我們可以使用 order 這函數，並放置在矩陣 B 中即可自動排序，執行畫面如下：

```
> B[order(B[,2]),]
        [,1]                    [,2]
 [1,]  " 美商道富銀行 "         "0.0100"
 [2,]  " 法商興業銀行 "         "0.0500"
 [3,]  " 美國商業銀行 "         "0.1000"
 [4,]  " 美商富國銀行 "         "0.1000"
 [5,]  " 日商瑞穗實業銀行 "      "0.1300"
 [6,]  " 香港商東亞銀行 "        "0.2100"
 [7,]  " 花旗台灣商業銀行 "      "0.5300"
 [8,]  " 匯豐 ( 台灣 ) 商業銀行 " "0.5600"
 [9,]  " 日盛國際商業銀行 "      "0.6000"
[10,]  " 慶豐商業銀行 "         "0.6150"
......
```

如果要做降冪排列，可加上 order 的參數「decreasing=TRUE」，執行畫面如下：

```
> B[order(B[,2],decreasing=TRUE),]
        [,1]                      [,2]
 [1,]  " 中華開發工業銀行 "        "0.9400"
 [2,]  " 新加坡星展銀行 "          "0.8600"
 [3,]  " 台灣銀行 "               "0.6600"
 [4,]  " 台灣土地銀行 "           "0.6600"
 [5,]  " 合作金庫銀行 "           "0.6600"
 [6,]  " 第一商業銀行 "           "0.6600"
 [7,]  " 華南商業銀行 "           "0.6600"
 [8,]  " 彰化商業銀行 "           "0.6600"
 [9,]  " 台北富邦銀行 "           "0.6600"
[10,]  " 國泰世華商業銀行 "        "0.6600"
[11,]  " 高雄銀行 "               "0.6600"
[12,]  " 全國農業金庫 "           "0.6600"
[13,]  " 台灣中小企銀 "           "0.6600"
[14,]  " 台中商業銀行 "           "0.6600"
[15,]  " 瑞興商業銀行 "           "0.6600"
[16,]  " 華泰商業銀行 "           "0.6600"
[17,]  " 陽信商銀 "               "0.6600"
[18,]  " 板信商業銀行 "           "0.6600"
[19,]  " 三信商業銀行 "           "0.6600"
[20,]  " 中華郵政股份有限公司 "    "0.6600"
[21,]  " 遠東商銀 "               "0.6600"
[22,]  " 元大商業銀行 "           "0.6600"
[23,]  " 永豐商業銀行 "           "0.6600"
[24,]  " 台新銀行 "               "0.6600"
[25,]  " 大眾銀行 "               "0.6600"
[26,]  " 安泰銀行 "               "0.6600"
[27,]  " 中國信託銀行 "           "0.6600"
```

　　Python 的運作原理類似，底下僅執行排序的程式碼，並將說明註解在程式碼中：

```
# 依照欄位排序
sorted(resource, key=lambda x: (x[3] is None, x[3]),reverse=True)
```

　　取得網頁資料成爲 list 後，畫面如下：

```
>>> resource
[[' 中華開發工業銀行 ', 0.17, 0.17, 0.88, 0.88, 0.95, 0.95, 0.95, 1.12, 1.12, 1.12,
1.23, 1.23, 1.23, 1.35, 1.38, 1.39, 1.39, 1.39, 1.39],
[' 斐商標準銀行 ', None, None, 0.58, 0.58, 0.8, 0.8, 0.8, 0.8, 0.8, 0.8, 0.8, 0.8,
0.8, 0.8, 0.8, 0.8, 0.8, 0.8, 0.8],
 [' 大眾銀行 ', 0.05, 0.16, 0.6, 0.72, 0.72, 0.63, 0.63, 0.77, 0.77, 0.77, 0.88,
0.88, 0.88, 1.035, 1.035, 1.035, 1.05, 1.065, 1.105],
 [' 三信商業銀行 ', 0.08, 0.2, 0.6, 0.6, 0.66, 0.66, 0.66, 0.78, 0.78, 0.78, 0.9,
0.9, 0.9, 1.035, 1.04, 1.06, 1.07, 1.075, 1.095],
 [' 台中商業銀行 ', 0.08, 0.22, 0.6, 0.6, 0.66, 0.66, 0.66, 0.795, 0.795, 0.795,
0.91, 0.91, 0.91, 1.045, 1.07, 1.07, 1.09, 1.095, 1.095],
 [' 台灣中小企銀 ', 0.08, 0.23, 0.6, 0.6, 0.66, 0.66, 0.66, 0.77, 0.77, 0.77, 0.88,
0.88, 0.88, 1.045, 1.07, 1.07, 1.09, 1.095, 1.095],
 ...
 ...
 [' 美商摩根大通銀行 ', None, None, 0.01, 0.01, 0.01, 0.01, 0.01, 0.01, 0.01, 0.01,
0.01, 0.01, 0.01, 0.01, 0.01, 0.01, 0.01, 0.01, 0.01],
 [' 美國商業銀行 ', 0.01, 0.01, 0.01, 0.01, 0.01, 0.01, 0.01, 0.01, 0.01, 0.01, 0.02,
0.02, 0.02, 0.03, 0.09, 0.09, 0.09, 0.09, 0.09],
 [' 瑞士商瑞士銀行 ', None, None, None, None, None, None, None, None, None, None,
 None, None, None, None, None, None, None, None, None]]
```

　　透過三個欄位進行排序，若要進行反排序，可以使用「reverse=True」參數來實現，操作如下：

```
>>> sorted(resource, key=lambda x: (x[3] is None, x[3]) )
[[' 新加坡華僑銀行 ', None, None, 0.01, 0.01, 0.02, 0.02, 0.02, 0.03, 0.03, 0.03,
0.03, 0.03, 0.03, 0.05, 0.05, 0.05, 0.05, 0.05, 0.05],
 [' 渣打國際商業銀行 ', 0.01, 0.01, 0.01, 0.01, 0.01, 0.01, 0.01, 0.01, 0.01, 0.01,
0.01, 0.01, 0.01, 0.01, 0.01, 0.01, 0.7, 0.88, 0.93],
 [' 美商摩根大通銀行 ', None, None, 0.01, 0.01, 0.01, 0.01, 0.01, 0.01, 0.01, 0.01,
0.01, 0.01, 0.01, 0.01, 0.01, 0.01, 0.01, 0.01, 0.01],
 [' 美國商業銀行 ', 0.01, 0.01, 0.01, 0.01, 0.01, 0.01, 0.01, 0.01, 0.01, 0.01, 0.02,
0.02, 0.02, 0.03, 0.09, 0.09, 0.09, 0.09, 0.09],
 [' 新加坡大華銀行 ', None, None, 0.05, 0.05, 0.1, 0.1, 0.1, 0.1, 0.1, 0.1, 0.1, 0.1,
0.1, 0.1, 0.1, 0.1, 0.1, 0.1, 0.1],
 [' 法商興業銀行 ', 0.01, 0.01, 0.05, 0.05, 0.05, 0.08, 0.08, 0.08, 0.1, 0.1, 0.1,
```

```
0.1, 0.1, 0.12, 0.12, 0.12, 0.12, 0.12, 0.12],
 [' 泰國盤谷 銀行 ', None, None, 0.1, 0.15, 0.18, 0.2, 0.2, 0.25, 0.25, 0.25, 0.3,
0.3, 0.3, 0.35, 0.35, 0.35, 0.35, 0.35, 0.35],
 [' 美商富國銀行 ', 0.1, 0.1, 0.1, 0.1, 0.1, 0.1, 0.1, 0.1, 0.1, 0.1, 0.1, 0.1, 0.1,
0.1, 0.1, 0.1, 0.1, 0.1, 0.1],
```

# 技巧 52　【程式】進行台幣定存的試算

在本技巧中，我們將藉由技巧 50 取出當前各銀行的存款利率，接著以銀行關鍵字取出指定銀行的指定利率，即可進行定存的試算。

例如：我們參考圖 4-3 的鉅亨網網站中三個月的定存利率（位於第六個欄位），取出後除以 100（因為內容為百分比），再除以 12（年利率），再乘以 3（三個月定存），程式碼如下所示：

```
Bank=' 台灣銀行 '
init_money=100000
x=grep(Bank,A[,1])
r=as.numeric(A[x,6])
Total=init_money*(1+r/100/12*3)
print(Total)
```

其中我們取用「台灣銀行」的利率計算，起始資金為 100000 元，結果如下：

```
> Bank=' 台灣銀行 '
> init_money=100000
> x=grep(Bank,A[,1])
> r=as.numeric(A[x,6])
> Total=init_money*(1+r/100/12*3)
> print(Total)
[1] 100165
```

結果為 100165。

我們可將程式碼改為函數，輸入值為銀行名稱、存款期間與初始資金，其中存款期間分為：一個月（輸入 "1"）、三個月（輸入 "2"）、六個月（輸入 "3"）、九個月（輸入 "4"）、一年（輸入 "5"）五種，程式碼如下：

```
BankRate=function(Bank,Period,init_money) {
  x=grep(Bank,A[,1])
  if (Period=="1") {
```

```
            y=5
            z=1
    } else if (Period=="2") {
            y=6
            z=3
    } else if (Period=="3") {
            y=7
            z=6
    } else if (Period=="4") {
            y=8
            z=9
    } else if (Period=="5") {
            y=9
            z=12
    } else {
            y=0
            z=1
    }
    r=as.numeric(A[x,y])
    Total=init_money*(1+r/100/12*z)
    return(Total)
}
```

執行過程如下：

```
> BankRate=function(Bank,Period,init_money) {
+ x=grep(Bank,A[,1])
+ if (Period=="1") {
+ y=5
+ z=1
+ } else if (Period=="2") {
+ y=6
+ z=3
+ } else if (Period=="3") {
+ y=7
+ z=6
+ } else if (Period=="4") {
+ y=8
+ z=9
+ } else if (Period=="5") {
+ y=9
+ z=12
+ } else {
+ y=0
```

```
+ z=1
+ }
+ r=as.numeric(A[x,y])
+ Total=init_money*(1+r/100/12*z)
+ return(Total)
+ }
> BankRate(' 台灣銀行 ',2,100000)
[1] 100165
> BankRate(' 花旗 ',2,100000)
[1] 100132.5
```

定義函數後，直接取用即可。我們看到台灣銀行與花旗銀行存款 10 萬元，三個月後的金額分別為 100165 與 100132.5 元。

```
> BankRate(' 台灣銀行 ',4,100000)
[1] 100712.5
> BankRate(' 台灣銀行 ',5,100000)
[1] 101065
```

在台灣銀行存款 10 萬元，九個月與一年後的金額分別為 100712.5 與 101065 元。

Python 的運作原理類似，底下列出程式碼，並將說明註解在程式碼中：

```
def BankRate(bank,period,initMoney):
 ratelist = [ i for i in resource if i[0]==bank]
 if period=='1':
  col_n=4
  month=1
 elif period=='2':
  col_n=5
  month=3
 elif period=='3':
  col_n=6
  month=6
 elif period=='4':
  col_n=7
  month=9
 elif period=='5':
  col_n=8
  month=12
 else:
  return "out of period range"
 r=ratelist[0][col_n]
 if r == None:
```

```
  return "rate == None"
total=initMoney*(1+r/100/12*month)
return total
```

執行過程如下：

```
>>> def BankRate(bank,period,initMoney):
...   ratelist = [ i for i in resource if i[0]==bank]
...   if period=='1':
...     col_n=4
...     month=1
...   elif period=='2':
...     col_n=5
...     month=3
...   elif period=='3':
...     col_n=6
...     month=6
...   elif period=='4':
...     col_n=7
...     month=9
...   elif period=='5':
...     col_n=8
...     month=12
...   else:
...     return "out of period range"
...   r=ratelist[0][col_n]
...   if r == None:
...     return "rate == None"
...   total=initMoney*(1+r/100/12*month)
...   return total
...
>>>
```

定義函數後，直接取用即可。我們看到台灣銀行與美商道富銀行存款 10 萬元，不同期間的金額分別如下：

```
>>> BankRate(' 美商道富銀行 ','1',100000)
100000.83333333334
>>> BankRate(' 美商道富銀行 ','3',100000)
'rate == None'
>>> BankRate(' 台灣銀行 ','4',100000)
100712.5
>>> BankRate(' 台灣銀行 ','5',100000)
101065.0
```

# 技巧 53　【觀念】各地利率與定存資料

　　不同國家的銀行利率並不相同，通常都會參考各國自身的中央銀行來訂定基本的匯率。目前有許多網站已經幫我們整理好這些資料，這裡我們參考鉅亨網的「全球市場→全球央行→基準利率」，網址為：**URL** http://www.cnyes.com/CentralBank/interest1.htm，如圖 4-12 所示。

| 國家 | 利率名稱 | 目前利率 | 升降基點(BP) | 公佈日期 | 前次利率 | 通膨率 | 當地貨幣/美元兌(今年來) |
|---|---|---|---|---|---|---|---|
| 美國 | 聯邦基金利率(Fed Funds) | 1.50-1.75% | +25 | 2018/03/21 | 1.25-1.50% | 3.142% | 0.00% |
| 美國 | 貼現率(Discount) | 2.00% | +25 | 2017/12/14 | 1.75% | 3.142% | 0.00% |
| 美國 | 基本利率(Prime) | 4.50% | +25 | 2017/12/14 | 4.25% | 3.142% | 0.00% |
| 日本 | 最低一級超額準備金利率 | -0.1% | -20 | 2016/01/29 | 0.10% | -0.283% | 5.62% |
| 日本 | 隔夜無擔保拆息利率(Target UC O/N) | 0-0.10% | -20 | 2010/10/05 | 0.10% | -0.283% | 5.62% |
| 日本 | 貼現率(Discount) | 0.30% | -20 | 2008/12/19 | 0.50% | -0.283% | 5.62% |
| 英國 | 準備金利率 | 0.50% | +25 | 2017/11/02 | 0.25% | 4.454% | 3.79% |
| 歐元區 | 主要再融資利率(REFI) | 0.00% | -5 | 2016/03/10 | 0.05% | 4.454% | 2.66% |
| 歐元區 | 存款利率(Deposit Rates) | -0.40% | -10 | 2016/03/10 | -0.30% | 4.454% | 2.66% |
| 瑞士 | 利率目標區間 | -1.25--0.25% | -50 | 2015/01/15 | -0.75-0.25% | 0.228% | 2.27% |
| 丹麥 | 貸款利率(Lending Rate) | 0.05% | -15 | 2015/01/19 | 0.20% | 2.757% | 2.48% |
| 瑞典 | 附賣回利率(Repo) | -0.50% | -15 | 2016/02/11 | -0.35% | 1.366% | -2.12% |
| 挪威 | 銀行同業存款利率(Key Policy) | 0.50% | -25 | 2016/03/17 | 0.75% | 1.301% | 4.50% |
| 加拿大 | 隔夜拆借利率(O/N Rate) | 1.25% | +25 | 2018/01/17 | 1.00% | 2.89% | -2.72% |
| 澳大利亞 | 隔夜現金目標利率(O/N Cash) | 1.50% | | 2016/08/02 | 1.75% | 3.389% | -1.61% |
| 紐西蘭 | 官方現金利率(Official Cash) | 1.75% | -25 | 2016/11/10 | 2.00% | 4.028% | 1.92% |
| 台灣 | 重貼現率(Rediscount) | 1.375% | -12.5 | 2016/06/30 | 1.50% | 1.422% | 2.39% |
| 台灣 | 擔保放款融通利率(Accommodations) | 1.75% | -12.5 | 2016/06/30 | 1.875% | 1.422% | 2.39% |
| 台灣 | 短期融通利率 | 3.625% | -12.5 | 2016/06/30 | 3.75% | 1.422% | 2.39% |
| 中國 | 金融機構1年期基準貸款利率(1Yr Lending) | 4.35% | -25 | 2015/10/23 | 4.60% | 5.417% | 3.71% |
| 中國 | 金融機構1年期基準存款利率(1Yr Deposit) | 1.50% | -25 | 2015/10/23 | 1.75% | 5.417% | 3.71% |
| 香港 | 隔夜貼現窗利率(Discount Window Base) | 2.00% | +25 | 2018/03/22 | 1.75% | 5.281% | -0.47% |
| 香港 | 最優惠貸款利率(Best Lending-HSBC) | 5.00% | -25 | 2008/11/10 | 5.25% | 5.281% | -0.47% |
| 香港 | 儲蓄利率(Savings Deposit) | 0.01% | -1 | 2008/11/ | 0.02% | 5.281% | -0.47% |
| 南韓 | 基本利率(Base Rate) | 1.50% | +25 | 2017/11/29 | 1.25% | 4.026% | 0.00% |
| 新加坡 | 隔夜利率(Aver O/N Rate) | 0.34% | -5 | 2014/01/ | 0.39% | 5.248% | 1.90% |

圖 4-12

　　我們可以透過網頁資料的下載與篩選，將各國中央銀行的匯率下載，並存為矩陣 A，程式碼如下所示：

```
library("RCurl")

x=getURL("http://www.cnyes.com/CentralBank/interest1.htm",.encoding='UTF-8')

y=strsplit(x,"</th>\r\n</tr>\r\n</thead>\r\n")
u=strsplit(y[[1]][2],'\r\n</table>\r\n</div>')[[1]][1]
v=strsplit(u,'<tr><td class=\"cnlt\"><p>')[[1]]
v=v[-1]
v=gsub('</p></td><td class=\"cnlt\"><p>',',',v)
v=gsub('</p></td><td><p>',',',v)
```

```
v=gsub('</p></td><td>',',',v)
v=gsub('</td><td>',',',v)
v=gsub('</td></tr>',',',v)
v=gsub(' ','',v)

A=numeric(0)
for ( i in 1:length(v) ) {
z=strsplit(v[i],',')[[1]]
A=rbind(A,z)
}
```

執行後，矩陣 A 的內容如圖 4-13 所示。

| | [,1] | [,2] | [,3] | [,4] | [,5] | [,6] | [,7] | [,8] |
|---|---|---|---|---|---|---|---|---|
| z | "美國" | "聯邦基金利率 (FedFunds)" | "1.50-1.75%" | "+25" | "2018/03/21" | "1.25-1.50%" | "3.142%" | "0.00%" |
| z | "美國" | "貼現率 (Discount)" | "2.00%" | "+25" | "2017/12/14" | "1.75%" | "3.142%" | "0.00%" |
| z | "美國" | "基本利率 (Prime)" | "4.50%" | "+25" | "2017/12/14" | "4.25%" | "3.142%" | "0.00%" |
| z | "日本" | "最低一級超額準備金利率" | "-0.1%" | "-20" | "2016/01/29" | "0.10%" | "-0.283%" | "4.49%" |
| z | "日本" | "隔夜無擔保拆息利率 (TargetUCO/N)" | "0-0.10%" | "-20" | "2010/10/05" | "0.10%" | "-0.283%" | "4.49%" |
| z | "日本" | "貼現率 (Discount)" | "0.30%" | "-20" | "2008/12/19" | "0.50%" | "-0.283%" | "4.49%" |
| z | "英國" | "準備金利率" | "0.50%" | "+25" | "2017/11/02" | "0.25%" | "4.454%" | "4.43%" |
| z | "歐元區" | "主要再融資利率 (REFI)" | "0.00%" | "-5" | "2016/03/10" | "0.05%" | "4.454%" | "2.26%" |
| z | "歐元區" | "存款利率 (DepositRates)" | "-0.40%" | "-10" | "2016/03/10" | "-0.30%" | "4.454%" | "2.26%" |
| z | "瑞士" | "利率目標區間" | "-1.25~-0.25%" | "-50" | "2015/01/15" | "-0.75~-0.25%" | "0.228%" | "1.56%" |
| z | "丹麥" | "貸款利率 (LendingRate)" | "0.05%" | "-15" | "2015/01/19" | "0.20%" | "2.757%" | "2.23%" |
| z | "瑞典" | "附買回利率 (Repo)" | "-0.50%" | "-15" | "2016/02/11" | "-0.35%" | "1.366%" | "-2.61%" |
| z | "挪威" | "銀行同業存款利率 (KeyPolicy)" | "0.50%" | "-25" | "2016/03/17" | "0.75%" | "1.301%" | "4.75%" |
| z | "加拿大" | "隔夜拆借利率 (O/NRate)" | "1.25%" | "+25" | "2018/01/17" | "1.00%" | "2.89%" | "-1.76%" |
| z | "澳大利亞" | "隔夜現金目標利率 (O/NCash)" | "1.50%" | "-25" | "2016/08/02" | "1.75%" | "3.389%" | "-1.42%" |
| z | "紐西蘭" | "官定現金利率 (OfficialCash)" | "1.75%" | "-25" | "2016/11/10" | "2.00%" | "4.028%" | "2.81%" |
| z | "台灣" | "重貼現率 (Rediscount)" | "1.375%" | "-12.5" | "2016/06/30" | "1.50%" | "1.422%" | "2.39%" |
| z | "台灣" | "擔保放款融通利率 (Accommodations)" | "1.75%" | "-12.5" | "2016/06/30" | "1.875%" | "1.422%" | "2.39%" |
| z | "台灣" | "短期融通利率" | "3.625%" | "-12.5" | "2016/06/30" | "3.75%" | "1.422%" | "2.39%" |
| z | "中國" | "金融機構1年期基準貸款利率 (1YrLending)" | "4.35%" | "-25" | "2015/10/23" | "4.60%" | "5.417%" | "3.32%" |
| z | "中國" | "金融機構1年期基準存款利率 (1YrDeposit)" | "1.50%" | "-25" | "2015/10/23" | "1.75%" | "5.417%" | "3.32%" |
| z | "香港" | "隔夜貼現窗利率 (DiscountWindowBase)" | "2.00%" | "+25" | "2018/03/22" | "1.75%" | "5.281%" | "-0.47%" |
| z | "香港" | "最優惠貸款利率-HSBC)" | "5.00%" | "-25" | "2008/11/" | "5.25%" | "5.281%" | "-0.47%" |
| z | "香港" | "儲蓄利率 (SavingsDeposit)" | "0.01%" | "-1" | "2008/11/" | "0.02%" | "5.281%" | "-0.47%" |
| z | "南韓" | "基本利率 (BaseRate)" | "1.50%" | "+25" | "2017/11/29" | "1.25%" | "4.026%" | "0.00%" |
| z | "新加坡" | "隔夜利率 (AverO/NRate)" | "0.34%" | "-5" | "2014/03/" | "0.39%" | "5.248%" | "1.74%" |
| z | "馬來西亞" | "隔夜政策利率 (O/NPolicy)" | "3.25%" | "+25" | "2018/01/25" | "3.00%" | "3.2%" | "4.73%" |
| z | "泰國" | "1天期附買回利率 (1DRepurchase)" | "1.50%" | "-25" | "2015/04/29" | "1.75%" | "3.807%" | "4.23%" |
| z | "菲律賓" | "隔夜借款利率 (O/NRate)" | "3.00%" | "+25" | "2016/03/" | "3.75%" | "4.761%" | "-4.00%" |
| z | "印尼" | "七天期逆回購 (7-DayRepoRate)" | "4.25%" | "-25" | "2017/09/22" | "4.50%" | "5.357%" | "0.00%" |
| z | "越南" | "基準利率 (RefinancingRate)" | "6.25%" | "-25" | "2017/07/07" | "6.50%" | "18.678%" | "0.00%" |
| z | "寮國" | "基準利率 (BOLInterestRate)" | "4.50%" | "-50" | "2015/08/17" | "5.00%" | "0.034%" | "0.00%" |
| z | "柬埔寨" | "基準利率 (NBCInterestRate)" | "1.42%" | "+3" | "2013/12/" | "1.39%" | "5.478%" | "0.00%" |

圖 4-13

Python 的運作原理類似，底下列出程式碼，並將說明註解在程式碼中：

```python
# -*- coding: UTF-8 -*-
# 載入相關套件
import urllib.request,re

# 定義轉值為 float，若遇到 N/A 字串則轉為 None
def float_or_na(value):
    return float(value) if value != '-' else None

# 取得網頁資訊
```

```
x = urllib.request.urlopen("http://www.cnyes.com/CentralBank/interest1.htm").
read().decode("utf-8")
#進行字串拆解
y=x.split('<table')[1]
z=y.split('</table>')[0]
a=z.split('</tr>')[2:]



#將表格資訊填入list當中
resource=[]

for i in a[:-1] :
 tmplist=[]
 j=i.split('</td>')
 tmplist+=[ j[0].split('<p>')[1].strip('</p>') ]
 tmplist+=[ j[1].split('<p>')[1].strip('</p>') ]
 tmplist+=[ j[2].split('<p>')[1].strip('</p>') ]
 tmplist+=[ j[3].split('<p>')[1].strip('</p>') ]
 tmplist+=[ j[4].split('<p>')[1].strip('</p>') ]
 tmplist+=[ j[5].strip('<td>') ]
 tmplist+=[ j[6].strip('<td>') ]
 tmplist+=[ j[7].strip('<td>') ]
 resource+=[tmplist]


#依照欄位排序
sorted(resource, key=lambda x: (x[1] is None, x[1]),reverse=True)
```

# 技巧 54　【觀念】在台灣進行外匯定存

　　由於許多國外銀行定存的利率較高，且目前台灣許多銀行都提供外匯定存的服務，因此做外匯定存也是許多人喜愛的投資方式。

　　外匯定存需兌換外幣（以銀行賣出價格）之後，再進行利率計算，最後再兌換為本國貨幣（以銀行買入價格），才能進行結算。因此，外匯定存除了利率之外，還必須考慮匯率的波動。

　　我們參考台灣銀行的網頁，其中外匯存款牌告利率的網址為：**URL** http://rate.bot.com.tw/ir?Lang=zh-TW，如圖 4-14 所示。

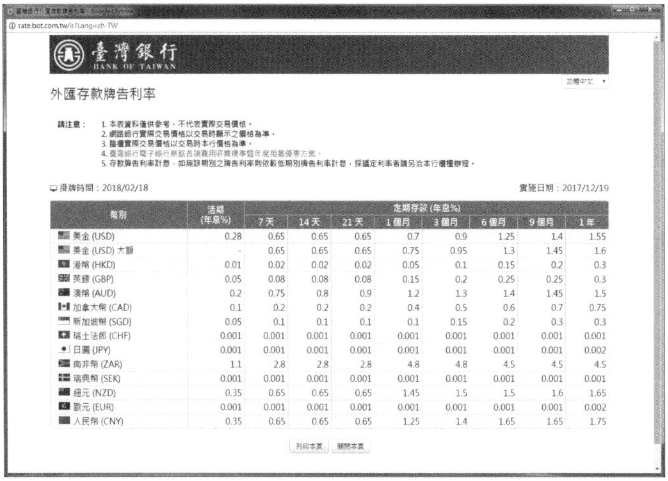

rate.bot.com.tw/ir?Lang=zh-TW

臺灣銀行 BANK OF TAIWAN

正體中文

外匯存款牌告利率

請注意：
1. 本表資料僅供參考，不代表實際交易價格，
2. 網路銀行實際交易價格以交易時顯示之價格為準，
3. 臨櫃實際交易價格以交易時本行價格為準，
4. 臺灣銀行電子銀行業務各項費用收費標準暨年度相關優惠方案，
5. 存款牌告利率計息，如無該期別之牌告利率則依較低期別牌告利率計息，採議定利率者請另洽本行櫃檯辦理，

掛牌時間：2018/02/18　　實施日期：2017/12/19

| 幣別 | 活期 (年息%) | 定期存款 (年息%) | | | | | | | |
|---|---|---|---|---|---|---|---|---|---|
| | | 7 天 | 14 天 | 21 天 | 1 個月 | 3 個月 | 6 個月 | 9 個月 | 1 年 |
| 美金 (USD) | 0.28 | 0.65 | 0.65 | 0.65 | 0.7 | 0.9 | 1.25 | 1.4 | 1.55 |
| 美金 (USD) 大額 | - | 0.65 | 0.65 | 0.65 | 0.75 | 0.95 | 1.3 | 1.45 | 1.6 |
| 港幣 (HKD) | 0.01 | 0.02 | 0.02 | 0.02 | 0.05 | 0.1 | 0.15 | 0.2 | 0.3 |
| 英鎊 (GBP) | 0.05 | 0.08 | 0.08 | 0.08 | 0.15 | 0.2 | 0.25 | 0.25 | 0.3 |
| 澳幣 (AUD) | 0.2 | 0.75 | 0.8 | 0.9 | 1.2 | 1.3 | 1.4 | 1.45 | 1.5 |
| 加拿大幣 (CAD) | 0.1 | 0.2 | 0.2 | 0.2 | 0.4 | 0.5 | 0.6 | 0.7 | 0.75 |
| 新加坡幣 (SGD) | 0.05 | 0.1 | 0.1 | 0.1 | 0.1 | 0.15 | 0.2 | 0.3 | 0.3 |
| 瑞士法郎 (CHF) | 0.001 | 0.001 | 0.001 | 0.001 | 0.001 | 0.001 | 0.001 | 0.001 | 0.001 |
| 日圓 (JPY) | 0.001 | 0.001 | 0.001 | 0.001 | 0.001 | 0.001 | 0.001 | 0.001 | 0.002 |
| 南非幣 (ZAR) | 1.1 | 2.8 | 2.8 | 2.8 | 4.8 | 4.8 | 4.5 | 4.5 | 4.5 |
| 瑞典幣 (SEK) | 0.001 | 0.001 | 0.001 | 0.001 | 0.001 | 0.001 | 0.001 | 0.001 | 0.001 |
| 紐元 (NZD) | 0.35 | 0.65 | 0.65 | 0.65 | 1.45 | 1.5 | 1.5 | 1.6 | 1.65 |
| 歐元 (EUR) | 0.001 | 0.001 | 0.001 | 0.001 | 0.001 | 0.001 | 0.001 | 0.001 | 0.002 |
| 人民幣 (CNY) | 0.35 | 0.65 | 0.65 | 0.65 | 1.25 | 1.4 | 1.65 | 1.65 | 1.75 |

列印本頁　關閉本頁

圖 4-14

台灣銀行網頁的外匯存款牌告匯率的網址為：URL http://rate.bot.com.tw/xrt?Lang=zh-TW，如圖 4-15 所示。

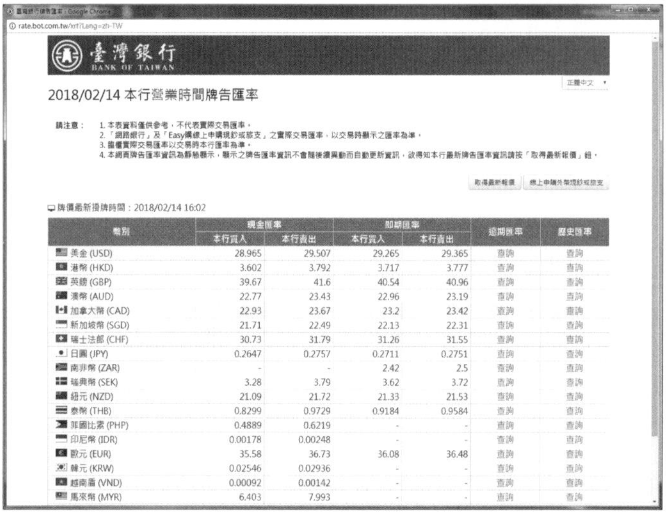

rate.bot.com.tw/xrt?Lang=zh-TW

臺灣銀行 BANK OF TAIWAN

正體中文

2018/02/14 本行營業時間牌告匯率

請注意：
1. 本表資料僅供參考，不代表實際交易匯率，
2.「網路銀行」及「Easy購線上申購現鈔或旅支」之實際交易匯率，以交易時顯示之匯率為準，
3. 臨櫃實際交易匯率以交易時本行匯率為準，
4. 本網頁牌告匯率資訊為靜態顯示，顯示之牌告匯率資訊不會隨後續異動而自動更新資訊，欲得知本行最新牌告匯率資訊請按「取得最新報價」鈕，

取得最新報價　線上申購外幣現鈔或旅支

牌價最新掛牌時間：2018/02/14 16:02

| 幣別 | 現金匯率 | | 即期匯率 | | 遠期匯率 | 歷史匯率 |
|---|---|---|---|---|---|---|
| | 本行買入 | 本行賣出 | 本行買入 | 本行賣出 | | |
| 美金 (USD) | 28.965 | 29.507 | 29.265 | 29.365 | 查詢 | 查詢 |
| 港幣 (HKD) | 3.602 | 3.792 | 3.717 | 3.777 | 查詢 | 查詢 |
| 英鎊 (GBP) | 39.67 | 41.6 | 40.54 | 40.96 | 查詢 | 查詢 |
| 澳幣 (AUD) | 22.77 | 23.43 | 22.96 | 23.19 | 查詢 | 查詢 |
| 加拿大幣 (CAD) | 22.93 | 23.67 | 23.2 | 23.42 | 查詢 | 查詢 |
| 新加坡幣 (SGD) | 21.71 | 22.49 | 22.13 | 22.31 | 查詢 | 查詢 |
| 瑞士法郎 (CHF) | 30.73 | 31.79 | 31.26 | 31.55 | 查詢 | 查詢 |
| 日圓 (JPY) | 0.2647 | 0.2757 | 0.2711 | 0.2751 | 查詢 | 查詢 |
| 南非幣 (ZAR) | - | - | 2.42 | 2.5 | 查詢 | 查詢 |
| 瑞典幣 (SEK) | 3.28 | 3.79 | 3.62 | 3.72 | 查詢 | 查詢 |
| 紐元 (NZD) | 21.09 | 21.72 | 21.33 | 21.53 | 查詢 | 查詢 |
| 泰幣 (THB) | 0.8299 | 0.9729 | 0.9184 | 0.9584 | 查詢 | 查詢 |
| 菲國比索 (PHP) | 0.4889 | 0.6219 | - | - | 查詢 | 查詢 |
| 印尼幣 (IDR) | 0.00178 | 0.00248 | - | - | 查詢 | 查詢 |
| 歐元 (EUR) | 35.58 | 36.73 | 36.08 | 36.48 | 查詢 | 查詢 |
| 韓元 (KRW) | 0.02546 | 0.02936 | - | - | 查詢 | 查詢 |
| 越南盾 (VND) | 0.00092 | 0.00142 | - | - | 查詢 | 查詢 |
| 馬來幣 (MYR) | 6.403 | 7.993 | - | - | 查詢 | 查詢 |

圖 4-15

我們以南非幣為例，在 2017 年 10 月 5 日的外匯價格：買入價 2.18、賣出價 2.26，因此當日如果以台幣 22600 元可購得南非幣 10000 元（以銀行的賣出價計算）。當日的六個月存款年利率為 4.5，因此半年後的淨值為：

10,000 * (1+4.5%/2) = 10,225（南非幣）

　　以 2018 年 4 月 3 日的外匯價格：買入價 2.42、賣出價 2.5 來計算，銀行買入南非幣的價格為 2.42，因此換算為台幣為：

10,225 * 2.42 = 24,745（台幣）

所以獲利為：24,745-22,600 = 2,145

以年化報酬來計算，則：2145/22600 *2 = 18.98 %

# 技巧 55　【程式】外匯存款利率與外匯匯率的取用

　　在本技巧中，我們同樣使用 R 與 Python 取用網站的內容，並將資料存為矩陣。

## ● 取用外匯存款利率

　　台灣銀行網頁的外匯存款牌告利率的網址為：**URL** http://rate.bot.com.tw/ir?Lang=zh-TW，如圖 4-16 所示。

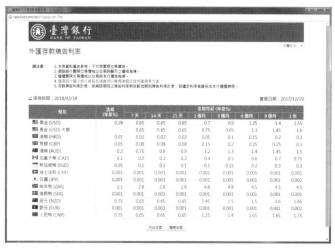

圖 4-16

### 1. R 語言的範例程式

　　程式內容如下所示：

```
library("RCurl")

x=getURL("http://rate.bot.com.tw/ir?Lang=zh-TW",.encoding='UTF-8')
```

```
y=strsplit(x,"<img alt=\" 幣別國旗 \" title=\" 幣別國旗 \"")[[1]]
y=y[-1]

y=gsub(' ',"",y,fixed=TRUE)

y=gsub('<brclass=\"visible-phone\"/>',"",y,fixed=TRUE)
y=gsub('</td>\r\n<tdclass=\"text-right\">',',',y)
y=gsub('\r\n</div>\r\n</div>\r\n</td>\r\n<tdclass=\"rowSP_Ctrl_0_2_2text-
right\">',',',y)



A=numeric(0)
for ( i in 1:length(y) ) {

z=strsplit(y[i],"\r\n\r\n")[[1]][2]
z=strsplit(z,"</td>")[[1]][1]
z=strsplit(z,",")[[1]]

A=rbind(A,z)

}
```

執行結果如圖 4-17 所示。

```
> A
     [,1]                 [,2]       [,3]      [,4]     [,5]      [,6]      [,7]      [,8]      [,9]      [,10]
z    "美金(USD)"           "0.33"     "0.75"    "0.75"   "0.75"    "0.8"     "1.05"    "1.4"     "1.55"    "1.7"
z    "美金(USD)大額"       "-"        "0.75"    "0.75"   "0.75"    "0.85"    "1.1"     "1.45"    "1.6"     "1.75"
z    "港幣(HKD)"           "0.02"     "0.05"    "0.05"   "0.05"    "0.1"     "0.15"    "0.25"    "0.3"     "0.4"
z    "英鎊(GBP)"           "0.05"     "0.08"    "0.08"   "0.08"    "0.15"    "0.2"     "0.25"    "0.25"    "0.3"
z    "澳幣(AUD)"           "0.2"      "0.75"    "0.8"    "0.9"     "1.2"     "1.3"     "1.4"     "1.45"    "1.5"
z    "加拿大幣(CAD)"       "0.1"      "0.2"     "0.2"    "0.2"     "0.4"     "0.5"     "0.6"     "0.7"     "0.75"
z    "新加坡幣(SGD)"       "0.05"     "0.1"     "0.1"    "0.1"     "0.1"     "0.15"    "0.2"     "0.3"     "0.3"
z    "瑞士法郎(CHF)"       "0.001"    "0.001"   "0.001"  "0.001"   "0.001"   "0.001"   "0.001"   "0.001"   "0.001"
z    "日圓(JPY)"           "0.001"    "0.001"   "0.001"  "0.001"   "0.001"   "0.001"   "0.001"   "0.001"   "0.002"
z    "南非幣(ZAR)"         "1.1"      "2.8"     "2.8"    "2.8"     "4.8"     "4.8"     "4.5"     "4.5"     "4.5"
z    "瑞典幣(SEK)"         "0.001"    "0.001"   "0.001"  "0.001"   "0.001"   "0.001"   "0.001"   "0.001"   "0.001"
z    "紐元(NZD)"           "0.35"     "0.65"    "0.65"   "0.65"    "1.45"    "1.5"     "1.5"     "1.6"     "1.65"
z    "歐元(EUR)"           "0.001"    "0.001"   "0.001"  "0.001"   "0.001"   "0.001"   "0.001"   "0.001"   "0.002"
z    "人民幣(CNY)"         "0.35"     "0.65"    "0.65"   "0.65"    "1.25"    "1.4"     "1.65"    "1.65"    "1.75"
> |
```

圖 4-17

## 2. Python 的範例程式

```
# -*- coding: UTF-8 -*-
# 載入相關套件
import urllib.request,re

# 定義轉值為 float，若遇到 N/A 字串則轉為 None
def float_or_na(value):
```

```
        return float(value) if value != '-' else None

# 取得網頁資訊
x = urllib.request.urlopen("http://rate.bot.com.tw/ir?Lang=zh-TW").read().
decode("utf-8")
# 進行字串拆解
y=x.split('<tbody>')[1]
z=y.split('</tbody>')[0]
a=z.split('<tr>')[1:]

# 將表格資訊填入 list 當中
resource=[]

for i in a :
 j=i.replace(' ','').split('</td>')
 tmplist=[]
 tmplist+=[j[0].split('\r\n')[8].replace('<brclass="visible-phone"/>','')]
 tmplist+=[j[1].replace('\r\n<tdclass="rowSP_Ctrl_0_2_2text-right">','')]
 for i in range(2,10):
  tmplist+=[j[i].replace('\r\n<tdclass="text-right">','')]
 resource+=[ [tmplist[0],float_or_na(tmplist[1]),float_or_na(tmplist[2]),float_
or_na(tmplist[3]),float_or_na(tmplist[4]),float_or_na(tmplist[5]),float_or_
na(tmplist[6]),float_or_na(tmplist[7]),float_or_na(tmplist[8]),float_or_
na(tmplist[9]) ] ]


# 依照欄位排序
sorted(resource, key=lambda x: (x[1] is None, x[1]),reverse=True)
```

## ● 取用外匯匯率

　　台灣銀行網頁的外匯存款牌告匯率的網址為：**URL** http://rate.bot.com.tw/xrt?Lang=
zh-TW，如圖 4-18 所示。

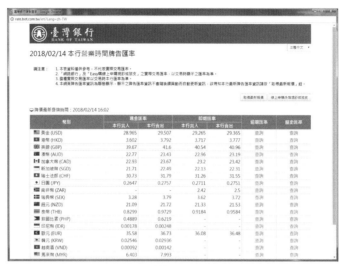

圖 4-18

# 1. R 語言的範例程式

程式內容如下所示：

```
library("RCurl")

x=getURL("http://rate.bot.com.tw/xrt?Lang=zh-TW ",.encoding='UTF-8')

y=strsplit(x,"<div class=\"visible-phone print_hide\">\r\n")[[1]]
y=y[-1]

y=gsub(' ',"",y,fixed=TRUE)

y=gsub('\r\n</div>\r\n</div>\r\n</td>\r\n<tddata-table=\" 本行現金買入
\"class=\"rate-content-cashtext-rightprint_hide\">',',',y)
y=gsub('</td>\r\n<tddata-table=\" 本行現金賣出 \"class=\"rate-content-cashtext-
rightprint_hide\">',',',y)
y=gsub('</td>\r\n<tddata-table=\" 本行即期買入 \"class=\"rate-content-sighttext-
rightprint_hide\"data-hide=\"phone\">',',',y)
y=gsub('</td>\r\n<tddata-table=\" 本行即期賣出 \"class=\"rate-content-sighttext-
rightprint_hide\"data-hide=\"phone\">',',',y)

A=numeric(0)
for ( i in 1:length(y) ) {
z=strsplit(y[i],"\r\n</div>\r\n<divclass=\"hidden-phoneprint_show\"style=\"text-
indent:30px;\">\r\n")[[1]][2]
```

```
z=strsplit(z,"</td>\r\n")[[1]][1]
z=strsplit(z,",")[[1]]
A=rbind(A,z)

}
```

執行結果如圖 4-19 所示。

```
> A
  [,1]                 [,2]       [,3]       [,4]       [,5]    
z "美金(USD)"          "28.85"    "29.392"   "29.15"    "29.25" 
z "港幣(HKD)"          "3.575"    "3.765"    "3.69"     "3.75"  
z "英鎊(GBP)"          "40.15"    "42.08"    "41.02"    "41.44" 
z "澳幣(AUD)"          "22.1"     "22.76"    "22.29"    "22.52" 
z "加拿大幣(CAD)"      "22.47"    "23.21"    "22.74"    "22.96" 
z "新加坡幣(SGD)"      "21.73"    "22.51"    "22.15"    "22.33" 
z "瑞士法郎(CHF)"      "29.76"    "30.82"    "30.29"    "30.58" 
z "日圓(JPY)"          "0.2644"   "0.2754"   "0.2708"   "0.2748"
z "南非幣(ZAR)"        "-"        "-"        "2.39"     "2.47"  
z "瑞典幣(SEK)"        "3.1"      "3.61"     "3.44"     "3.54"  
z "紐元(NZD)"          "20.98"    "21.61"    "21.22"    "21.42" 
z "泰幣(THB)"          "0.83"     "0.973"    "0.9185"   "0.9585"
z "菲國比索(PHP)"      "0.4877"   "0.6207"   "-"        "-"     
z "印尼幣(IDR)"        "0.00178"  "0.00248"  "-"        "-"     
z "歐元(EUR)"          "35.18"    "36.33"    "35.68"    "36.08" 
z "韓元(KRW)"          "0.02556"  "0.02946"  "-"        "-"     
z "越南盾(VND)"        "0.00091"  "0.00141"  "-"        "-"     
z "馬來幣(MYR)"        "6.486"    "8.076"    "-"        "-"     
z "人民幣(CNY)"        "4.53"     "4.692"    "4.602"    "4.652" 
> |
```

圖 4-19

## 2. Python 的範例程式

```
# -*- coding: UTF-8 -*-
# 載入相關套件
import urllib.request,re

# 定義轉值為 float，若遇到 N/A 字串則轉為 None
def float_or_na(value):
    return float(value) if value != '-' else None

# 取得網頁資訊
x = urllib.request.urlopen("http://rate.bot.com.tw/xrt?Lang=zh-TW").read().
decode("utf-8")
# 進行字串拆解
y=x.split('<tbody>')[1]
z=y.split('</tbody>')[0]
a=z.split('<tr>')[1:]

# 將表格資訊填入 list 當中
resource=[]

for i in a :
```

```
 j=i.replace(' ','').split('</td>')
 n=j[0].split('\r\n')[8]
 p1=j[7].replace('\r\n<tddata-table=" 本行現金買入 "class="text-rightdisplay_none_
print_showprint_width">','')
 p2=j[8].replace('\r\n<tddata-table=" 本行現金賣出 "class="text-rightdisplay_none_
print_showprint_width">','')
 p3=j[9].replace('\r\n<tddata-table=" 本行即期買入 "class="text-rightdisplay_none_
print_showprint_width">','')
 p4=j[10].replace('\r\n<tddata-table=" 本行即期賣出 "class="text-rightdisplay_none_
print_showprint_width">','')
 resource+=[[ n , float_or_na(p1) , float_or_na(p2) ,float_or_na(p3) ,float_or_na(p4) ]]


# 依照欄位排序
sorted(resource, key=lambda x: (x[1] is None, x[1]),reverse=True)
```

# 技巧 56 【觀念】何謂基金？如何購買？有哪些基金公司

基金就是大家拿出錢來，集合而成的一筆大錢。如果是非公開的，稱為私募基金，公開集資者必須遵循基金相關的法規，將錢交給專業經理人進行投資運作。簡單來說，就是「一群人拿錢出來，交給專業的經理人投資」。

基金的概念就是將錢給專業的投資人操作，不需要花費心力去研究投資議題。另外，一個人無法投資的商品，卻可以由一群人集資購買，交給專業經理人操作。

基金公司會根據投資標的設計不同類型的商品，投資者只需購買（基金）商品即可。基金並非絕對獲利的商品，因此購買時通常會考量經理人的背景與發行基金公司的口碑，並評估該基金以往的績效。如果投資者願意更深入了解該基金投資的方向與標的，將更有助於了解該基金的走勢，並取得更好的進場時機。

基金購買的方式分為單筆購買、定期定額與定期不定額等方式。單筆的方式就是直接以一筆資金於某個時間點直接申購投資；定期定額則是透過與投信公司約定的方式與金額，於每個月約定的時間點進行購款申購；定期不定額則是固定時間根據約定的條款或是指數的變化扣取不同的金額。

國內的基金公司可參考網站：**URL** https://tw.money.yahoo.com/fund/domestic，列舉一些公司如下：

❑ 群益證券投資信託股份有限公司　　❑ 永豐證券投資信託股份有限公司
❑ 瀚亞證券投資信託股份有限公司　　❑ 元大證券投資信託股份有限公司
❑ 復華證券投資信託股份有限公司　　❑ 匯豐中華證券投資信託股份有限公司
❑ 宏利證券投資信託股份有限公司　　❑ 國泰證券投資信託股份有限公司

　　國外的基金公司可參考網站：🔤 https://tw.money.yahoo.com/fund/offshore，列舉一些公司如下：

❑ 富達證券投資信託股份有限公司　　❑ 法銀巴黎證券投資顧問股份有限公司
❑ 駿利證券投資顧問股份有限公司　　❑ 聯博證券投資信託股份有限公司
❑ 景順證券投資信託股份有限公司　　❑ 柏瑞證券投資信託股份有限公司
❑ 富蘭克林證券投資顧問股份有限公司　❑ 霸菱證券投資顧問股份有限公司
❑ 宏利證券投資信託股份有限公司　　❑ 匯豐中華證券投資信託股份有限公司
❑ 富盛證券投資顧問股份有限公司　　❑ 安本國際證券投資顧問股份有限公司
❑ 貝萊德證券投資信託股份有限公司

# 技巧 57 　【程式】抓取網站上的基金報酬率

　　這裡我們參考 MoneyDJ 理財網的「基金搜尋→國內股票開放指數型」，網址為：
🔤 https://www.moneydj.com/funddj/yb/YP302000.djhtm?a=ET000001，如圖 4-20 所示。

| 日期 | 基金名稱 | 基金公司 | 淨值 | 幣別 | 三個月 | 六個月 | 一年 | 三年 | 標準差 | Beta |
|---|---|---|---|---|---|---|---|---|---|---|
| 04/03 | 元大富櫃50基金 | 元大投信 | 14.7100 | 台幣 | -2.06 | 8.55 | 24.84 | 21.97 | 12.00 | 1.0676 |
| 04/03 | 元大台灣金融基金 | 元大投信 | 16.6700 | 台幣 | 0.42 | 7.78 | 14.16 | 20.13 | 6.48 | 0.3859 |
| 04/03 | 富邦台灣科技指數基金 | 富邦投信 | 55.8000 | 台幣 | 2.63 | 7.25 | 26.69 | 44.82 | 12.99 | 0.9906 |
| 04/03 | 富邦台灣金融基金 | 富邦投信 | 40.9800 | 台幣 | -0.02 | 7.03 | 12.77 | 19.02 | 6.43 | 0.3898 |
| 04/03 | 兆豐國際臺灣藍籌30ETF基金 | 兆豐國際投信 | 21.9300 | 台幣 | 1.62 | 6.27 | 15.08 | N/A | 7.59 | 0.9607 |
| 04/03 | 國泰臺灣低波動精選30基金 | 國泰投信 | 20.9300 | 台幣 | 1.26 | 5.97 | N/A | N/A | N/A | N/A |
| 04/03 | 元大台灣中型100基金 | 元大投信 | 32.4600 | 台幣 | 0.74 | 5.56 | 18.38 | 16.09 | 7.43 | 1.0138 |
| 04/03 | 富邦臺灣公司治理100基金 | 富邦投信 | 21.3600 | 台幣 | 0.75 | 4.37 | N/A | N/A | N/A | N/A |
| 04/03 | 元大台灣加權股價指數基金 | 元大投信 | 24.8950 | 台幣 | 0.25 | 3.78 | 15.25 | 26.79 | 7.77 | 1.0166 |
| 04/02 | 華頓標普黃豆豆ER指數期貨基金 | 華頓投信 | 20.3300 | 台幣 | 5.61 | 3.36 | N/A | N/A | N/A | N/A |
| 04/03 | 元大台灣高股息基金 | 元大投信 | 25.9200 | 台幣 | 1.89 | 3.20 | 8.66 | 19.93 | 7.44 | 0.8664 |
| 04/03 | 元大摩臺基金 | 元大投信 | 38.2700 | 台幣 | 0.60 | 2.88 | 14.97 | 25.94 | 9.98 | 1.3063 |
| 04/03 | 富邦台灣摩根基金 | 富邦投信 | 50.6300 | 台幣 | 0.42 | 2.68 | 14.42 | 24.31 | 9.98 | 1.3056 |
| 04/03 | 永豐臺灣加權ETF基金 | 永豐投信 | 53.7100 | 台幣 | -0.24 | 2.55 | 13.31 | 23.73 | 8.01 | 1.0421 |
| 04/03 | 元大台灣卓越50基金 | 元大投信 | 47.3300 | 台幣 | 0.17 | 2.34 | 14.81 | 29.87 | 10.31 | 1.3304 |
| 04/03 | 元大台灣卓越50基金 | 富邦投信 | 81.5800 | 台幣 | 0.11 | 2.26 | 14.73 | 29.77 | 10.32 | 1.0262 |
| 04/03 | 元大高股息低波動ETF基金 | 元大投信 | 30.7600 | 台幣 | 0.82 | 1.62 | N/A | N/A | N/A | N/A |

圖 4-20

## 1. R 語言的範例程式

```
library("RCurl")

x=getURL("https://www.moneydj.com/funddj/yb/YP302000.djhtm?a=ET000001",.
encoding='BIG5')

y=strsplit(x,"<tbody>")[[1]][2]
y=strsplit(y,"</tbody>")[[1]][1]
u=strsplit(y,"<tr>")[[1]]
u=u[-1]

u=gsub('\r\n<td class=\"t3n0c1\" myClass=\"t3n0c1\" >',"",u,fixed=TRUE)
u=gsub('\r\n<td class=\"t3n0c1_rev\" myClass=\"t3n0c1\" >',"",u,fixed=TRUE)

u=gsub('</td>\r\n<td class=\"t3t1\" myClass=\"t3t1\" >',",",u,fixed=TRUE)
u=gsub('</td>\r\n<td class=\"t3t1_rev\" myClass=\"t3t1\" >',",",u,fixed=TRUE)
u=gsub('</a>',"",u,fixed=TRUE)
u=gsub('</td>\r\n<td class=\"t3n1\" myClass=\"t3n1\" >',",",u,fixed=TRUE)
u=gsub('</td>\r\n<td class=\"t3n1_rev\" myClass=\"t3n1\" >',",",u,fixed=TRUE)
u=gsub('</td>\r\n<td class=\"t3r1_rev\" myClass=\"t3r1\" >-',",",u,fixed=TRUE)
u=gsub('</td>\r\n<td class=\"t3r1\" myClass=\"t3r1\" >-',",",u,fixed=TRUE)
u=gsub('</td></tr>\r\n',"",u,fixed=TRUE)

A=numeric(0)
for ( i in 1:length(u) ) {
v=strsplit(u[i],'>')[[1]]
w1=strsplit(v[2],",")[[1]][1]
w2=strsplit(v[3],",")[[1]]
w=c(w1,w2)

A=rbind(A,w)

}
```

執行結果如圖 4-21 所示。

```
> A
                                                        [,1]                        [,2]            [,3]      [,4]    [,5]    [,6]    [,7]    [,8]    [,9]    [,10]
 w  "華頓標普高盛黃豆ER指數期貨基金"                        "華頓投信"      "20.3800" "台幣" "5.49"  "3.82"  "N/A"   "N/A"   "N/A"   "N/A"
 w  "富邦台灣科技指數基金"                                  "富邦投信"      "55.8900" "台幣" "1.31"  "6.60"  "25.89" "47.48" "13.74" "0.9658"
 w  "兆豐國際臺灣藍籌30ETF基金"                             "兆豐國際投信"  "22.2000" "台幣" "1.05"  "6.88"  "16.32" "N/A"   "9.43"  "0.8957"
 w  "國泰臺灣低波動精選30基金"                             "國泰投信"      "21.1800" "台幣" "0.57"  "6.81"  "N/A"   "N/A"   "N/A"   "N/A"
 w  "富邦臺灣公司治理100基金"                              "富邦投信"      "21.5500" "台幣" "0.09"  "4.81"  "N/A"   "N/A"   "N/A"   "N/A"
 w  "元大台灣高股息基金"                                   "元大投信"      "25.9000" "台幣" "1.01"  "2.33"  "8.10"  "19.60" "8.18"  "0.9234"
 w  "元大摩臺基金"                                         "元大投信"      "38.5000" "台幣" "0.12"  "2.88"  "14.75" "27.38" "11.35" "1.0726"
 w  "元大台灣中型100基金"                                  "元大投信"      "32.5500" "台幣" "0.22"  "5.05"  "18.71" "16.80" "13.36" "1.0232"
 w  "富邦台灣摩根基金"                                     "富邦投信"      "50.9300" "台幣" "0.02"  "2.64"  "14.22" "N/A"   "11.29" "1.0663"
 w  "元大台灣金融基金"                                     "元大投信"      "16.7900" "台幣" "1.06"  "7.88"  "15.75" "19.89" "9.22"  "0.5978"
 w  "元大台灣加權股價指數基金"                             "元大投信"      "25.0800" "台幣" "0.09"  "3.90"  "15.29" "28.34" "10.08" "0.9822"
 w  "富邦台灣采吉50基金"                                   "富邦投信"      "47.6500" "台幣" "0.29"  "2.37"  "14.61" "31.52" "11.03" "1.0212"
 w  "元大台灣卓越50基金"                                   "元大投信"      "82.1300" "台幣" "0.35"  "2.30"  "14.51" "31.40" "11.05" "1.0216"
 w  "元大台灣電子科技基金"                                 "元大投信"      "36.2500" "台幣" "0.08"  "0.18"  "15.33" "34.69" "12.89" "0.8463"
 w  "元大台灣高股息低波動ETF基金"                          "元大投信"      "30.9400" "台幣" "0.36"  "1.41"  "N/A"   "N/A"   "N/A"   "N/A"
 w  "富邦臺灣金融基金"                                     "富邦投信"      "41.3000" "台幣" "1.20"  "7.22"  "14.34" "19.12" "8.81"  "0.5184"
 w  "永豐臺灣加權ETF基金"                                  "永豐投信"      "54.0700" "台幣" "0.62"  "2.61"  "13.42" "25.08" "10.28" "0.9970"
 w  "富邦道瓊臺灣優質高息30ETF基金"                        "富邦投信"      "20.0700" "台幣" "N/A"   "N/A"   "N/A"   "N/A"   "N/A"   "N/A"
 w  "元大富櫃50基金"                                       "元大投信"      "14.6700" "台幣" "1.61"  "7.48"  "23.88" "22.88" "17.46" "0.9964"
 w  "元大台灣發達基金"                                     "元大投信"      "46.1200" "台幣" "1.45"  "2.41"  "6.19"  "16.38" "12.07" "1.0376"
 w  "元大台商收成基金"                                     "元大投信"      "23.9400" "台幣" "1.24"  "3.31"  "4.95"  "9.26"  "11.72" "1.0057"
 w  "群益臺灣加權指數單日反向1倍基金"                      "群益投信"      "8.4800"  "台幣" "1.62"  "5.57"  "15.20" "N/A"   "9.94"  "0.9745"
 w  "兆豐國際臺灣藍籌30單日反向一倍ETF基金"                "兆豐國際投信"  "17.0500" "台幣" "1.79"  "5.59"  "14.71" "N/A"   "8.89"  "0.8728"
 w  "復華富時台灣高股息低波動基金"                         "復華投信"      "N/A"     "台幣" "N/A"   "N/A"   "N/A"   "N/A"   "N/A"   "N/A"
 w  "第一金臺灣工業菁英30ETF基金"                          "第一金投信"    "N/A"     "台幣" "N/A"   "N/A"   "N/A"   "N/A"   "N/A"   "N/A"
 w  "第一金臺灣工業菁英30單日反向一倍ETF基金"              "第一金投信"    "N/A"     "台幣" "N/A"   "N/A"   "N/A"   "N/A"   "N/A"   "N/A"
> |
```

圖 4-21

## 2. Python 的範例程式

```python
# -*- coding: UTF-8 -*-
# 載入相關套件
import urllib.request,re

# 定義轉值為 float，若遇到 N/A 字串則轉為 None
def float_or_na(value):
    return float(value) if value != 'N/A' else None

# 取得網頁資訊
x = urllib.request.urlopen("https://www.moneydj.com/funddj/yb/YP302000.
djhtm?a=ET000001").read().decode("big5")
# 進行字串拆解
y=x.split('<tbody>')[1]
z=y.split('</tbody>')[0]
a=z.split('<tr>')[1:]

# 將表格資訊填入 list 當中
resource=[]

for i in a :
 k=[ re.sub('<td .{1,} >','',j) for j in i.replace('\r\n','').split('</td>')[:-1]]
 resource+=[[ re.sub('.{1,}>','',l.strip('</a>')) for l in k]]

# 將 list 轉值
resource= [ [i[0],i[1],i[2],float_or_na(i[3]),i[4],float_or_na(i[5]),float_or_na(i[6]),
```

```
float_or_na(i[7]),float_or_na(i[8]),float_or_na(i[9]),float_or_na(i[10])] for i in
resource]


# 依照欄位排序
sorted(resource, key=lambda x: (x[5] is None, x[5]))
```

# 技巧 58 【程式】分析基金的收益

在本技巧中，我們將藉由技巧 57 取出當前國內股票開放指數型的報酬率，接著以基金關鍵字取出指定基金的指定報酬率，即可進行投資報酬率的試算。

例如：我們參考 MoneyDJ 理財網的基金搜尋，如圖 4-20 中三個月的報酬率（位於第五個欄位），取出後除以 100（因爲內容爲百分比），再除以 12（年利率），再乘以 3（三個月定存），程式碼如下所示：

```
fund='永豐臺灣加權 ETF 基金'
init_money=100000
x=grep(fund,A[,1])
r=as.numeric(A[x,5])
Total=init_money*(1+r/100/12*3)
print(Total)
```

其中，我們取用「台灣銀行」的利率計算，起始資金爲 100000 元，結果如下：

```
> fund='永豐臺灣加權 ETF 基金'
> init_money=100000
> x=grep(fund,A[,1])
> r=as.numeric(A[x,5])
> Total=init_money*(1+r/100/12*3)
> print(Total)
[1] 100140
```

結果爲 100140。

我們可將程式碼改爲函數，輸入值爲「基金名稱」、存款期間與初始資金，其中存款期間分爲：三個月（輸入 "1"）、六個月（輸入 "2"）、一年（輸入 "3"）、三年（輸入 "4"）四種，程式碼如下：

```
fundRate=function(fund,Period,init_money) {
  x=grep(fund,A[,1])
```

```
    if (Period=="1") {
         y=5
         z=3
    } else if (Period=="2") {
         y=6
         z=6
    } else if (Period=="3") {
         y=7
         z=12
    } else if (Period=="4") {
         y=8
         z=36
    } else {
         y=0
         z=1
    }
    r=as.numeric(A[x,y])
    Total=init_money*(1+r/100/12*z)
    return(Total)
}
```

執行過程如下：

```
> fundRate=function(fund,Period,init_money) {
+ x=grep(fund,A[,1])
+ if (Period=="1") {
+ y=5
+ z=3
+ } else if (Period=="2") {
+ y=6
+ z=6
+ } else if (Period=="3") {
+ y=7
+ z=12
+ } else if (Period=="4") {
+ y=8
+ z=36
+ } else {
+ y=0
+ z=1
+ }
+ r=as.numeric(A[x,y])
+ Total=init_money*(1+r/100/12*z)
+ return(Total)
```

```
+ }
>
> fundRate(' 永豐臺灣加權 ETF 基金 ',3,100000)
[1] 113760
> fundRate(' 永豐臺灣加權 ETF 基金 ',4,100000)
[1] 174730
>
```

定義函數後，直接取用即可。我們看到永豐臺灣加權 ETF 基金投資 10 萬元，一年以及三年後的金額分別為 113760 與 174730 元。

Python 的運作原理類似，底下列出程式碼，並將說明註解在程式碼中：

```python
def BankRate(bank,period,initMoney):
 ratelist = [ i for i in resource if i[0]==bank]
 if period=='1':
  col_n=5
  month=1
 elif period=='2':
  col_n=6
  month=3
 elif period=='3':
  col_n=7
  month=9
 elif period=='4':
  col_n=8
  month=12
 else:
  return "out of period range"
 r=ratelist[0][col_n]
 if r == None:
  return "rate == None"
 total=initMoney*(1+r/100/12*month)
 return total
```

執行過程如下：

```python
>>> def BankRate(bank,period,initMoney):
...     ratelist = [ i for i in resource if i[0]==bank]
...     if period=='1':
...         col_n=5
...         month=1
...     elif period=='2':
...         col_n=6
```

```
...     month=3
...   elif period=='3':
...     col_n=7
...     month=9
...   elif period=='4':
...     col_n=8
...     month=12
...   else:
...     return "out of period range"
...   r=ratelist[0][col_n]
...   if r == None:
...     return "rate == None"
...   total=initMoney*(1+r/100/12*month)
...   return total
...
>>>
```

定義函數後，直接取用即可。我們看到永豐臺灣加權 ETF 基金投資 10 萬元，一年以及三年後的金額分別為 113760 與 174730 元。

```
>>> FundRate(' 永豐臺灣加權 ETF 基金 ','3',100000)
103030.0
>>> FundRate(' 永豐臺灣加權 ETF 基金 ','4',100000)
141280.0
```

# Chapter

# 股票投資與程式分析

股票是公司用來募集資金的一種方式，反應公司的市場價值，許多時候相較於期貨商品，波動性較低，屬於較長線的投資，不需要時時刻刻盯盤，是許多投資者喜愛的投資方式。由於股票的公開資訊與分析工具頗多，我們可以透過程式抓取公開資訊並進行分析。

# 技巧 59 【觀念】股票是什麼？如何評斷股票價值？

股票是一種有價證券，本身就代表著該公司的資本，是公司用來募集資金的一種方式。購買股票的投資人，不論股票價值高低，就會成為該公司的股東，而股東為該公司存在必要因素，股東可以透過股票享有股利分配的報酬，但同時必須承擔公司股價漲跌幅的利潤與風險。

股票也是證券市場中的一種商品，在證券交易所中進行買賣委託、撮合、報價、清算，是一個公正的交易平台，任何投資人都可以透過它來進行股票買賣，股票的價值透過市場投資人的供需法則，自然形成成交價。

股票 1 張 1000 股，面額 1 股 10 元，所以 1 張股票面額新台幣 10,000 元，而上市後的股票，會依照市場上買賣雙方投資人的最佳成交價格，成交在某個價位，這個價位就是該股票的成交價位，也就代表該股票目前在市場上的行情價。

評斷股票的價值有許多種方式，這邊所提到股票的「價格」與「價值」不一樣，「價格」代表目前市場決定的當前成交價位，「價值」則代表這張股票所隱含真正的價格。

「價值」應該如何定義，有多種公式可以計算，有本益比公式、帳面價值公式、股利的換算、公司淨值換算等，這些都可以用來定義股票的價值。不過，每一種股票價值的評斷機制，僅能體現出單一角度的看法，整間公司的價值往往會取決於每個角度的綜合看法。另外，「價值」代表著你對於該股票的認定的一個價格水準，而市場如何運行，則又是另外一回事。

# 技巧 60 【觀念】如何買賣股票？

要買賣股票，必須先開立證券帳戶，才能進行證券交易，開設證券戶必須開立兩個帳戶：

❑ **證券集保戶**：是用來記錄買賣股票的紀錄。

❑ **證券買賣交割銀行帳戶**：是投資人用來進行證券買賣撥款用，為一個專款專用的帳戶。每當要進行證券買賣，則會透過該帳戶進行交割，一手交錢一手交貨。

要進行證券開戶，必須由本人到券商開戶，步驟如下：

**Step 01** 首先，確認是否在該券商開過戶。

Step 02 如果以前沒有在該券商開戶過，就可以用線上開戶，電腦和手機 APP 都可以進行線上開戶。

Step 03 臨櫃開戶必須帶雙證件、印章、常用存摺乙本。

Step 04 若臨櫃開戶，則辦理人員會協助完成。

# 技巧61　【觀念】股票與期貨的撮合方式差異

台灣股票和期貨，分別為不同的交易所商品，台灣有三大交易所：證券交易所、期貨交易所、櫃買中心。

股票的撮合方式，是採集合競價，不論是盤前、盤中、盤末皆如此，每五秒撮合一次。集合競價的原則是依照價格優先、再來時間優先成交，較高買價優先於較低買價、較低賣價優先於較高賣價，同價位的委託則依照時間排序。

證券交易所股市開盤前三十分鐘開始接受委託，開市時會集中競價一次，接著每五秒集中競價一次，而在收盤前會統一接受委託五分鐘集中競價一次。

相同於證券交易市場的權證商品，則不同於股票市場，是採逐筆撮合制度，能更即時的反應市場價格，未來股票市場也將改為逐筆撮合。

期貨商品，採用的撮合機制分為兩部分，有集合競價制度以及逐筆撮合制度。首先，開盤前十五分鐘開始接收委託，在開盤時採用集合競價撮合，接著至收盤都採用逐筆撮合制度。

逐筆撮合制度，原則是價格優先、時間優先，價格較佳的委託優先於價格較差的委託，若價位相同，依照時間來進行排序。另外，逐筆撮合制度中，有分市價單以及限價單，市價單順序優於限價單。

# 技巧62　【觀念】何謂股票放空？如何放空股票？

一般來說，股票屬於現貨，是有實體物件的商品，所以僅能夠依照先買入後賣出，來賺取價差，並不能像期貨那般先賣出後買入（放空）。所謂的「放空」，代表著當沒有該公司的股票，卻又預期下跌，該如何進場做價差買賣呢？

交易所與券商為了促進市場商品更高的流動性，推出了「借股票」的方式，讓投資者放空股票。對於投資者而言，要進行放空股票即代表賣出目前手上沒有的股票，所以你必須向券商借股票來賣，這個行為稱為「融券」。

融券必須先付出一筆「借券費」，接著在賣出借來的股票時，必須將賣出股票所收得的現金付給券商 90%，並且政府規定，融券的維持率要 120%。

要如何放空股票？必須先向券商申請信用戶資格，申請的條件如下：

❑ 開戶滿三個月。

❑ 委託買賣成交 10 筆。

❑ 累計成交金額 25 萬以上。

符合以上條件的投資人，就可以向券商申請融券的資格，申請完成後，就可以進行融券交易。

# 技巧 63 【觀念】何謂股票當沖？如何做當沖？

股票當沖（當日沖銷）就是當天要交易完畢（先買後賣，或是先賣後買），這代表股票交易要在當日平倉。如果買進股票，當日要賣出；如果放空股票，當日要進行回補，不會被留至隔天。

台灣股票原本的制度是交易後兩天才能拿到現金，所以原本的交易制度是不能當日買賣的，透過股票當沖的機制，就可以進行當日買賣了，並且當沖還有一個好處，可以透過先買後賣、先賣後買，來進行價差套利。

當沖的交易方式，主要是投過融資融券的方式來進行買賣，在不牽涉到交割的情況下，直接進行當日盈虧的結算。

現股當沖的資格與上一點技巧融券的資格大致相同，如下：

❑ 開戶滿三個月。

❑ 委託成交滿 10 筆以上。

符合以上條件，就可以向券商申請當沖的交易資格了，每間券商的條件均有所不同，主要還是以券商本身制定的規則為主，本處資訊僅供參考。

# 技巧 64 【觀念】何謂除權息？

除權息包含兩件事，即除權與除息。當中的「除」也就是分配的意思，除權代表分配股票股利，除息則代表分配現金股利。

　　除權息之後，代表公司的資源被分配出去，自然而然，股價會隨之被稀釋。假設該公司除權息，發放出 100 萬元股利，整體而言，就必須從原本的股票價值中被犧牲，從股東的角度，公司的錢就是股東的錢。

　　正確來說，發放股票股利的話，公司的股票數會增多，代表原本每股的股票價值會被稀釋。而發放現金股利，會直接從公司的保留盈餘中被扣除，則代表著公司的股東權益會減少，股票的價值也會下降。

　　就投資的角度來看，若我們在除權息日之前就持有股票至除權息日當天，則可以享有除權息的權益，若在除權息日以後才購買股票的人，則不能享有該期股息。

# 技巧 65　【程式】根據日資料繪製折線圖表

　　在技巧 40 中，已介紹過如何透過 R 語言取得免費的公開日資料，接著我們將會透過那些公開日資料，來進行本技巧的應用。

　　日資料的格式是開高低收量的格式，我們可以透過收盤價來繪製每日的價格折線圖。

## ● Python 程式碼範例

　　而 Python 中可以直接進行時間的篩選，取得資料後進行圖形繪製。

　　Python 繪圖的套件取用、繪圖技巧，可以參考技巧 90、91。

　　以下透過 AAPL 亞馬遜公司來進行介紹，並繪製折線圖，語法如下：

```
# 載入相關的套件
from pandas_datareader import data as pdr
import matplotlib.pyplot as plt
import fix_yahoo_finance as yf
import datetime

yf.pdr_override()

# 設定商品、起始日結束日
stocks = ["AAPL"]
start = datetime.datetime(2012,5,31)
end = datetime.datetime(2018,3,1)

# 取得商品
f = pdr.get_data_yahoo(stocks, start=start, end=end)
```

```
# 進行圖形繪製
f['Close'].plot()
plt.show()
```

執行程式碼後，如圖 5-1 所示。

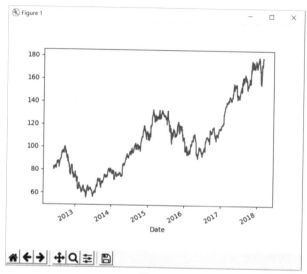

圖 5-1

## ● R 語言程式碼範例

在技巧 40 中，已介紹過如何透過 R 語言來取得免費的公開日資料，接著我們將會透過那些公開日資料，來進行本技巧的應用。

日資料的格式是開高低收量的格式，我們可以透過收盤價來繪製每日的價格折線圖。

以下透過 AMAZ 亞馬遜公司來進行介紹，並繪製折線圖，語法如下：

```
product="AMZN"
library('quantmod')
getSymbols(product,src='yahoo')
Data<-get(product)
head(Data)

plot(Data[,4])
```

操作過程如下：

```
> library('quantmod')
> getSymbols('AMZN',src='yahoo')
[1] "AMZN"
> Data<-get('AMZN')
> head(Data)
           AMZN.Open AMZN.High AMZN.Low AMZN.Close AMZN.Volume AMZN.Adjusted
2007-01-03    38.68     39.06    38.05     38.70    12405100      38.70
2007-01-04    38.59     39.14    38.26     38.90     6318400      38.90
2007-01-05    38.72     38.79    37.60     38.37     6619700      38.37
2007-01-08    38.22     38.31    37.17     37.50     6783000      37.50
2007-01-09    37.60     38.06    37.34     37.78     5703000      37.78
2007-01-10    37.49     37.70    37.07     37.15     6527500      37.15
> plot(data[,4])
```

圖片輸出如圖 5-2 所示。

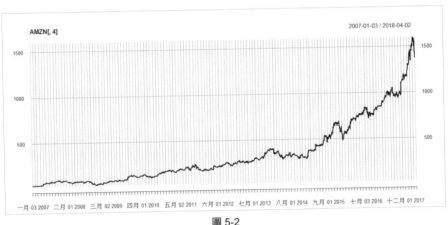

圖 5-2

　　若要進行資料時間的篩選，可以透過以下的用法，來進行篩選資料時間後繪圖，程式碼如下：

```
product="AMZN"
library('quantmod')
getSymbols(product,src='yahoo')
Data<-get(product)
Data<-Data['2015-01-01::2017-12-31']
head(Data)

plot(Data[,4])
```

執行過程如下：

```
> product="AMZN"
> library('quantmod')
> getSymbols(product,src='yahoo')
[1] "AMZN"
> Data<-get(product)
> Data<-Data['2015-01-01::2017-12-31']
> head(Data)
 AMZN.Open AMZN.High AMZN.Low AMZN.Close AMZN.Volume AMZN.Adjusted
2015-01-02 312.58  314.75    306.96   308.52     2783200     308.52
2015-01-05 307.01  308.38    300.85   302.19     2774200     302.19
2015-01-06 302.24  303.00    292.38   295.29     3519000     295.29
2015-01-07 297.50  301.28    295.33   298.42     2640300     298.42
2015-01-08 300.32  303.14    296.11   300.46     3088400     300.46
2015-01-09 301.48  302.87    296.68   296.93     2589500     296.93
> plot(Data[,4])
```

繪製圖片如圖 5-3 所示。

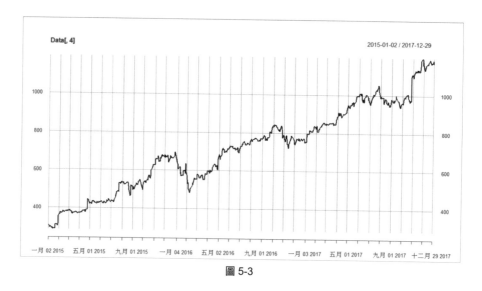

圖 5-3

# 技巧 66 【程式】根據日資料繪製 K 線圖表

在技巧 40 中，已介紹過如何透過 Python、R 語言取得免費的公開日資料，接著我們將會透過那些公開日資料，來進行本技巧的應用。

日資料的格式是開高低收量的格式，我們直接透過該格式來繪製每日的價格 K 線圖。

## ● Python 程式碼範例

要繪製 K 線圖，必須要安裝額外的套件「mpl_finance」。以往只需要透過 matplotlib.finance 套件，就可以進行 K 線圖表繪製，不過最新的 Python3.6 版本當中的 matplotlib（版本 2.2）套件，已經不包含 finance 子套件了，所以必須手動安裝這個新的套件。

由於 mpl_finance 這個套件並不在 pip 預設的安裝清單中，因此透過 pip install 是找不到該套件的，必須去網路上尋找手動安裝包進行安裝。不過讀者也不用擔心，僅需要一個步驟就可以進行安裝了，指令如下：

*pip install https://github.com/matplotlib/mpl_finance/archive/master.zip*

> **☑ 說明**
>
> 必須透過系統管理員開啟命令提示字元，來執行該指令。

安裝完成後，import 該套件，若無錯誤訊息代表成功安裝，操作如下：

```
>>> import mpl_finance
>>>
```

安裝完成後，就可以來開始進行繪製圖形。以下透過 AAPL 蘋果公司來進行介紹，並繪製 K 線圖，程式碼如下：

```python
# 載入相關套件
from pandas_datareader import data as pdr
import matplotlib.pyplot as plt
import fix_yahoo_finance as yf
import datetime
from mpl_finance import candlestick_ohlc
import matplotlib.dates as mdates

# 設定商品、起始日結束日
stocks = ["AAPL"]
start = datetime.datetime(2012,5,31)
end = datetime.datetime(2018,3,1)

# 取得商品
f = pdr.get_data_yahoo(stocks, start=start, end=end)

# 定義圖表物件
fig = plt.figure(1)
```

```
# 定義第一張圖案在圖表的位置
ax1 = fig.add_subplot(111)

# 將資料進行處理成繪圖函數需要的資料格式
f.reset_index(inplace = True)
del f['Adj Close']
f.Date = mdates.date2num(f.Date)

# 繪製 K 線圖
candlestick_ohlc(ax1, f.values, width=0.5, colorup='r', colordown='g')

# 設定圖表 X 軸顯示時間格式
ymfmt = mdates.DateFormatter('%Y/%m')
ax1.xaxis.set_major_formatter(ymfmt)

# 產生圖表
plt.show()
```

繪製圖片如圖 5-4 所示。

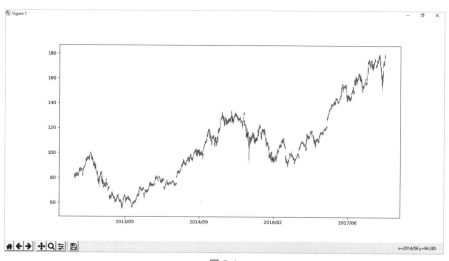

圖 5-4

## ● R 語言程式碼範例

以下透過 AMAZ 亞馬遜公司來進行介紹，並繪製 K 線圖，語法如下：

```
product="AMZN"
library('quantmod')
getSymbols(product,src='yahoo')
Data<-get(product)
head(Data)

chartSeries(Data)
```

操作過程如下：

```
> product="AMZN"
> library('quantmod')
> getSymbols(product,src='yahoo')
 [1] "AMZN"
> Data<-get(product)
> head(Data)
           AMZN.Open AMZN.High AMZN.Low AMZN.Close AMZN.Volume AMZN.Adjusted
2007-01-03    38.68     39.06    38.05      38.70     12405100        38.70
2007-01-04    38.59     39.14    38.26      38.90      6318400        38.90
2007-01-05    38.72     38.79    37.60      38.37      6619700        38.37
2007-01-08    38.22     38.31    37.17      37.50      6783000        37.50
2007-01-09    37.60     38.06    37.34      37.78      5703000        37.78
2007-01-10    37.49     37.70    37.07      37.15      6527500        37.15
> chartSeries(Data)
```

繪製圖片如圖 5-5 所示。

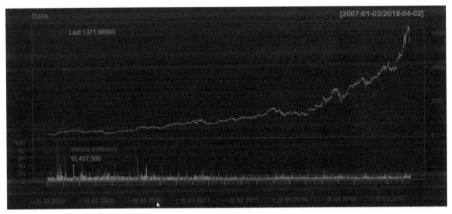

圖 5-5

若要進行資料時間的篩選，可以透過以下的用法，來進行篩選資料時間後繪圖，程式碼如下：

```
product="AMZN"
library('quantmod')
getSymbols(product,src='yahoo')
Data<-get(product)
Data<-Data['2015-01-01::2017-12-31']
head(Data)
chartSeries(Data)
```

操作過程如下：

```
> product="AMZN"
> library('quantmod')
> getSymbols(product,src='yahoo')
[1] "AMZN"
> Data<-get(product)
> Data<-Data['2015-01-01::2017-12-31']
> head(Data)
 AMZN.Open AMZN.High AMZN.Low AMZN.Close AMZN.Volume AMZN.Adjusted
2015-01-02 312.58    314.75    306.96    308.52      2783200     308.52
2015-01-05 307.01    308.38    300.85    302.19      2774200     302.19
2015-01-06 302.24    303.00    292.38    295.29      3519000     295.29
2015-01-07 297.50    301.28    295.33    298.42      2640300     298.42
2015-01-08 300.32    303.14    296.11    300.46      3088400     300.46
2015-01-09 301.48    302.87    296.68    296.93      2589500     296.93
> chartSeries(Data)
```

繪製圖片如圖 5-6 所示。

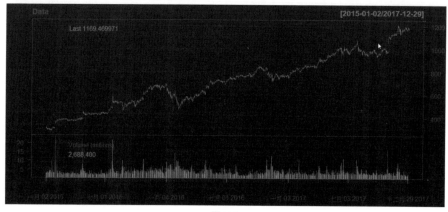

圖 5-6

要修改 K 線圖形的顏色，可以透過 theme 參數，以下是修改顏色的繪製 K 線程式碼：

```
product="AMZN"
library('quantmod')
getSymbols(product,src='yahoo')
Data<-get(product)
head(Data)
chartSeries(Data,theme = chartTheme("white", up.col='red',dn.col='green'))
```

操作過程如下：

```
> product="AMZN"
> library('quantmod')
> getSymbols(product,src='yahoo')
[1] "AMZN"
> Data<-get(product)
> Data<-Data['2015-01-01::2017-12-31']
> head(Data)
           AMZN.Open AMZN.High AMZN.Low AMZN.Close AMZN.Volume AMZN.Adjusted
2015-01-02    312.58    314.75   306.96     308.52     2783200        308.52
2015-01-05    307.01    308.38   300.85     302.19     2774200        302.19
2015-01-06    302.24    303.00   292.38     295.29     3519000        295.29
2015-01-07    297.50    301.28   295.33     298.42     2640300        298.42
2015-01-08    300.32    303.14   296.11     300.46     3088400        300.46
2015-01-09    301.48    302.87   296.68     296.93     2589500        296.93
> chartSeries(Data,theme = chartTheme("white", up.col='red',dn.col='green'))
>
```

繪製圖片如圖 5-7 所示。

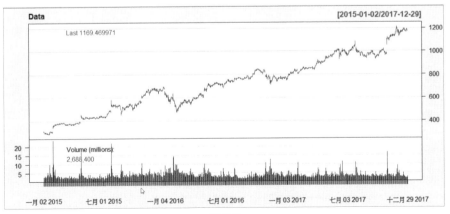

圖 5-7

# 技巧67 【觀念】日資料常用的指標分析

技術指標有許多種類，這邊透過介紹常見的技術指標，讓讀者對於技術指標有基礎的認識。以下將介紹常見的技術指標：

## ● 簡單移動平均線－SMA

SMA 是 MA 最基本的型態，是透過指定期間的收盤價進行平均所計算出來的指標。

若要計算 10 分 MA，就會將 10 個分鐘的收盤價進行平均，若要計算 10 日 MA，就將 10 個天數的收盤價進行平均。

移動平均線在各個技術指標中，是一款最常被使用的輔助指標，平均價與當前價的比較，蘊含著某些含義，通常投資人會透過該指標來與當前的價格做判斷，來進行交易抉擇。

## ● 平滑移動平均線－EMA

除了簡單移動平均指標（SMA），移動平均指標還有一種計算型態，就是平滑移動平均線，也可以稱為指數移動平均線，英文簡稱為 EMA。平滑移動平均線是透過指數式的遞減加權的方式進行移動平均，換句話說，會隨著時間的關係漸漸遞減加權，讓越遠期的收盤價權重越低，也就是越近期的收盤價權重越高，越遠期的收盤價權重越低。

該指標與 SMA 的差異在於會依照比例分配每個收盤價的權重，對照真實市場情況下來，也就等於假設最新的數據越有參考價值，這在每個投資人眼中，都有不同的看法。

## ● 平均趨向指標－ADX

平均趨向指標（ Average Directional Indicator ），簡稱 ADX，是一種常用的趨勢衡量指標。ADX 指標無法判定目前市場的發展方向，但是可以判斷趨勢的強度。

ADX 指標數值越高，代表趨勢轉強；指數越低，代表趨勢轉弱。

## ● 指數平滑異同移動平均線－MACD

MACD 是一款常見的技術分析指標，用來判斷當時市場價格的強度與量能的指標。MACD 的計算方式是透過兩個 MA 的值計算差額後，接著對差額又進行一次移動平均。

MACD 是由一組 MA，也就是兩個 MA 之間的差額所計算出來，分為快、慢 MA，快 MA 指的是更短時段的 MA，慢 MA 指的是更常時段的 MA。

對於 MACD 的解讀，每個投資人都有自己的看法，而 MACD 相較於 MA，對於投資人來說，「雜訊」較少。換句話說，由於 MACD 做了兩次移動平均的值計算，所以指標的值會相對較平滑，而 MA 指標本來就是以價格為參考，對於市場價格變動的反應較靈敏，也因此雜訊較多。

## ● 布林通道－BBAND

「布林通道」又稱為「包寧傑帶狀」，是一款結合 MA 以及標準差的指標。它是由一個 MA（通常為 20MA）以及上下兩個標準差值等三條線組合起來的指標。這三個數值分別為中軌、上軌、下軌，中軌代表著該商品的市場平均價格，上軌代表壓力點位，下軌代表支撐點位。

# 技巧 68　【程式】根據日資料計算常見指標

透過日資料進行指標計算，就能夠進行歷史資料的回測，在技巧 69 中會介紹繪製圖表，技巧 70 中會介紹歷史的回測。

本技巧中所提到的指標，皆是透過 R 語言中的 quantmod 函數，來進行計算的指標。若要透過 Python 計算指標，可以自行計算或是透過 talib 套件來計算。本章節將透過 R 語言來進行介紹。

本技巧將接續上一個技巧，以下將介紹如何計算各種指標。

## ● 簡單移動平均線－SMA

以下是透過 quantmod 套件中的 SMA 函數來計算。SMA 函數中，預設的時間長度（參數名稱：n）為 10，若時間單位為日，也就代表計算 10 日 MA，在函數的參數中加上 n=13，則可以計算 13 日 MA。

程式碼如下：

```
product="AMZN"
library('quantmod')
getSymbols(product,src='yahoo')
Data<-get(product)
MA_Signal <- SMA(Cl(Data))
```

執行過程如下：

```
> product="AMZN"
> library('quantmod')
> getSymbols(product,src='yahoo')
[1] "AMZN"
> Data<-get(product)
> MA_Signal <- SMA(Cl(Data))
> head(MA_Signal)
           SMA
2007-01-03  NA
2007-01-04  NA
2007-01-05  NA
2007-01-08  NA
2007-01-09  NA
2007-01-10  NA
> tail(MA_Signal)
               SMA
2018-03-29 1525.713
2018-04-02 1505.744
2018-04-03 1490.456
2018-04-04 1472.862
2018-04-05 1459.851
2018-04-06 1445.882
>
```

上述的執行過程中，head(MA_Signal) 這行指令顯示出來的 MA 值皆為 NA，是因為計算 10MA 需要有 10 個收盤價才能進行計算，所以至第 10 個值才會開始計算出平均值。

## ● 平滑移動平均線 – EMA

以下是透過 quantmod 套件中的 EMA 函數來計算。EMA 函數中，預設的時間長度（參數名稱：n）為 10，若時間單位為日，也就代表計算 10 日 MA，在函數的參數中加上 n=13，則可以計算 13 日 MA。

程式碼如下：

```
product="AMZN"
library('quantmod')
getSymbols(product,src='yahoo')
Data<-get(product)
MA_Signal <- EMA(Cl(Data))
```

執行過程如下：

```
> product="AMZN"
> library('quantmod')
> getSymbols(product,src='yahoo')
[1] "AMZN"
> Data<-get(product)
> MA_Signal <- EMA(Cl(Data))
> head(MA_Signal,15)
                EMA
2007-01-03      NA
2007-01-04      NA
2007-01-05      NA
2007-01-08      NA
2007-01-09      NA
2007-01-10      NA
2007-01-11      NA
2007-01-12      NA
2007-01-16      NA
2007-01-17 38.05400
2007-01-18 37.85873
2007-01-19 37.70623
2007-01-22 37.56874
2007-01-23 37.36169
2007-01-24 37.34320
```

　　計算 10MA 需要有 10 個收盤價才能進行計算，所以至第 10 個值才會開始計算出平均值。

## ● 平均趨向指標 – ADX

　　以下是透過 quantmod 套件中的 ADX 函數來計算。ADX 函數中，預設的 MA 時間長度（參數名稱：n）為 14，若時間單位為日，也就代表透過 14MA 來與當前收盤價進行計算。

　　ADX 函數中的參數需要整個商品的開高低收價資訊，與 MA 不同，MA 只需要透過收盤價進行計算即可。

　　程式碼如下：

```
product="AMZN"
library('quantmod')
getSymbols(product,src='yahoo')
Data<-get(product)
ADX_Signal <- ADX(Data)
```

執行過程如下：

```
> product="AMZN"
> library('quantmod')
> getSymbols(product,src='yahoo')
[1] "AMZN"
> Data<-get(product)
> ADX_Signal <- ADX(Data)
> head(ADX_Signal,15)
                DIp       DIn       DX ADX
2007-01-03      NA        NA        NA  NA
2007-01-04      NA        NA        NA  NA
2007-01-05      NA        NA        NA  NA
2007-01-08      NA        NA        NA  NA
2007-01-09      NA        NA        NA  NA
2007-01-10      NA        NA        NA  NA
2007-01-11      NA        NA        NA  NA
2007-01-12      NA        NA        NA  NA
2007-01-16      NA        NA        NA  NA
2007-01-17      NA        NA        NA  NA
2007-01-18      NA        NA        NA  NA
2007-01-19      NA        NA        NA  NA
2007-01-22      NA        NA        NA  NA
2007-01-23      NA        NA        NA  NA
2007-01-24 42.51937  64.71808 20.70052  NA
```

由於 ADX 預設是長度為 14 的 MA 進行計算，所以 ADX 指數在第 15 個值之前皆為 NA。

## ● 指數平滑異同移動平均線 – MACD

以下是透過 quantmod 套件中的 MACD 函數來計算。MACD 函數中，預設的快 MA 線長度（參數名稱：nFast）為 12，慢 MA 線長度（參數名稱：nSlow）為 26，而計算 MACD 指標值的 MA 長度（參數名稱：nSig）為 9。

MACD 函數中的參數與 MA 相同，只需要透過收盤價進行計算即可。

程式碼如下：

```
product="AMZN"
library('quantmod')
getSymbols(product,src='yahoo')
```

```
Data<-get(product)
MACD_Signal <- MACD(Cl(Data))
```

執行過程如下：

```
> product="AMZN"
> library('quantmod')
> getSymbols(product,src='yahoo')
[1] "AMZN"
> Data<-get(product)
> MACD_Signal <- MACD(Cl(Data))
>
> tail(MACD_Signal)
                  macd       signal
2018-03-29  0.2521024  1.66544548
2018-04-02 -0.5188720  1.22858198
2018-04-03 -1.0170482  0.77945595
2018-04-04 -1.2997938  0.36360601
2018-04-05 -1.2843488  0.03401504
2018-04-06 -1.5119746 -0.27518289
>
```

## ● 布林通道－BBAND

以下是透過 quantmod 套件中的 BBands 函數來計算。BBands 函數中，預設的快 MA 線長度（參數名稱：n）為 20，預設的標準差（參數名稱：sd）為 2。

BBands 函數中的參數與 MA 相同，只需要透過收盤價進行計算即可。

程式碼如下：

```
product="AMZN"
library('quantmod')
getSymbols(product,src='yahoo')
Data<-get(product)
BBands_Signal <- BBands(Cl(Data))
```

執行過程如下：

```
> product="AMZN"
> library('quantmod')
> getSymbols(product,src='yahoo')
[1] "AMZN"
```

```
> Data<-get(product)
> BBands_Signal <- BBands(Cl(Data))
> tail(BBands_Signal)
                   dn      mavg       up        pctB
2018-03-29 1450.061 1542.714 1635.366 -0.01468675
2018-04-02 1418.451 1536.301 1654.150 -0.19711859
2018-04-03 1396.138 1529.723 1663.307 -0.01529964
2018-04-04 1380.155 1523.369 1666.583  0.10618824
2018-04-05 1372.571 1518.707 1664.842  0.27091010
2018-04-06 1358.090 1511.375 1664.660  0.15376545
```

# 技巧 69 【程式】根據日資料繪製技術分析圖表

在 R 語言的開放套件中，TTR（Technical Trading Rules）套件是專門用來計算技術指標的函數，所以本技巧將會透過 TTR 來介紹如何計算各種技術指標。

在 quantmod 的套件中，相依著 TTR 的套件庫，當透過 install.packages 函數安裝 quantmod 的套件時，就會依照關聯性，同時被安裝起來，所以安裝過 quantmod 的使用者，不必在額外安裝一次 TTR 套件。

TTR 套件相依著 quantmod 套件庫，也代表著這兩個套件庫必須互相使用。在上一點技巧中，我們已經從 Tick 資料轉換爲分 K 資料並進行繪製，因此以下的操作將會搭配繪製 K 線圖，來進行繪製其他技術指標。

TTR 的限制就是僅用在 quantmod 套件中，若要自行繪製更細時間軸圖表，就必須自行計算技術指標，並透過 plot 繪製圖型。

TTR 所提供的技術指標圖種類相當豐富，本技巧將常用的技術指標繪製出來，若讀者有需要，可以至 R 語言的 TTR 首頁下載使用手冊，尋找相關的技術指標工具，以下將依序介紹各種常用技術指標。

## ● 簡單移動平均線 – SMA

透過技巧 66 的範例繪製 K 線圖後，新增以下指令，進行繪製指標：

```
AddSMA()
```

繪製指標後，圖表如圖 5-8 所示。

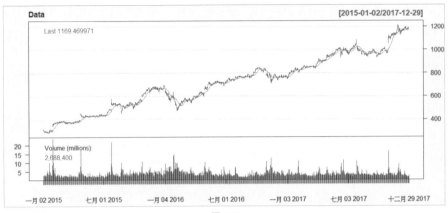

圖 5-8

TTR 的 MA 指標，預設長度皆為 10，若要繪製其他長度的 MA，可以透過參數 n 來進行調整，例如：繪製 13SMA，指令如下：

```
addSMA(n=13)
```

## ● 平滑移動平均線 − EMA

透過技巧 66 的範例繪製 K 線圖後，新增以下指令，進行繪製指標：

```
AddEMA()
```

繪製指標後，圖表如圖 5-9 所示。

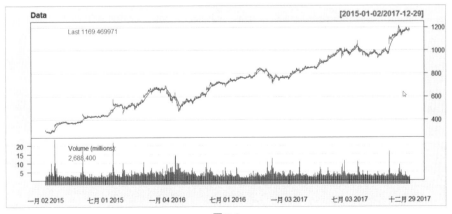

圖 5-9

　　TTR 的 MA 指標，預設長度皆為 10，若要繪製其他長度的 MA，可以透過參數 n 來進行調整，例如：繪製 13EMA，指令如下：

```
addEMA(n=13)
```

## ● 平均趨向指標 – ADX

透過技巧 66 的範例繪製 K 線圖後，新增以下指令，進行繪製指標：

```
AddADX()
```

繪製指標後，圖表如圖 5-10 所示。

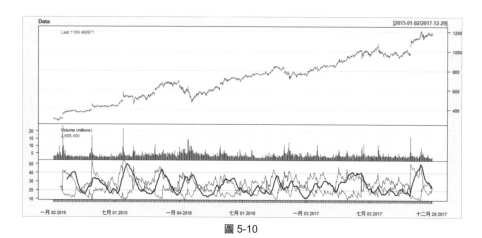

圖 5-10

## ● 指數平滑異同移動平均線 – MACD

透過技巧 66 的範例繪製 K 線圖後，新增以下指令，進行繪製指標：

```
AddMACD()
```

繪製指標後，圖表如圖 5-11 所示。

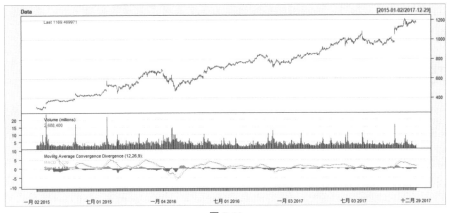

圖 5-11

TTR 套件中的 MACD 指標，預設參數快線 MA 長度為 12，慢線 MA 長度為 26，MA 指標長度為 9，若要修改參數，參數如下：

⏺ **快線長度**：nFast。

❑ **慢線長度**：nSlow。

❑ **指標長度**：nSig。

## ● 布林通道 – BBAND

透過技巧 66 的範例繪製 K 線圖後，新增以下指令，進行繪製指標：

```
addBBands()
```

繪製指標後，圖表如圖 5-12 所示。

圖 5-12

TTR 的布林通道指標，預設指標長度皆為 20，若要繪製其他的長度，可以透過參數 n 來進行調整。

# 技巧 70 【程式】根據日資料進行簡易的策略回測

本技巧將延續之前的技巧 68，進行指標計算過後，透過技術指標來進行策略的回測，甚至也可以透過圖形繪製，來設計歷史回測的策略，或是確認歷史回測績效是否正確。

以下透過例子來進行簡易的策略回測，由於資料單位皆為日，所以我們將執行日時間單位的回測。

## ● MA 快線大於慢線進場做多

這是一個最基本的策略回測，透過兩個不同長度的 MA 來進行計算，並判斷進出場。當快線大於慢線後，則進場做多，當慢線大於快線，則出場。程式碼如下：

```
library('quantmod')

product="AMZN"
# 定義快線慢線單位
fast_n <- 10
slow_n <- 20
# 定義起始結束時間
start_date <- '2017-01-01'
end_date <- '2017-12-31'

# 取資料
getSymbols(product,src='yahoo')
Data<-get(product)
Data<-Data[paste0(start_date,'::',end_date)]

# 計算 MA runMean 函數等同於 SMA
ma_short<-runMean(Data[,4],n=as.numeric(fast_n))
ma_long<-runMean(Data[,4],n=as.numeric(slow_n))

# 進行策略判斷並計算績效
position<-Lag(ifelse(ma_short>ma_long, 1,0))
return<-ROC(Cl(Data))*position
return<-tail(return,length(return)-as.numeric(slow_n))
return<-exp(cumsum(return))
```

執行過程如下：

```
> product="AMZN"
> fast_n <- 10
> slow_n <- 20
> start_date <- '2017-01-01'
> end_date <- '2017-12-31'
>
> getSymbols(product,src='yahoo')
[1] "AMZN"
> Data<-get(product)
> Data<-Data[paste0(start_date,'::',end_date)]
>
> ma_short<-runMean(Data[,4],n=as.numeric(fast_n))
> ma_long<-runMean(Data[,4],n=as.numeric(slow_n))
>
> position<-Lag(ifelse(ma_short>ma_long, 1,0))
> return<-ROC(Cl(Data))*position
> return<-tail(return,length(return)-as.numeric(slow_n))
> return<-exp(cumsum(return))
>
> head(return)
           AMZN.Close
2017-02-01  1.0107714
2017-02-02  1.0200005
2017-02-03  0.9838734
2017-02-06  0.9807646
2017-02-07  0.9866664
2017-02-08  0.9954219
```

執行完成後，可以查看 retrun 變數內的值。該值為原本資產部位的比例，若大於 1，則代表策略正報酬（不考慮手續費）；若小於 1，則代表策略負報酬。

接著，我們可以透過圖形化，來更加理解策略的操作、績效，以下將介紹繪製 K 線圖加上兩條 MA 線，並接著繪製績效圖。

繪製 K 線指標圖語法如下：

```
chartSeries(Data,theme = chartTheme("white", up.col='red',dn.col='green'))
addSMA(10,col='blue')
addSMA(20,col='red')'
```

K 線加上 MA 指標，如圖 5-13 所示。

圖 5-13

繪製績效圖語法如下：

```
plot(return)
```

績效圖如圖 5-14 所示。

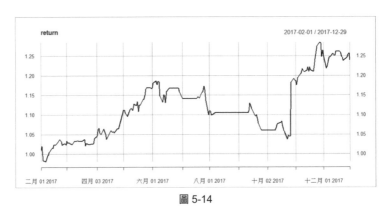

圖 5-14

了解基礎的回測之後，就可以再加入更多篩選條件，以使策略更加嚴謹。

# 技巧 71 【程式】台灣股票一籃子股票篩選

本技巧將透過一籃子股票來進行條件的篩選。而本技巧定義一籃子股票爲台灣上市成交值來進行挑選，如雅虎奇摩的網站所示（圖 5-15）。

圖 5-15

該網站的網址為 URL https://tw.stock.yahoo.com/d/i/rank.php?e=tse&n=100&t=amt。其中，可以透過調整網址中的 n=100，來進行數量的調整。

　本技巧將會取得該網站的資料，並且取出漲跌幅最高的商品進行篩選。以下分別介紹 R 語言與 Python 的應用。

## ● R 語言程式碼

　R 語言程式碼如下：

```
library("RCurl")

x=getURL("https://tw.stock.yahoo.com/d/i/rank.php?e=tse&n=100&t=amt",.
encoding='big5')

y=strsplit(x,"</tbody>")[[1]][4]
z=strsplit(y,"<tbody>")[[1]][2]
a=strsplit(z,"</tr>")[[1]][2:101]


A=numeric(0)
for ( i in 1:length(a) ) {
 tmp<-c()
 j=strsplit(a[i],"</td>")[[1]]
 tmp[1]=strsplit(j[1],'>')[[1]][3]
 tmp[2]=sub('</a','',strsplit(j[2],'>')[[1]][3])
```

```
  for(k in 3:10){
   tmp[k]=strsplit(j[k],'>')[[1]][2]
  }
  tmp[5]=as.numeric(sub('%','',tmp[5]))/100
  A=rbind(A,tmp)
}
```

執行後，得到的矩陣 A 就是該網頁的所有資料，其中第五個欄位爲漲跌幅，我們根據該欄位降冪排序，並取出前十筆，即可得到該日漲幅最大的十檔股票：

*B=A[order(A[,5],decreasing=TRUE),]*

*B[1:5,]*

```
> B=A[order(A[,5],decreasing=TRUE),]
> B[1:10,]
    [,1] [,2]          [,3]     [,4]      [,5]     [,6]     [,7]      [,8]    [,9]      [,10]
tmp "12" "2367 燿華"   "22.85"  "▲2.05"   "0.0986" "22.85"  "21.40"   "1.45"  "72,644"  "16.1197"
tmp "18" "3532 台勝科" "124.00" "▲11.00"  "0.0973" "124.00" "113.00"  "11.00" "11,444"  "13.7088"
tmp "22" "2323 中環"   "6.25"   "△0.51"   "0.0889" "6.31"   "5.93"    "0.38"  "171,668" "10.6606"
tmp "26" "2478 大毅"   "50.00"  "△3.40"   "0.073"  "50.90"  "47.10"   "3.80"  "16,523"  "8.1508"
tmp "10" "2448 晶電"   "40.40"  "△2.70"   "0.0716" "40.70"  "37.80"   "2.90"  "51,046"  "20.0253"
tmp "8"  "3673 TPK-KY" "77.50"  "△4.90"   "0.0675" "79.60"  "73.20"   "6.40"  "27,375"  "21.3114"
tmp "81" "2375 智寶"   "48.00"  "△3.00"   "0.0667" "48.00"  "45.10"   "2.90"  "6,787"   "3.1709"
tmp "3"  "3406 玉晶光" "370.00" "△20.00"  "0.0571" "370.00" "357.00"  "13.00" "12,148"  "44.0608"
tmp "39" "6449 鈺邦"   "62.90"  "△3.40"   "0.0571" "64.00"  "59.80"   "4.20"  "10,226"  "6.3831"
tmp "5"  "2313 華通"   "33.05"  "△1.70"   "0.0542" "33.65"  "32.45"   "1.20"  "80,840"  "26.7095"
> |
```

圖 5-16

## ● Python 程式碼

Python 的運作原理類似，底下列出程式碼，並將說明註解在程式碼中：

```
# -*- coding: UTF-8 -*-
# 載入相關套件
import urllib.request,re

# 定義轉值為 float，若遇到 N/A 字串則轉為 None
def float_or_na(value):
 if value == '-' :
  return None
 else:
  return float(value)

# 取得網頁資訊
x = urllib.request.urlopen("https://tw.stock.yahoo.com/d/i/rank.
php?e=tse&n=100&t=amt").read().decode("big5")
```

```
# 進行字串拆解
y=x.split('</tbody>')[3]
z=y.split('<tbody>')[1]
a=z.split('</tr>')[1:-1]

# 將表格資訊填入 list 當中
resource=[]

for i in a :
 tmplist=[]
 j=i.split('</td>')[:-1]
 tmplist+=[ j[0].split('<td align="center">')[1] ]
 tmplist+=[ j[1].split('>')[2].strip('</a>') ]
 tmplist+=[ float_or_na(j[2].strip('\n<td>')) ]
 tmplist+=[ float_or_na(j[3].split('>')[1].strip(' ').strip(' ').strip('▲').
strip(' ')) ]
 tmplist+=[ float_or_na(j[4].strip('\n<td>').strip('%'))/100 ]
 tmplist+=[ float_or_na(j[5].split('>')[1]) ]
 tmplist+=[ float_or_na(j[6].split('>')[1]) ]
 tmplist+=[ float_or_na(j[7].split('>')[1]) ]
 tmplist+=[ float_or_na(j[8].split('>')[1].replace(',','')) ]
 tmplist+=[ float_or_na(j[9].split('>')[1]) ]
 print(tmplist)
 resource+=[tmplist]

# 依照欄位排序
sorted(resource, key=lambda x:x[4] ,reverse=True)
```

# 技巧 72　【觀念】股票的逐筆成交資料

　　股票的逐筆成交資料的內容資訊，讀者可參考技巧 26 與技巧 27 的介紹。

　　目前台灣證券交易所的股票商品，撮合方式是五秒鐘集中撮合，而我們若取得股票的逐筆成交資料，則也是取得五秒的逐筆成交資訊。而證交所股票商品在揭示成交資訊時，也會將當前的上下五檔委託資訊揭示，這也是許多人判斷短期買賣方力道的一種方式。

# 技巧 73　【觀念】由逐筆成交資料進行策略分析

　　若取得逐筆成交資訊，進行策略分析，有幾種方式：

❑ 自己撰寫交易策略。

❑ 將資料轉換爲分鐘資料，如果使用 R 語言，可透過 quantmod 套件進行策略分析；如果爲 Python，可使用 talib 套件搭配運算。

若是透過自行撰寫交易策略，可以參考本章之前的範例技巧；而若是第二種方式，可轉換時間單位的開高低收之後，再透過相關套件進行策略回測。

另外，由於股票的逐筆成交資料包含成交價量與上下五檔價量，僅有大盤的委託資訊（盤中沒有個股的委託資料），資料完整度不如期交所的資訊，因此策略應用上將較爲受限。

# Chapter 06

# 期貨與程式交易

期貨是一種流通性高、波動性大,且風險較高的投資方式,但由於券商提供的報價內容齊全,且程式下單的工具多樣,因此是很多程式交易者喜愛的投資標的。本章將介紹期貨的基本概念、常見指標的撰寫方式,以及基本的策略撰寫概念。

# 技巧 74 【觀念】何謂期貨？

何謂期貨？期貨代表著未來的商品，是一份遠期的合約。當我們購買期貨，就代表購買了一個未來到期結算的商品（中間可進行買賣），期貨又分為：

❏ **商品期貨**：原油期貨、玉米期貨等。

❏ **金融期貨**：指數期貨、匯率期貨等。

以石油期貨為例，購買石油期貨代表著購買未來石油的商品；以台指期為例，購買台指期代表投資人看漲或看跌未來的大盤指數期貨，希望藉此賺取價差。

不過就目前的金融市場來說，期貨僅只是一份遠期契約，並不會真的到期交割，也就是說你購買石油期貨，不會真的在到期日時收到一桶桶的石油，經紀商會在到期日前就將你的期貨契約以當前價格結算平倉。

不過期貨本身也是一個獨立的金融商品，因此許多短線投資客會在許多期貨市場中進行槓桿操作，賺取價差。

筆者也曾看過期貨市場中，同一類的契約最遠期的商品波動率最大，照道理來說，到期日越遙遠，遠的期貨波動理應最平緩，最不受當前現貨價格的牽制。不過許多短期的投資客會藉由這個特性來進行操作，讓許多可能購買遠期契約避險的投資人蒙受損失。

# 技巧 75 【觀念】期貨與現貨之間的關係

期貨與現貨之間的關係，讀者可以想成台灣指數期貨與加權指數之間的關係，或是原油現貨與原油期貨之間的關係。

現貨是期貨的標的，上個技巧也談到，現貨可以非常廣泛的定義，可以是實際的商品「原油、玉米」，也可以是一種金融指數「大盤指數」，無論如何，期貨都是以現貨為標的，在到期時期貨必須回歸現貨價格。就台指期為例，在每個月份結算時，無論價格在期中如何波動，都必須要回歸證交所揭示的加權指數。

以下是 2016 年 8 月 17 日的台灣指數期貨走勢圖搭配大盤指數的走勢圖（圖 6-1），當天為台灣指數期貨 TXFH6 契約結算日，在結算當天期貨與現貨的價格將會趨於相同，以指數期貨、選擇權商品來做介紹，台指期最後結算價，必須是證券交易所所揭示的證券加權指數，在收盤的前 30 分鐘（13:00 至 13:25 及最後一撮成交價），採簡單平均計算而得。

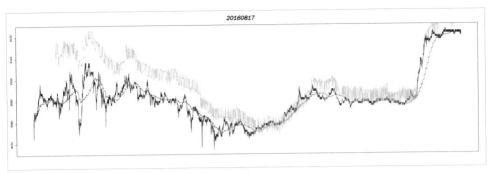

圖 6-1

顏色較淡的爲加權指數，最深的爲台指期走勢。

# 技巧 76 【觀念】如何進行期貨買賣

若要進行期貨的買賣，首先必須先開戶，在台灣的券商中，每間券商所提供的服務多少有些不同，開戶的流程通常也有些不同，下列以普遍的開戶流程爲例，簡述開戶流程：

Step 01 首先，確認是否在該券商開過戶。

Step 02 如果以前沒有在該券商開戶過，就可以用線上開戶，電腦和手機 APP 都可以進行線上開戶，否則就必須紙本開戶。

Step 03 現場開戶必須帶雙證件、印章、常用存摺乙本。

若臨櫃開戶，則辦理人員會協助完成，另外，若有程式交易的需求，則必須開啓行情或下單 API 權限，每間券商辦理流程稍有不同

開戶完成後，就必須得了解期貨買賣的規則。期貨買賣在業界統稱爲「倉位」，期貨的單位爲「口數」，期貨交易規則是透過新倉（又稱爲建倉），平倉後來結算損益，可以先買後賣，也可以先賣後買，如圖 6-2 所示。

建倉　　　　　持倉　　　　　平倉
先買入　　　　　　　　　　　後賣出
先賣出　　　　　　　　　　　後買入

圖 6-2

# 技巧 77 【觀念】如何計算期貨部位的損益

在上一個技巧中，有提到期貨計算部位的損益是必須透過平倉後才能計算，期貨交易是零和遊戲（嚴格來說，應該為負和遊戲，因為每次交易必須付給券商及交易所交易的費用），也就代表市場上有人買、賣才會成交，某個人的損失，就代表市場上另外一個人的獲利。

期貨的獲利計算，必須從新倉、平倉的價格來進行計算，也就是說，當你購買了一口期貨商品多單，並不構成結算的條件，必須要將新倉的部位平倉（也就是說反向賣出），也就是當你買了一口多單後，必須賣出該訂單，才能夠計算此筆交易的獲利。

至於如何計算期貨的損益，首先必須瞭解該期貨契約的價值。以台指期為例，大台指數期貨每一點 200 元新台幣、小台指數期貨每一點 50 元新台幣，也就是說當你買進一口大台指數期貨多單，價格上漲一點，也就代表你未平倉獲利增加 200（平倉還牽涉到成交滑價問題）。

了解期貨契約價值後，還有手續費以及稅金的計算，每種商品的計算方式都稍有不同，手續費的金額取決於你的經紀商，而稅金取決於法律規範。以台指期為例，稅金為十萬分之二，所以當你購買一口價值 10000 點的大台指數期貨，你必須支出 40 元（10000*200*0.00002）的稅金。

最後，依照契約的價值、買賣的價位、手續費、稅金，你就可以計算出你期貨交易的損益，以下列出案例來進行計算損益介紹。

交易大台指數期貨，手續費 50 元，新倉買進 2 口，買進價位 10053，分兩次平倉，分別價位為 10058 一口、10052 一口，計算損益如下：

❏ 價差獲利為：800 = (10058-10053)*200 + (10052-10053)*200

❏ 扣除手續費以及稅金：364 =(50*4) +(10053*200*0.00002)*2+(10058*200*0.00002)+(10052*200*0.00002)

❏ 最終損益為：446 = 800-364

---

**☞ 說明**

❏ 每次交易均有新倉、平倉，所以手續費及稅金均要分別計算並加總。以此範例而言，新倉 2 口、平倉 2 口，總共交易 4 口，必須計算 4 口的手續費及稅金。

❏ 稅金均採小數點無條件進位。

---

# 技巧 78　【觀念】期貨交易的風險評估

在做每次的投資時，都必須先了解這個商品的風險，評估商品本身的風險以及自己本身的風險容忍程度，再進入該市場進行投資，才是明智的抉擇。

許多人對於期貨的第一印象，就是「哇！玩那個不是很快就賠很多嗎」、「你會交易期貨喔！那你應該蠻有錢的」，這些刻板的印象已經深深的注入那些不曾了解期貨市場的投資人心底，不過這些刻板印象的產生絕非沒有理由的，因為許多人在不了解期貨市場的情況下，就投入保證金進入市場廝殺。這些人就好像只拎著一個水壺就想要去亞馬遜叢林露營三天兩夜，想當然爾，這些人當然是遍體麟傷的逃出來。

要衡量交易期貨的風險，就必須先了解交易的契約內容，以及計算出該契約的槓桿比率，接著必須了解整個市場的運作機制，以及交易所、經紀商容許的最低維持保證金額度，否則在我們還沒搞清楚狀況的時候，已經被強制平倉出場了。

## ● 交易期貨的槓桿比率

首先我們先了解槓桿比率的意思，簡單而言，就是拿多少錢交易多少價值的東西。

就現貨（股票）而言，用 20000 元去交易 20000 元的股票，槓桿比率是 1，而期貨則不同。以大台指數期貨為例，契約的價值一點 200 元，一口 10000 點的契約價值是 2,000,000 新台幣（兩百萬），而每次交易大台指數期貨僅需要付出 83,000 元的原始保證金，所以交易一口大台指數期貨的槓桿比率為 24.1（2,000,000/83000），換句話說，你等於拿 83,000 在操作一台市值 200 萬的 B 牌跑車。

剛剛提到的 83,000 元保證金，是非當沖的原始保證金，若是交易當沖的大台指數期貨，則可以用一半的保證金進行交易，也就是 41,500，此刻的槓桿比率是 48，也就是非當沖的兩倍。

當沖保證金減半是交易所為了增加市場活絡度，讓更多人願意投入該市場交易的政策，在更低保證金的誘惑下，會有更多人進入該市場交易，不過投資者必須了解到期貨商品的槓桿比率相當高，在保證金更低的情況下，必須更加嚴謹的投資。

## ● 每日漲跌幅度

在國外，許多期貨交易市場中是沒有每日漲跌幅限制的，不過台灣期貨交易所就有設定漲跌幅限制。以加權指數期貨為例，每日的漲跌幅限制為 10%；以台指期為例，假設今日開盤價為 10000 點，漲跌停價位為上下 10% 間距，也就是 9000 以及 11000 點，代表當天的漲跌幅間距可以達到 2000 點，也就是 400,000 新台幣。

漲跌幅限制對於一般投資人來說，是當日最大獲利、虧損的限制，保障投資人投資風險，但也限制了投資人單日最大上限的獲利。

不過雖然期貨有漲跌幅度的限制，但實際上市場卻很少有漲跌停的狀況發生。以台指期為例，通常發生漲跌停都是代表有特殊事件發生，對於投資者而言，對於市場特殊情形發生的事件處理，也是相當重要的一環，因為一次突發事件的發生，可能會使我們賺到一筆意外之財，更有可能虧損掉長期的獲利，甚至造成大部分資產的損失。

## ● 原始保證金、維持保證金、盤中最低維持保證金

了解保證金也是風險評估的一部分，若不了解保證金的規則，則有可能讓自己陷入隱藏的風險中。

以台指期為例，若當日的保證金已經虧損至 83000 的 25% 以下，期貨經紀商是有權利將投資人的部位強制平倉，來保障投資人、經紀商雙方皆不會有無法控制的損失，25% 稱為盤中最低維持保證金。

舉個例子，假設今天台指期新倉一口多單，付出了 83000 的保證金，若當天台指期價位下跌 312 點，則部位將會被期貨經紀商強制平倉，因為盤中最低維持保證金為 20750（83000*25%），也就代表當天保證金不足 20750，該部位就會被強制平倉。

若盤中沒有虧損低於 25%，但台指期的保證金虧損低於 64000 元，必須在盤後追繳保證金到交易帳戶，其中 64000 稱為維持保證金，也是交易所規定的最低維持保證金。

理解保證金制度，更能夠保護自己的資金，總結如下：

❏ 交易台指期為例，原始保證金：83000 。

❏ 維持保證金：64000。

❏ 盤中最低維持保證金：原始保證金的 25%。

保證金的示意圖，如圖 6-3 所示。

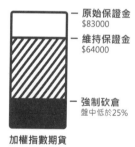

加權指數期貨

圖 6-3

> **☞ 說明**
>
> 若進行當沖交易，上述的保證金額度減半。

# 技巧 79　【觀念】遠期商品的避險含義

對於期貨交易的目的而言，不全然都是賺取價差，也可能進行其他交易的避險或是對沖。交易期貨的投資者，大致可以分為三種類型：

❑ **資金操作（槓桿操作）**：透過買賣價差賺取報酬。

❑ **套利操作**：透過金融商品之間的價差進行套利。

❑ **避險操作**：透過期貨的未來價值進行避險。

避險是期貨商品產生的主要原因，避險代表躲避風險，也就是說，市場上的避險操作者不願意承擔「目前至到期日」的「價格波動風險」。

舉例來說，現在原油的價格 100 元一桶，航空公司深怕以後的原油價格會迅速飆漲，而原油供應商也怕以後的原油價格會跌至谷底，雙方都對原油未來的價格波動充滿恐懼。此時，雙方就定下一個遠期契約，在一個月後以相同價格 100 元來作為原油的價格，此時原油供應商以 100 元賣出原油的期貨，航空公司以 100 元購買原油的期貨，並且在一個月之後，實施結算。

倘若一個月後到期的原油價格為 120 元，那就代表航空公司進行遠期商品的操作有成功避險，而原油供應商則損失了 20 元的隱含獲利。反之，若一個月後到期的原油價格為 80 元，則代表原油供應商進行遠期商品的操作有成功避險，而航空公司則多付出了 20 元的隱含成本。

金融市場上，許多的商品都是零和博奕，當一方獲得利益時，另一方就會虧損。

# 技巧 80　【觀念】何謂期貨當沖？要如何做當沖？

期貨當沖，意指所有部位當天要完成平倉，也就是說，如果我們買賣交易會在同一天完成。例如：今天買了一口期貨，在今天市場收盤以前，必須要完成賣出動作，否則券商會強制在收盤前市價平倉，市價平倉造成的損失將由投資人承擔。

當沖這種條件限制，約束投資人強制在一天內完成交易，也能避免因為留隔日倉造成更高的虧損，不過這畢竟對投資人是種約束，所以在保證金上也有更寬鬆的限制，那就是當沖保證金減半收取。

以台指期為例，大台一口保證金 83000，當沖保證金減半即代表保證金 41500，僅需要使用 41500，就可以交易一口大台指數期貨。

在更低保證金的誘惑下，會有更多人願意進入該市場交易，不過投資者必須了解到期貨商品的槓桿比率相當高，在保證金更低的情況下，必須更加嚴謹的投資，詳細內容請參考技巧 78。

另外，當沖是有資格限制的，如果投資者剛剛踏入期貨交易，是沒有當沖資格的。必須滿足以下三個條件，才可向期貨商申請手續費減半收取：

❏ 填寫國內當日沖銷交易風險預告同意書。

❏ 開戶滿三個月。

❏ 最近一年期貨成交達 10 筆以上（不含選擇權）。

如果在別家開戶者，需提供相同的證明文件。

> **✐ 說明**
>
> 當沖交易需在 13:30 以前平倉，否則期貨商有權在 13:30 到 13:45 之間以市價強制平倉。

# 技巧 81 【觀念】常用的日內資料指標分析

市場上的指標資訊不計其數，光是移動平均線就可以延伸出相當多種技術指標，但若我們要透過技術指標來進行市場研究，就必須知道該技術指標所代表的含義，並非盲目的使用技術指標。

技術指標也代表另外一種意涵，當我們觀察市場上越廣為人使用的技術指標時，就可以更加了解市場上目前的脈動，因為多數交易者的判斷是依據該技術指標，不過這也代表比較容易了解而已，並不代表絕對，畢竟交易市場上充滿不確定性。

以下將依序介紹常用的技術指標：

## ● 移動平均價

假如在期貨交易市場上的交易演算法，是透過移動平均（MA）為主要的交易指標，那就會定義移動平均的週期以及長度，假設是 10 分 MA，週期就是分鐘，長度就是 10，而顯示出來的資訊就是由 10 分鐘的每分鐘收盤價所計算的指標。

若 10MA 透過前 10 分鐘的收盤價計算，那也就只能看到上一分鐘的狀態，無法掌控最新的市場價格動態，但若取得 Tick 資料，也就是逐筆資訊，就能夠依照最新的價格來進行計算。也就是說，從原本的 10 分收盤價變為 9 分鐘的每筆收盤價，加上當前的 Tick 計算，即時的反應最新的市場動態。

## ● 當日價格高低點

回測指標所指的當日高低點，並非是直接透過歷史資料取得當天的最高價以及當天的最低價，而是回測時逐筆去計算當日最高最低價，若回測當前時間為 09:50:35，則目前的最高最低價就是 09:50:35 以前的最高與最低價。

若直接取得當日高低點，可能會造成程式邏輯上的錯誤，所以在定義指標前必須先釐清觀念。

## ● 內外盤量

內外盤也是大家常用的指標之一。一般的計算方式為下一筆成交價落在上一檔價（賣方價格），還是下一檔價（買方價格）。若價格落在上一檔價時，則為外盤價；落在下一檔價，則為內盤價。

而內外盤還有另外一種算法，就是當成交價大於上一筆成交價時，則為外盤量；反之，則為內盤量。

計算內外盤量的總和，可以用來判斷目前的多空方趨勢。若外盤量較多，則多方趨勢較空方趨勢重，價格往上的機率較高。反之，若內盤量較多，則空方趨勢較多方趨勢重，價格往下的機率較高。

## ● 委託口數差值

委託口數差，是透過委託資訊來計算，會將委託的買方口數以及委託的賣方口數相減。若值為負數，代表目前委託買方口數較少，目前市場委託趨勢較偏向空方；反之，若值為正數，則代表賣方口數較少，目前市場委託趨勢較偏向多方。

## ● 委託比重

委託比重指標，是從委託資訊計算而來，會將委託的買賣方分別將口數除與筆數，計算出買賣方的平均單筆口數，進而透過比重的方式計算該指標。假設委託的買方為 100 口、50 筆，則賣方為 80 口、20 筆，則委託的買方平均口數為 2 口，賣方平均口數為 4 口，進而計算出比重多方為 33.33%，空方為 66.67%。

這個指標與委託口數差值指標最大的不同，在於委託比重不會受到口數絕對的影響，就算買方的口數相當多，但筆數也相對多，那還是有可能被空方趨勢勝過。

## ● 成交買賣單數筆

成交買賣單筆數是由成交資訊取得，通常交易者會經由成交買賣筆數來做趨勢的判斷，因為累積成交量買賣方相等，所以當成交買筆數小於成交賣筆數時，代表成交買方平均口數大於賣方平均口數，這時候就可以判斷買方趨勢大於賣方的趨勢。

# 技巧 82 【觀念】移動平均指標與含義

移動平均線英文簡稱為 MA，也就是透過最近的價格進行平均，MA 的定義會分為週期、時間單位，最常用的周期為分，所以 10 分 MA 也就代表透過前 10 分鐘每分鐘的收盤價來計算出平均數，也就是 10 分 MA。

MA 區分為多種類性，最常被使用的是 SMA，全名為 Simple Moving Average，意思為簡單移動平均，也就是透過所有時間單位的收盤價進行平均。EMA 全名為 Exponential Moving Average，意思為指數移動平均，與 SMA 的規則不同，在於 EMA 認為時間較近的值相對於時間較遠的值更為重要，所以給予較重的權值。相比起來，若期貨漲幅較大，EMA 指數反應較快，但對於交易市場而言，有可能因為誤判趨勢，太早進場導致停損出場，所以各種指標各有利弊。

而價格折線與 MA 線關聯有許多看法，當價格大於 MA 值，代表許多人將籌碼壓在平均值之上，希望用更佳的價格平倉，所以持續看漲；相反的，也有許多人認為價格始終會回歸平均值，所以會逆勢操作。當我們認為 MA 指標沒辦法構成買賣的條件時，會再透過其他指標或是大盤行情加以判斷。

通常當前價突破 MA 指標，代表趨勢正在進行，所以也有許多交易者會將 MA 穿越當作交易策略的買進賣出點。

# 技巧83 【程式】計算價格MA（移動平均）指標

本技巧透過 R 與 Python 來計算 MA 指標，資料是透過期貨交易所提供的免費逐筆資訊來進行計算，計算商品爲大台指數期貨（TX）。

因爲交易所公布的資訊，是包含夜盤至日盤的資訊，所以在程式部分必須先取得要計算的時間區段。

本範例是計算 2018/03/14 的日盤，商品爲到期月份爲 3 月的 TX（大台指數期貨）。

計算 MA 值以前，必須先定義週期以及長度，週期就是計算的時間區段，例如：時、分、秒，接著就會定義長度，常用的 MA 長度爲 5、10、12 等，長度越長的 MA 線波動度越低。

以往我們看到的 MA 都是依據分 K 線棒來搭配繪製，但是本書提供的範例爲逐筆撮合資料，所以計算的方式會依據前 n-1 分鐘的收盤價加上最新的一筆成交價做計算。

定義完成後，就可以開始透過 Python 計算 MA 值了。以下透過 10 分 MA 來做介紹，分別介紹 R 語言以及 Python 的程式碼範例。

## ● R 語言程式碼

▌ 檔案名稱：MA.R

```
#取得公開資料
a<-read.csv('Daily_2018_03_14.csv')

#時間轉秒數
TimeToNumber <- function(Time)
{
 Time <- sprintf('%06d',Time)
 T<-as.numeric(substring(Time,1,2))*3600+as.numeric(substring(Time,3,4))*60+as.
numeric(substring(Time,5,6))
 return(T)
}

#定義計算商品、開盤日期、開盤、收盤時間
Product='TX'
Period='201803'
Date = '20180314'
Otime = 84500
Ctime = 134500
```

```
# 取出 TX 當日日盤資料
b=subset(a,gsub(' ','',a[,2])==Product & gsub(' ','',a[,3])==Period & gsub('
','',a[,1])==Date  & Otime<as.numeric(a[,4])  & Ctime>as.numeric(a[,4]) )

# 定義指標相關變數
MAarray <- numeric(0)
MA <- numeric(0)
MAValue <- 0
STime <- TimeToNumber(084500)
cycle <- 60
len <- 10

# 進行 MA 計算
for (i in 1:nrow(b)){
  price=as.numeric(b[i,5])
  time=as.numeric(b[i,4])
  if(length(MAarray)==0){
        MAarray <- c(price,MAarray)
  }else{
        if(TimeToNumber(time)<STime+cycle){
            MAarray[1] <- price
        }else{
            if(length(MAarray)==len){
                MAarray <- c(price,MAarray[-len])
            }else{
                MAarray <- c(price,MAarray)
            }
             Time <- STime+cycle
        }
  }

  MAValue <-  sum(MAarray)/length(MAarray)
  MA <- rbind(MA,c(time,MAValue))
  #print(c(time,MAValue))
}
```

執行完程式碼，輸出變數為 MA，查看 MA 值，操作如下：

```
> head(MA)
      [,1]   [,2]
[1,] 84501 11042
[2,] 84501 11042
[3,] 84501 11042
[4,] 84501 11042
```

```
[5,]  84501 11041
[6,]  84501 11041
> tail(MA)
            [,1]     [,2]
[64371,] 134459 11030.2
[64372,] 134459 11030.2
[64373,] 134459 11030.2
[64374,] 134459 11030.4
[64375,] 134459 11030.2
[64376,] 134459 11030.3
```

# ● Python 程式碼

▎檔案名稱：MA.py

```python
# -*- coding: UTF-8 -*-

# 定義計算商品
Product='TX'
Period='201803'

# 定義開盤日期、開盤、收盤時間
Date = '20180314'
Otime ='84500'
Ctime = '134500'

# 取得資料，依照逗點分隔，依照分隔符號分解欄位，去除空白
I020 = [line.replace(' ','').split(",") for line in open('Daily_2018_03_14.csv')]
[1:]

# 取出指定商品
ProdData = [ line for line in I020 if line[1]==Product and line[2]==Period and
line[0]==Date and int(line[3])>= int(Otime) and int(line[3])<= int(Ctime) ]

# 定義時間轉數值函數
def TimetoNumber(time):
 time=time.zfill(6)
 sec=int(time[:2])*3600+int(time[2:4])*60+int(time[4:6])
 return sec

# 定義相關變數
MAarray = []
MA = []
MAValue = 0
```

```
STime = TimetoNumber('84500')
Cycle = 60
MAlen = 10

#開始進行MA計算
for i in ProdData:
 time=i[3]
 price=int(i[4])
 if len(MAarray)==0:
  MAarray+=[price]
 else:
  if TimetoNumber(time)<STime+Cycle:
   MAarray[-1]=price
  else:
   if len(MAarray)==MAlen:
    MAarray=MAarray[1:]+[price]
   else:
    MAarray+=[price]
   STime = STime+Cycle
 MAValue=float(sum(MAarray))/len(MAarray)
 MA.extend([[time,MAValue]])
 print time,MAValue
```

執行過程如下：

```
>python MA.py
084500 11048.0
084500 11047.0
084500 11047.0
084500 11047.0
```

# 技巧 84 【程式】計算每分鐘累積量

　　我們在看盤軟體中，最常見的就是價格走勢圖搭配上量能圖，而本技巧就是用來計算每分鐘累積量的程式，若原本就是透過量來進行策略進出場判斷的人，就能夠透過本技巧來計算，並加以判斷。

　　資料輸出的格式有兩個欄位，一個是時間，另一個則是一分鐘時間累積量，每分鐘會疊加資訊。

# ● R 語言程式碼

## ▌檔案名稱：Qty.R

```r
# 取得公開資料
a<-read.csv('Daily_2018_03_14.csv')

# 時間轉秒數
TimeToNumber <- function(Time)
{
 Time <- sprintf('%06d',Time)
 T<-as.numeric(substring(Time,1,2))*3600+as.numeric(substring(Time,3,4))*60+as.
numeric(substring(Time,5,6))
 return(T)
}

# 定義計算商品、開盤日期、開盤、收盤時間
Product='TX'
Period='201803'
Date = '20180314'
Otime = 84500
Ctime = 134500

# 取出 TX 當日日盤資料
b=subset(a,gsub(' ','',a[,2])==Product & gsub(' ','',a[,3])==Period & gsub('
','',a[,1])==Date  & Otime<as.numeric(a[,4])  & Ctime>as.numeric(a[,4]) )

# 定義指標相關變數
Qty <- numeric(0)
tmpqty <-0
STime <- TimeToNumber(084500)
cycle <- 60

# 進行 Qty 計算
for (i in 1:nrow(b)){
  qty=as.numeric(b[i,6])
  time=as.numeric(b[i,4])
  if (TimeToNumber(time) <= STime+cycle){
       tmpqty<- tmpqty+qty
  }else{
       Qty <- rbind(Qty,c(time,tmpqty))
       tmpqty <- 0
       STime <- STime+cycle
  }
}
```

執行程式之後，輸出變數爲 Qty，執行過程如下：

```
> head(Qty)
      [,1] [,2]
[1,] 84601 3782
[2,] 84701 2022
[3,] 84801  930
[4,] 84901 1350
[5,] 85001 1128
[6,] 85101  864
> tail(Qty)
         [,1] [,2]
[294,] 133901  302
[295,] 134001  788
[296,] 134101  778
[297,] 134201  568
[298,] 134301  952
[299,] 134401  804
```

## ● Python 程式碼

**檔案名稱：Qty.py**

```python
# -*- coding: UTF-8 -*-

# 定義計算商品
Product='TX'
Period='201803'

# 定義開盤日期、開盤、收盤時間
Date = '20180314'
Otime ='84500'
Ctime = '134500'

# 取得資料，依照逗點分隔，依照分隔符號分解欄位，去除空白
I020 = [line.replace(' ','').split(",") for line in open('Daily_2018_03_14.csv')]
[1:]

# 取出指定商品
ProdData = [ line for line in I020 if line[1]==Product and line[2]==Period and
line[0]==Date and int(line[3])>= int(Otime) and int(line[3])<= int(Ctime) ]

# 定義時間轉數值函數
def TimetoNumber(time):
```

```
time=time.zfill(6)
sec=int(time[:2])*3600+int(time[2:4])*60+int(time[4:6])
return sec

# 定義相關變數
Qty = []
STime = TimetoNumber('84500')
Cycle = 60

# 開始進行 MA 計算
for i in ProdData:
 time=i[3]
 q=int(i[5])
 if len(Qty)==0:
  Qty+=[q]
 else:
  if TimetoNumber(time)<STime+Cycle:
   Qty[-1]+=q
  else:
   Qty+=[q]
   STime = STime+Cycle
 print time,Qty
```

執行過程如下：

```
>python Qty.py
084500 [1116]
084500 [1118]
084500 [1122]
084500 [1126]
084500 [1128]
```

# 技巧 85　【程式】計算量 MA（移動平均）指標

量 MA 與價格 MA 概念雷同，一樣都是計算移動平均值，但是在即時的架構中，量 MA 並不能即時被持續更新。由於量這個指標，是透過一段時間進行累積而得的，所以並沒有辦法透過每筆成交 Tick 都進行一次更新。

量 MA 的計算方式，假設我們設定 3 分量 MA，就會透過前三個分鐘量的總和，來進行平均，與當前的累積量無關，直至此分鐘結束，才會將該資料列為新的資料列。

很多投資人會依照爆量的時機點跟進，透過該指標，只要當前累積量已經突破量的 MA，就可以發送下單訊號了。

本技巧的輸出為時間、前三分鐘量平均、當前分鐘量。

# ● R 語言程式碼

**▌ 檔案名稱：QMA.R**

```r
# 取得公開資料
a<-read.csv('Daily_2018_03_14.csv')

# 時間轉秒數
TimeToNumber <- function(Time)
{
 Time <- sprintf('%06d',Time)
 T<-as.numeric(substring(Time,1,2))*3600+as.numeric(substring(Time,3,4))*60+as.
numeric(substring(Time,5,6))
 return(T)
}

# 定義計算商品、開盤日期、開盤、收盤時間
Product='TX'
Period='201803'
Date = '20180314'
Otime = 84500
Ctime = 134500

# 取出 TX 當日日盤資料
b=subset(a,gsub(' ','',a[,2])==Product & gsub(' ','',a[,3])==Period & gsub('
',',',a[,1])==Date  & Otime<as.numeric(a[,4])  & Ctime>as.numeric(a[,4]) )

# 定義指標相關變數
Qty <- numeric(0)
QMA <- numeric(0)
STime <- TimeToNumber(084500)
cycle <- 60
len <- 3
tmpqty <-0

# 進行 QMA 計算
for (i in 1:nrow(b)){
  qty=as.numeric(b[i,6])
  time=as.numeric(b[i,4])
```

```
if (TimeToNumber(time) <= STime+cycle){
    tmpqty<- tmpqty+qty
}else{
    Qty <- rbind(Qty,c(time,tmpqty))
    tmpqty <- 0
    STime <- STime+cycle
    if (nrow(Qty) >=len){
        QMA <- rbind(QMA,c(time,sum(tail(Qty,len)[,2])/len))
    }
}

}
```

執行程式之後，輸出變數為 QMA，執行過程如下：

```
> head(QMA)
       [,1]       [,2]
[1,] 84801 2244.6667
[2,] 84901 1434.0000
[3,] 85001 1136.0000
[4,] 85101 1114.0000
[5,] 85202  878.6667
[6,] 85302  629.3333
> tail(QMA)
          [,1]       [,2]
[292,] 133901 522.6667
[293,] 134001 416.0000
[294,] 134101 622.6667
[295,] 134201 711.3333
[296,] 134301 766.0000
[297,] 134401 774.6667
```

## ● Python 程式碼

▌ 檔案名稱：QMA.py

```
# -*- coding: UTF-8 -*-

# 定義計算商品
Product='TX'
Period='201803'

# 定義開盤日期、開盤、收盤時間
Date = '20180314'
```

```
Otime ='84500'
Ctime = '134500'
```

# 取得資料，依照逗點分隔，依照分隔符號分解欄位，去除空白
```
I020 = [line.replace(' ','').split(",") for line in open('Daily_2018_03_14.csv')]
[1:]
```

# 取出指定商品
```
ProdData = [ line for line in I020 if line[1]==Product and line[2]==Period and
line[0]==Date and int(line[3])>= int(Otime) and int(line[3])<= int(Ctime) ]
```

# 定義時間轉數值函數
```
def TimetoNumber(time):
 time=time.zfill(6)
 sec=int(time[:2])*3600+int(time[2:4])*60+int(time[4:6])
 return sec
```

# 定義相關變數
```
Qty = []
STime = TimetoNumber('84500')
Cycle = 60
MAnum = 3
```

# 開始進行 MA 計算
```
for i in ProdData:
 time=i[3]
 q=int(i[5])
 if len(Qty)==0:
  Qty+=[q]
 else:
  if TimetoNumber(time)<STime+Cycle:
   Qty[-1]+=q
  else:
   if len(Qty)==MAnum+1:
    Qty=Qty[1:]+[q]
   else:
    Qty+=[q]
   STime = STime+Cycle
 if len(Qty)==MAnum+1:
  print time,sum(Qty[:2])/3,Qty[3]
```

執行過程如下：

```
>python Qma.py
084800 2555 2
084800 2555 4
084800 2555 8
084800 2555 32
084800 2555 36
084800 2555 44
```

# 技巧 86 【觀念】委託檔的意義與用法

期貨交易所報價表格中，有一個表格為商品累計委託量訊息（I030），該表格的欄位：

*時間 , 商品 , 委託買筆數 , 委託買口數 , 委託賣筆數 , 委託賣口數*

期貨分為買賣方，而每次委託下單，都是 1 筆委託筆數，口數則是交易者自訂，最高限制為每筆單 100 口。例如，資料為：

8305131,TXFH7,129,388,146,479

這筆資料所代表的意思是，目前 8 點 30 分 51.31 秒，委託買筆為 129 筆，委託買口數 388 口，委託賣筆為 146 筆，委託賣口數 479 口。這筆資料也隱含另外一個意思，只要分別將買賣的總口數除於總筆數，也就代表平均買的口數為 2.65 口，賣的平均口數為 3.28 口，賣方的平均口數較高，代表空方平均每筆訂單的交易量較高，可能為交易大戶，此時，就可以將委託簿資訊整合為策略的趨勢判斷。

# 技巧 87 【觀念】上下五檔的含義與量能變化

上下五檔價屬於委託資訊，但上下五檔價以及委託資訊分別被揭露，委託簿揭示的資訊為市場的買賣方口數及筆數，則上下五檔則是揭示目前市場買賣成交的最佳上下五檔價。也就是說，目前市場上的買賣方認同的價位以上以及以下的五檔價，舉例來說，目前成交價 10000 點，上五檔價可能落在 10001 點至 10005 點，下五檔可能落在 9999 點至 9995 點。

上五檔價量，代表著目前有人委託了限價賣單，並且價格高於目前市場成交價，則下五檔價量，代表著目前有人委託了限價買單，並且價格低於市場成交價。

通常，許多投資人會觀察上下五檔價的變動，來決定進場以及出場的時機。

# 技巧 88 【觀念】了解內外盤的含義

首先，先介紹內外盤為何。通常我們將買盤稱為外盤，賣盤稱為內盤。就上下五檔價而言，上五檔盤稱為外盤，下五檔盤稱為內盤。

而計算方式是透過當前成交價格與內外盤的對應關係，若成交價格成交在外盤（上五檔價），則該筆成交稱為外盤成交，若成交價格成交在內盤（下五檔價），則該筆成交稱為內盤成交，若價格成交在內外盤的中間，則不計算。

而內外盤的原理，是用來觀察買賣方的交易積極度，這關係到了期貨交易所的市場規則。一般而言，券商提供給投資人的下單方式，常見的分為市價單、限價單，而這兩種方式所執行的動作也不盡相同。簡單來說，市價單與限價單可以分為主動撮合以及被動撮合，就買單而言，市價單會主動的成交在上一檔價位，而限價單則是等著被進行撮合，也就因為這個因素，才會有內外盤的指標出現。

若價格持續的成交在外盤價，就代表買方持續的在透過市價買進，意思是投資者願意用較高的價格買進；則若價格持續的成交在內盤價，就代表賣方持續的在市場透過市價賣出，意思是投資者願意用較低的價格賣出。

而內外盤的比例，代表著過去的買賣方積極度，許多人會透過這個指標來判斷往後的趨勢並進行交易。

# 技巧 89 【程式】計算內外盤總量

計算內外盤的總量，可以計算內外盤的總成交量，也可以計算內外盤的總次數。本技巧將會依序的介紹計算內外盤的總成交量以及內外盤總次數。

內外盤的計算原理是依據當有人以當前市價以上的價格買進，以及當有人以低於市價賣出，則認定為內外盤量。

計算方式是透過最新一筆成交價與上一筆成交價做比較，若這一筆價格高於或低於上一筆成交價，則做內外盤量的計算。

## ● R 語言程式碼

▎檔案名稱：BuySell.R

```
# 取得公開資料
a<-read.csv('Daily_2018_03_14.csv')
```

```
# 時間轉秒數
TimeToNumber <- function(Time)
{
 Time <- sprintf('%06d',Time)
 T<-as.numeric(substring(Time,1,2))*3600+as.numeric(substring(Time,3,4))*60+as.
numeric(substring(Time,5,6))
 return(T)
}

# 定義計算商品、開盤日期、開盤、收盤時間
Product='TX'
Period='201803'
Date = '20180314'
Otime = 84500
Ctime = 134500

# 取出 TX 當日日盤資料
b=subset(a,gsub(' ','',a[,2])==Product & gsub(' ','',a[,3])==Period & gsub('
','',a[,1])==Date  & Otime<as.numeric(a[,4])  & Ctime>as.numeric(a[,4]) )

# 定義指標相關變數
outDesk<-0
inDesk<-0

# 進行 QMA 計算
for (i in 2:nrow(b)){
  time=as.numeric(b[i,4])
  lastprice=as.numeric(b[i-1,5])
  price=as.numeric(b[i,5])
  qty=as.numeric(b[i,6])

  if (price> lastprice){
        outDesk<- outDesk+qty
  }else if(price < lastprice){
        inDesk<- inDesk+qty
  }

  print(paste("Time:",time," Price:",price," OutDesk:",outDesk,"
InDesk:",inDesk))

}
```

執行程式碼，輸出如下：

```
[1] "Time: 132750  Price: 11030  OutDesk: 45748  InDesk: 22020"
[1] "Time: 132750  Price: 11030  OutDesk: 45748  InDesk: 22020"
[1] "Time: 132750  Price: 11030  OutDesk: 45748  InDesk: 22020"
[1] "Time: 132750  Price: 11030  OutDesk: 45748  InDesk: 22020"
[1] "Time: 132750  Price: 11030  OutDesk: 45748  InDesk: 22020"
[1] "Time: 132750  Price: 11030  OutDesk: 45748  InDesk: 22020"
[1] "Time: 132750  Price: 11030  OutDesk: 45748  InDesk: 22020"
[1] "Time: 132751  Price: 11030  OutDesk: 45748  InDesk: 22020"
```

# ● Python 程式碼

▌ 檔案名稱：BuySell.py

```python
# -*- coding: UTF-8 -*-

# 定義計算商品
Product='TX'
Period='201803'

# 定義開盤日期、開盤、收盤時間
Date = '20180314'
Otime ='84500'
Ctime = '134500'

# 取得資料，依照逗點分隔，依照分隔符號分解欄位，去除空白
I020 = [line.replace(' ','').split(",") for line in open('Daily_2018_03_14.csv')]
[1:]

# 取出指定商品
ProdData = [ line for line in I020 if line[1]==Product and line[2]==Period and
line[0]==Date and int(line[3])>= int(Otime) and int(line[3])<= int(Ctime) ]

# 定義變數初始值
lastPrice=int(ProdData[0][4])
outDesk=0
inDesk=0

# 開始計算內外盤
for i in ProdData[1:]:
 price = int(i[4])
 qty = int(i[5])
 if price > lastPrice:
```

```
 outDesk+=qty
if price < lastPrice:
 inDesk+=qty
lastPrice = price
print "Time:",i[0]," Price:",price," OutDesk:",outDesk," InDesk:",inDesk
```

執行過程如下：

```
>python BuySell.py
Time: 20180314  Price: 11047  OutDesk: 0  InDesk: 4
Time: 20180314  Price: 11047  OutDesk: 0  InDesk: 4
Time: 20180314  Price: 11047  OutDesk: 0  InDesk: 4
Time: 20180314  Price: 11047  OutDesk: 0  InDesk: 4
Time: 20180314  Price: 11047  OutDesk: 0  InDesk: 4
Time: 20180314  Price: 11047  OutDesk: 0  InDesk: 4
```

# 技巧90　【操作】安裝 Python 繪圖套件

在 python 中，沒有內建的繪圖函式庫，必須安裝額外的套件，而本章節將會透過 matplotlib 套件來進行圖表繪製的介紹。

Matplotlib 是 python 的繪圖函式庫，其中包含了大量的繪圖工具，可以透過它來進行多種圖表的繪製，數據可視化也是 python 在科學領域中迅速發展的原因。

開啟管理者權限的 CMD，進行安裝 matplotlib 套件，安裝指令如下：

*pip install matplotlib*

---

**♂ 說明**

透過 pip 安裝套件，詳情請參考技巧 8。

---

安裝過程如下：

```
>pip install matplotlib
Collecting matplotlib
  Downloading matplotlib-2.0.2-cp27-cp27m-win_amd64.whl (8.6MB)
    100% |████████████████████████████████| 8.6MB 129kB/s
Collecting six>=1.10 (from matplotlib)
  Downloading six-1.11.0-py2.py3-none-any.whl
Collecting pytz (from matplotlib)
  Downloading pytz-2017.2-py2.py3-none-any.whl (484kB)
```

```
      100% |████████████████████████████████| 491kB 1.7MB/s
Collecting cycler>=0.10 (from matplotlib)
  Downloading cycler-0.10.0-py2.py3-none-any.whl
Collecting python-dateutil (from matplotlib)
  Downloading python_dateutil-2.6.1-py2.py3-none-any.whl (194kB)
      100% |████████████████████████████████| 194kB 2.4MB/s
Collecting pyparsing!=2.0.4,!=2.1.2,!=2.1.6,>=1.5.6 (from matplotlib)
  Downloading pyparsing-2.2.0-py2.py3-none-any.whl (56kB)
      100% |████████████████████████████████| 61kB 2.1MB/s
Collecting numpy>=1.7.1 (from matplotlib)
  Downloading numpy-1.13.1-cp27-none-win_amd64.whl (7.6MB)
      100% |████████████████████████████████| 7.6MB 146kB/s
Collecting functools32 (from matplotlib)
  Downloading functools32-3.2.3-2.zip
Building wheels for collected packages: functools32
  Running setup.py bdist_wheel for functools32 ... done
  Stored in directory: C:\Users\jack\AppData\Local\pip\Cache\wheels\3c\d0\09\
cd78d0ff4d6cfecfbd730782a7815a4571cd2cd4d2ed6e69d9
Successfully built functools32
Installing collected packages: six, pytz, cycler, python-dateutil, pyparsing, numpy,
functools32, matplotlib
Successfully installed cycler-0.10.0 functools32-3.2.3.post2 matplotlib-2.0.2
numpy-1.13.1 pyparsing-2.2.0 python-dateutil-2.6.1 pytz-2017.2 six-1.11.0
```

安裝完成後，就可以在 python 中 import 該套件了，載入的過程如下：

```
>>> import matplotlib
>>>
```
若無錯誤訊息，代表套件正確被載入

# 技巧 91 【操作】安裝 R 繪圖套件

在 R 語言中，已經有內建的 plot 函數可以繪製大多數常見的基本圖表，但若要繪製金融線圖，可以透過 quantmod 套件來進行輔佐，以下將介紹如何安裝 quantmod 套件。

## ● 安裝套件－ install.packages

安裝 quantmod 套件過程如下：

```
> install.packages("quantmod")
...
...
...
--- Please select a CRAN mirror for use in this session ---
```

```
CRAN mirror

 1: 0-Cloud [https]            2: 0-Cloud
 3: Algeria                    4: Argentina (La Plata)
 5: Australia (Canberra)       6: Australia (Melbourne)
 7: Austria [https]            8: Austria
 9: Belgium (Antwerp)         10: Belgium (Ghent)
11: Brazil (BA)               12: Brazil (PR)
13: Brazil (RJ)               14: Brazil (SP 1)
15: Brazil (SP 2)             16: Canada (BC)
17: Canada (NS)               18: Canada (ON)
19: Chile [https]             20: Chile
21: China (Beijing 2)         22: China (Beijing 3)
```

選擇完套件的鏡像網站後,則開始安裝。

## ● 載入套件－ library、require

安裝完成後,在使用套件前必須先載入套件,載入套件過程如下操作:

```
> library(quantmod)
Loading required package: xts
Loading required package: zoo

Attaching package: 'zoo'

The following objects are masked from 'package:base':

    as.Date, as.Date.numeric

Loading required package: TTR
Version 0.4-0 included new data defaults. See ?getSymbols.
Learn from a quantmod author: https://www.datacamp.com/courses/importing-and
-managing-financial-data-in-r
>
```

沒有錯誤訊息,代表載入成功。

# 技巧92 【程式】根據日內資料繪製折線圖表

## ● R 語言程式碼

透過 R 語言繪製價格折線圖，首先要取得成交價格的資料，期交所是透過 I020 表格來進行成交價量揭示，我們會將成交價量的資料進行圖表繪製。

在 R 語言中，有內建的 plot 函數，可以直接繪製基本的 XY 軸座標圖型。

以下介紹 plot 函數的七種類型：

| 類型 | 說明 |
|------|------|
| p | point，點圖 |
| l | line，線圖 |
| b | both，點線圖，overplotted，點線圖不加修飾 |
| h | 深度圖 |
| c | b 類型點線圖中只繪製線的部分 |
| s(S) | stair step，階梯圖，s 大小寫個別為下階梯、上階梯 |
| n | 不繪製圖片 |

繪製價格折線圖，程式碼如下：

▌ 檔名：Chart_Line.R

```
# 取得公開資料
a<-read.csv('D:\\ 出版 \\a01- 給工程師的第一本理財書 \\ 程式集 \\Daily_2018_03_14.csv')

# 時間轉秒數
TimeToNumber <- function(Time)
{
 Time <- sprintf('%06d',Time)
 T<-as.numeric(substring(Time,1,2))*3600+as.numeric(substring(Time,3,4))*60+as.
numeric(substring(Time,5,6))
 return(T)
}

# 定義計算商品、開盤日期、開盤、收盤時間
Product='TX'
Period='201803'
Date = '20180314'
Otime = 84500
Ctime = 134500
```

```
# 取出 TX 當日日盤資料
b=subset(a,gsub(' ','',a[,2])==Product & gsub(' ','',a[,3])==Period & gsub(
' ','',a[,1])==Date  & Otime<as.numeric(a[,4])  & Ctime>as.numeric(a[,4]) )

# 進行圖表繪製
 plot(strptime(sprintf('%06d',b[,4]),'%H%M%S'),b[,5],type='l',xlab='Time',ylab='Price')
```

顯示畫面如圖 6-4 所示。

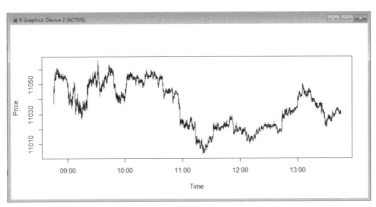

圖 6-4

## ● Python 程式碼

透過 python 繪製價格折線圖，首先要取得成交價格的資料，期交所是透過 I020 表格來進行成交價量揭示，我們會將成交價量的資料進行圖表繪製。

在 python 中，繪製時間序列的函數是 plot_date，與一般的 plot 函數相同，差別僅在於當 x 或 y 軸單位為時間格式時，plot_date 函數繪圖時能夠直接顯示時間格式。

透過 plot 繪製圖行時，可以設定繪製圖型的風格，其中包含顏色以及線圖的種類，例如：「r-」代表紅色（red）的實線圖，「bo」代表藍色（blue）的點圖。

以下介紹 plot 的 LineStyle（繪圖線）：

| 類型 | 說明 |
|---|---|
| . | 點圖 |
| - | 實線圖 |
| -. | 點線圖 |
| : | 點圖 |
| -- | 虛線圖 |

| 類型 | 說明 |
|---|---|
| o | 圓點 |
| s | 方塊 |
| ^、>、< | 向上三角形、向右三角形、向左三角形 |
| 空白鍵 | 空白 |
| None | 空值 |

　　繪製價格折線圖，程式碼如下：

**▍檔名：Chart_Line.py**

```
# -*- coding: UTF-8 -*-

# 載入相關套件及函數
import matplotlib.pyplot as plt
import matplotlib.dates as mdates
import datetime

# 定義計算商品
Product='TX'
Period='201803'

# 定義開盤日期、開盤、收盤時間
Date = '20180314'
Otime ='84500'
Ctime = '134500'

# 取得資料，依照逗點分隔，依照分隔符號分解欄位，去除空白
I020 = [line.replace(' ','').split(",") for line in open('Daily_2018_03_14.csv')]
[1:]

# 取出指定商品
ProdData = [ line for line in I020 if line[1]==Product and line[2]==Period and
line[0]==Date and int(line[3])>= int(Otime) and int(line[3])<= int(Ctime) ]

# 取得轉換時間字串至時間格式
Time = [ datetime.datetime.strptime(line[3],"%H%M%S%f") for line in ProdData ]
# 將 datetime 時間格式轉換為繪圖專用的時間格式，透過 mdates.date2num 函數
Time1 = [ mdates.date2num(line) for line in Time ]
# 價格由字串轉數值
Price = [ int(line[4]) for line in ProdData ]

# 定義圖表物件
```

```
ax = plt.figure(1)          #第一張圖片
ax = plt.subplot(111)       #該張圖片僅一個圖案
#以上兩行，可簡寫如下一行
#fig,ax = plt.subplots()


#繪製圖案
#plot_date(X軸物件，Y軸物件，線風格)
ax.plot_date(Time1, Price, 'k-')


#定義title
plt.title('Price Line')


#定義x軸
hfmt = mdates.DateFormatter('%H:%M:%S')
ax.xaxis.set_major_formatter(hfmt)



#顯示繪製圖表
plt.show()
```

顯示畫面如圖 6-5 所示。

圖 6-5

# 技巧 93　【觀念】交易策略的建構（回測）

在上一點技巧中，已經簡述了回測的架構，本技巧將會依序闡述建構的流程，本書也會提供一段期間的歷史資料供大家進行歷史回測。

## ● 取得歷史資料

本技巧要介紹的「取得歷史資料」的意思不僅是介紹透過函數去取得資料，而是取得資料後該如何去運用資料。

### 1. 取得資料函數

演算法程式必須先取得交易指標資料或是歷史報價，取用方式在 R 與 Python 中會有些差異，分述如下：

從 R 中讀取檔案，最常見的透過 read.csv 函數來取得，取得後另存變數，就可以開始進行回測了，read.csv 用法如下：

*變數名稱 <- read.csv(" 讀取檔案 ")*

另外，從 python 中讀取檔案，最常見的透過 open 函數來取得，取得後另存成 list 物件就可以透過該物件進行回測了，open 函數用法如下：

*變數名稱 = [ 迴圈變數 for 迴圈變數 in open(' 讀取檔案 ')]*

### 2. 運用歷史資料方式

在讀取資料後，如何運用才是重點，因為交易所歷史資料的種類是屬於依序時間排列的資料，而交易演算法和時間欄位也是息息相關，所以在某個程度上來說，時間格式的掌握度是相當重要的。

R 語言中，在時間序列的資料，可以透過兩種方式來閱讀資料，第一種是透過 for 迴圈，第二種是透過 R 語言矩陣的特性。而兩種方式各有其用處，假如要依照時間序列判斷目前是否停利出場，會透過 for 迴圈，若是要取得特定時期的價格高低點，則會直接透過 R 語言的矩陣搭配 max、min 來取得。

另外，在 python 中，我們會讀取檔案存成一個 list 物件，閱讀資料的方式基本上有兩種，原理皆是透過迴圈來進行資料篩選，但是程式碼撰寫上會有很大的差異。

第一種是透過 for 迴圈，逐筆資料進行判斷，筆者的習慣是用於比較多繁雜判斷的時候，例如：回測的進出場判斷等，這在本章後面的範例中會使用到。

另外一種，就是透過 python list 物件的延伸應用，就是我們可以在 list 中直接進行迴圈篩選，筆者的習慣是用在簡易判斷的時候，一般我們的回測資料都是二維陣列，也就是說會有欄位數、列數，當我們只需要該陣列中的某幾個欄位，就可以透過該方式篩選。

## ● 轉換回測指標

轉換回測指標即就現有的歷史資料進一步轉換成為指標，而每個交易者對於指標的定義都不盡相同，所以必須明確定義指標。

以下提供常見的交易指標，供讀者參考：

### 1. 移動平均價

假如在期貨交易市場上的交易演算法是透過移動平均（MA）為主要的交易指標，那就會定義移動平均的周期以及長度。假設是 10 分 MA，週期就是分鐘，長度就是 10，而顯示出來的資訊為由 10 分鐘的每分鐘收盤價所計算的指標。

若 10MA 透過前 10 分鐘的收盤價計算，就只能看到上一分鐘的狀態，無法掌控最新的市場價格動態，但若取得 Tick 資料，也就是逐筆資訊，就能夠依照最新的價格來進行計算。也就是說，從原本的 10 分收盤價變為 9 分鐘的每筆收盤價加上當前的 Tick 計算，即時的反應最新的市場動態。

在技巧 25 中，有詳細介紹如何動態計算移動平均價，請參考第 2 章的內容。

### 2. 當日價格高低點

回測指標所指的當日高低點，並非是直接透過歷史資料取得當天的最高價以及當天的最低價，而是回測時逐筆的去計算當日最高最低價，若回測當前時間為 09:50:35，則目前的最高最低價就是 09:50:35 以前的最高與最低價。

若直接取得當日高低點，可能會造成程式邏輯上的錯誤，所以在定義指標前必須先釐清觀念。

### 3. 內外盤量

內外盤也是大家常用的指標之一，一般的計算方式為下一筆成交價落在上一檔價（賣方價格），還是下一檔價（買方價格）。若價格落在上一檔價時，則為外盤價；落在下一檔價，則為內盤價。

而內外盤還有另外一種算法，即當成交價大於上一筆成交價時，則為外盤量；反之，則為內盤量。

計算內外盤量的總和，可以用來判斷目前的多空方趨勢，若外盤量較多，則多方趨勢較空方趨勢重，價格往上的機率較高。反之，若內盤量較多，則空方趨勢較多方趨勢重，價格往下的機率較高。

## ● 歷史演算法設計

回測演算法因為取的是歷史資料，所以在撰寫回測演算法時，可以依照需求去擷取需要的部分資訊。假設交易演算法只操作當日開盤的第二個小時，那我們就透過子集合的函數去取得那一段期間的資料即可，不必再從檔案的開始讀取到結尾。

而回測演算法也是交易演算法，所以依照流程會有趨勢判斷、進場、出場、停損等相關步驟。以下透過簡單的程式流程，來幫助大家更了解如何編制演算法。

以下是回測演算法程式碼架構：

## ● 歷史回測回傳明細格式設計

回測交易格式的設計，是希望完整的保存回測交易記錄，並且忠實的表達交易事件的細節，最後讓這些記錄能夠被適度的分析，讓回測的效益最佳化。

以下是交易事件回傳格式：

---

交易序號、交易商品、開倉日期、開倉時間、開倉價格、買賣、數量、平倉日期、平倉時間、平倉價格、註記、稅金、手續費、策略編號、交易者編號

```
SerialNumber,Good,ODate,OTime,OPrice,BorS,Number,CDate,CTime,CPrice,Comment,Tax,Fee,PID,ID
```

---

為什麼欄位中沒有盈虧欄位呢？因為若要計算盈虧，只會增加撰寫演算法的麻煩度，且回測所帶來的效益也不一定是盈虧所產生的數字。怎麼說呢，就好比一支回測程式，雖然說一個月的總盈虧是 -1000，但它並不代表就是一支不好的策略，或許買方的部位淨利是 3000，賣方的部位淨利是 -4000，那只要將這支策略設定只做買方，那也就會是一支賺錢的策略。而除了盈虧，也有很多角度可以分析策略的好壞，例如：交易時間、在倉的時間等，所以盈虧以外的分析對交易而言，也是相當重要的，下一節將會介紹到。

每個欄位都具有存在的價值，而第一個欄位交易序號也就代表唯一值，所以每筆資料並不會發生重複的現象。

以上的交易回傳格式不一定符合每種交易類型的需求，可以依照自己的需求做更改。

## ● 績效計算工具

取得交易紀錄後，就可以依照交易回傳的資料去加以計算分析。績效不單單可以從盈虧去觀察，也可以從買賣、交易次數、交易時間點來進行分析。本節提供的績效分析範例雖然不多，但主要讓讀者熟悉系統分析指令的用法。

　　某些策略會符合某些時期的趨勢條件，但不代表那些策略會符合長期市場的走勢，畢竟交易市場是瞬息萬變的，想要校調出一個長期穩定獲利的策略，就必須經過長期回測的測試。

　　而計算績效時，不一定從獲利盈餘的數字上來看，以下提供其他參考績效的方向讓讀者參考：

❏ 交易次數勝率。

❏ 買賣個別成交結果。

# 技巧94　【程式】定時買賣策略

　　本技巧介紹固定時間買賣進出策略，本技巧為策略初版模型，讓大家了解初步回測建構。

　　本技巧僅是用來作為策略建構的介紹，而本策略的完整性是不足的。若在建構策略時，沒有設定停損，可能會導致損失，更嚴重的是部位虧損至被斷頭時，券商會自動將我們的部位平倉，此時若策略沒有判斷條件，則會與現實帳務產生差異，所以這些都是計量回測必須關注的議題。而這些議題都是可以透過程式來解決的，只要想得更周全、細膩，就可以預防這些事情發生，甚至在更早就可以做出比人為操作更有效率的解決動作。

　　以下提供的是固定時間點買賣，此策略是在開盤時間 9:00 買入一口，接著在 11:00 時平倉。

## ● R 語言程式碼

▌檔名：FixTime_Strategy.R

```
# 取得公開資料
a<-read.csv('Daily_2018_03_14.csv')

# 定義計算商品、開盤日期、開盤、收盤時間
Product='TX'
Period='201803'
Date = '20180314'
Otime = 84500
Ctime = 134500
```

```
# 取出 TX 當日日盤資料
b=subset(a,gsub(' ','',a[,2])==Product & gsub(' ','',a[,3])==Period & gsub('
','',a[,1])==Date  & Otime<as.numeric(a[,4])  & Ctime>as.numeric(a[,4]) )

# 取相關欄位
A01 <- b[c(4,5)]
# 選取開倉及平倉時間
A02 <- subset(A01, A01[,1]>=as.numeric(090000) & A01[,1]<=as.numeric(110000))

# 設定進場時間及價格
OrderTime <- A02[1,1]
OrderPrice <- A02[1,2]

# 設定出場時間及價格
CoveryTime <- A02[nrow(A02),1]
CoveryPrice <- A02[nrow(A02),2]

# 顯示交易回報
cat("BUY TIME:",OrderTime,"PRICE:",OrderPrice,"COVERY TIME:",CoveryTime,"C_PRICE:
",CoveryPrice,"PROFIT",CoveryPrice-OrderPrice,'\n')
```

執行結果如下：

```
BUY TIME: 90000 PRICE: 11049 COVERY TIME: 110000 C_PRICE: 11026 PROFIT -23
```

## ● Python 程式碼

▍檔名：FixTime_Strategy.py

```
# -*- coding: UTF-8 -*-

# 定義計算商品
Product='TX'
Period='201803'

# 定義開盤日期、開盤、收盤時間
Date = '20180314'
Otime ='84500'
Ctime = '134500'

# 取得資料，依照逗點分隔，依照分隔符號分解欄位，去除空白
I020 = [line.replace(' ','').split(",") for line in open('Daily_2018_03_14.csv')]
[1:]
```

```
# 取出指定商品
ProdData = [ line for line in I020 if line[1]==Product and line[2]==Period and
line[0]==Date and int(line[3])>= int(Otime) and int(line[3])<= int(Ctime) ]

# 設定進出場時機點
OrderTime = 90000
CoverTime = 110000
OrderPrice = 0
CoverPrice = 0

# 開始進行進場判斷
for i in ProdData:
 time=int(i[3])
 price=int(i[4])
 if time > OrderTime:
  OrderPrice=price
  break

ProdData2 = [ line for line in ProdData if int(line[3])>= int(OrderTime) ]

# 開始進行出場判斷
for i in ProdData2:
 time=int(i[3])
 price=int(i[4])
 if time > CoverTime:
  CoverPrice=price
  break

print 'OrderTime:' ,OrderTime,'OrderPrice:' ,OrderPrice ,'CoverTime:' ,CoverTime,
'CoverPrice:' ,CoverPrice ,'Profit:',CoverPrice-OrderPrice
```

執行過程如下：

```
>python FixTime_Strategy.py
OrderTime: 90000 OrderPrice: 11049 CoverTime: 110000 CoverPrice: 11026 Profit: -23
```

# 技巧 95　【程式】價格停損停利

　　由於上一個技巧沒有加上停損停利的參數，所以該策略的績效會相當不穩定，本技巧將介紹加上停損機制的策略，由上一個策略來進行修改。這支策略會持續地偵測是否停損、停利，直到設定的交易時間結束。

　　本策略是判斷當前價低於進場價的 10 點停損，高於進場價的 10 點停利。

# ● R 語言程式碼

▌檔名：FixTime_Strategy.R

```r
# 取得公開資料
a<-read.csv('Daily_2018_03_14.csv')

# 定義計算商品、開盤日期、開盤、收盤時間
Product='TX'
Period='201803'
Date = '20180314'
Otime = 84500
Ctime = 134500

# 取出 TX 當日日盤資料
b=subset(a,gsub(' ','',a[,2])==Product & gsub(' ','',a[,3])==Period & gsub('
',',,a[,1])==Date  & Otime<as.numeric(a[,4])  & Ctime>as.numeric(a[,4]) )

# 取相關欄位
A01 <- b[c(4,5)]
# 選取開倉及平倉時間
A02 <- subset(A01, A01[,1]>=as.numeric(090000) & A01[,1]<=as.numeric(110000))

# 設定進場時間及價格
OrderTime <- A02[1,1]
OrderPrice <- A02[1,2]

# 透過迴圈偵測停損
for( i in 1:nrow(A02)){

  # 停損出場
  if(A02[i,2] <= OrderPrice-10){
      CoveryTime <- A02[i,1]
      CoveryPrice <- A02[i,2]
      break
  # 到期出場
  }else if(i == nrow(A02)){
      CoveryTime <- A02[nrow(A02),1]
      CoveryPrice <- A02[nrow(A02),2]
  }


}
```

# 顯示交易回報
```
cat("BUY TIME:",OrderTime,"PRICE:",OrderPrice,"COVERY TIME:",CoveryTime,"C_PRICE:
",CoveryPrice,"PROFIT",CoveryPrice-OrderPrice,'\n')
```

執行結果如下：

```
BUY TIME: 90000 PRICE: 11049 COVERY TIME: 90102 C_PRICE: 11039 PROFIT -10
```

## ● Python 程式碼

▌檔名：FixTime_StopLoss_Strategy.py

```python
# -*- coding: UTF-8 -*-

# 定義計算商品
Product='TX'
Period='201803'

# 定義開盤日期、開盤、收盤時間
Date = '20180314'
Otime ='84500'
Ctime = '134500'

# 取得資料，依照逗點分隔，依照分隔符號分解欄位，去除空白
I020 = [line.replace(' ','').split(",") for line in open('Daily_2018_03_14.csv')]
[1:]

# 取出指定商品
ProdData = [ line for line in I020 if line[1]==Product and line[2]==Period and
line[0]==Date and int(line[3])>= int(Otime) and int(line[3])<= int(Ctime) ]

# 設定進出場時機點
OrderTime = 90000
CoverTime = 110000
OrderPrice = 0
CoverPrice = 0

# 設定停損停利點
StopLoss = 10
TakeProfit = 10

# 開始進行進場判斷
for i in ProdData:
  time=int(i[3])
```

```
  price=int(i[4])
  if time > OrderTime:
   OrderPrice=price
   break

ProdData2 = [ line for line in ProdData if int(line[3])>= int(OrderTime) ]

#開始進行出場判斷
for i in ProdData2:
  time=int(i[3])
  price=int(i[4])
  if price-OrderPrice >=TakeProfit or OrderPrice-price >= StopLoss:
   CoverPrice=price
   break
  elif time > CoverTime:
   CoverPrice=price
   break

print 'OrderTime:' ,OrderTime,'OrderPrice:' ,OrderPrice ,'CoverTime:' ,CoverTime,
'CoverPrice:' ,CoverPrice ,'Profit:',CoverPrice-OrderPrice
```

執行過程如下：

```
>python FixTime_StopLoss_Strategy.py
OrderTime: 90000 OrderPrice: 11049 CoverTime: 110000 CoverPrice: 11039 Profit: -10
```

# 技巧 96 【程式】順勢交易策略

這裡所指的順勢交易策略就是俗稱的「海龜策略」，代表價格向上突破某個區間的高點，順勢買進，或是價格向下突破某個區間的低點時，順勢賣出。

上述所說的是進場的部分，出場條件的設定，本範例所提供的是設定固定停損停利點，以買方為例，停損點為進場成交價的下降 10 點，停利點為進場成交價的上升 10 點。

本範例所設定的高低點區間為 8:45 至 9:00，以及進出場的時間區段為 9:00 至 12:00。

## ● R 語言程式碼

┃ 檔名：Overfulfil_Strategy.R

```
#取相關欄位
A01 <- b[c(4,5,6)]
names(A01) <- c("INFO_TIME","PRICE","QTY")
```

```
# 選取開倉及平倉時間
A02 <- subset(A01, INFO_TIME>=as.numeric(084500) & INFO_TIME<=as.numeric(090000))
MaxPrice <- max(A02$PRICE)
MinPrice <- min(A02$PRICE)
Spread <- MaxPrice - MinPrice

# 起始及出場時段
A03 <- subset(A01, INFO_TIME>as.numeric(090000) & INFO_TIME<=as.numeric(100000))

# 初始狀態（無在倉部位）
Index<-0

# 開始進行回測
for(i in 1:nrow(A03)){
  # 判斷進倉
if(Index==0 & A03[i,]$PRICE>MaxPrice+Spread*as.numeric(0.2)){
        Index=1
        OrderTime <- A03[i,]$INFO_TIME
        OrderPrice <- A03[i,]$PRICE
        #cat(Time0,"BUY",OrderPrice,"StopPoint",StopPoint,"\n")
  }else if (Index==0 & A03[i,]$PRICE<MinPrice-Spread*as.numeric(0.2)){
        Index=-1
        OrderTime <- A03[i,]$INFO_TIME
        OrderPrice <- A03[i,]$PRICE
        #cat(Time0,"SELL",OrderPrice,"StopPoint",StopPoint,"\n")
  }

# 判斷平倉
  if(Index==1){
        if((A03[i,]$PRICE > OrderPrice+20 || A03[i,]$PRICE < OrderPrice-10)){
                CoveryTime <- A03[i,]$INFO_TIME
                CoveryPrice <- A03[i,]$PRICE
                cat("BUY TIME:",OrderTime,"PRICE:",OrderPrice,"COVERY
TIME:",CoveryTime,"C_PRICE:",CoveryPrice,"PROFIT",CoveryPrice-OrderPrice,'\n')
                break
        }else if(i==nrow(A03)){
                CoveryTime <- A03[i,]$INFO_TIME
                CoveryPrice <- A03[i,]$PRICE
                cat("BUY TIME:",OrderTime,"PRICE:",OrderPrice,"COVERY
TIME:",CoveryTime,"C_PRICE:",CoveryPrice,"PROFIT",CoveryPrice-OrderPrice,'\n')

                }
        }else if(Index==-1){
```

```
                        if((A03[i,]$PRICE < OrderPrice-20 || A03[i,]$PRICE >
OrderPrice+10)){
                CoveryTime <- A03[i,]$INFO_TIME
                CoveryPrice <- A03[i,]$PRICE
                cat("SELL TIME:",OrderTime,"PRICE:",OrderPrice,"COVERY
TIME:",CoveryTime,"C_PRICE:",CoveryPrice,"PROFIT",OrderPrice-CoveryPrice,'\n')
                break
        }else if(i==nrow(A03)){
                CoveryTime <- A03[i,]$INFO_TIME
                CoveryPrice <- A03[i,]$PRICE
                cat("SELL TIME:",OrderTime,"PRICE:",OrderPrice,"COVERY
TIME:",CoveryTime,"C_PRICE:",CoveryPrice,"PROFIT",OrderPrice-CoveryPrice,'\n')
                }
            }
}
```

執行結果如下：

```
SELL TIME: 90744 PRICE: 11032 COVERY TIME: 91014 C_PRICE: 11043 PROFIT -11
```

## ● Python 程式碼

**▌檔名：Overfulfil_Strategy.py**

```python
# -*- coding: UTF-8 -*-
import sys

# 定義計算商品
Product='TX'
Period='201803'

# 定義開盤日期、開盤、收盤時間
Date = '20180314'
Otime ='84500'
Ctime = '134500'

# 取得資料，依照逗點分隔，依照分隔符號分解欄位，去除空白
I020 = [line.replace(' ','').split(",") for line in open('Daily_2018_03_14.csv')]
[1:]

# 取出指定商品
ProdData = [ line for line in I020 if line[1]==Product and line[2]==Period and
line[0]==Date and int(line[3])>= int(Otime) and int(line[3])<= int(Ctime) ]
```

```
#設定進出場變數
TrandTime = 90000
EndTime = 120000
OrderTime = 0
CoverTime = 0
OrderPrice = 0
CoverPrice = 0
Index=0
MaxPrice = 0
MinPrice = 10000000
Spread = 0

#設定停損停利點
StopLoss = 10
TakeProfit = 10

#開始進行高低點判斷
for i in ProdData:
 time=int(i[3])
 price=int(i[4])
 if price > MaxPrice :
  MaxPrice = price
 elif MinPrice > price :
  MinPrice = price
 if time > TrandTime:
  Spread = MaxPrice -MinPrice
  break

print 'MaxPrice' ,MaxPrice ,'MinPrice',MinPrice ,'Spread',Spread

ProdData2 = [ line for line in ProdData if int(line[3])>= int(TrandTime) ]

#開始進行進場判斷
for i in ProdData2:
 time=int(i[3])
 price=int(i[4])
 if price > MaxPrice+Spread*0.5 :
  Index=1
  OrderTime =time
  OrderPrice = price
  break
 if price < MinPrice-Spread*0.5 :
  Index=-1
  OrderTime =time
```

```
    OrderPrice = price
    break
  if time>EndTime :
   print "No Order!"
   sys.exit()

ProdData3 = [ line for line in ProdData2 if int(line[3])>= int(OrderTime) ]
```

#開始進行出場判斷
```
for i in ProdData3:
 time=int(i[3])
 price=int(i[4])
 if Index==1:
  if price-OrderPrice >=TakeProfit or OrderPrice-price >= StopLoss:
   CoverTime =time
   CoverPrice=price
   print 'Buy OrderTime:' ,OrderTime,'OrderPrice:' ,OrderPrice ,'CoverTime:'
,CoverTime,'CoverPrice:' ,CoverPrice ,'Profit:',CoverPrice-OrderPrice
   break
  if time > EndTime:
   CoverTime =time
   CoverPrice=price
   print 'Buy OrderTime:' ,OrderTime,'OrderPrice:' ,OrderPrice ,'CoverTime:'
,CoverTime,'CoverPrice:' ,CoverPrice ,'Profit:',CoverPrice-OrderPrice
   break
 elif Index== -1 :
  if OrderPrice-price >= TakeProfit or price-OrderPrice>=StopLoss :
   CoverTime =time
   CoverPrice=price
   print 'Sell OrderTime:' ,OrderTime,'OrderPrice:' ,OrderPrice ,'CoverTime:' ,
CoverTime,'CoverPrice:' ,CoverPrice ,'Profit:',OrderPrice-CoverPrice
   break
  if time > EndTime:
   CoverTime =time
   CoverPrice=price
   print 'Sell OrderTime:' ,OrderTime,'OrderPrice:' ,OrderPrice ,'CoverTime:' ,
CoverTime,'CoverPrice:' ,CoverPrice ,'Profit:',OrderPrice-CoverPrice
   break
```

執行過程如下：

```
>python Overfulfil_Strategy.py
MaxPrice 11061 MinPrice 11037 Spread 24
Sell OrderTime: 105723 OrderPrice: 11024 CoverTime: 111337 CoverPrice: 11014 Profit: 10
```

# 技巧 97 【程式】MA 穿越策略

MA 在交易市場中，是常見的交易指標，而相關的策略也是五花八門，通常 MA 的策略都會透過兩個基準來做比較，透過基準彼此之間的關係來做進出場的判斷，例如：12MA（快線）與 24MA（慢線）的配合。

讀者可以透過計算指標後的資料來與成交資訊共同撰寫程式，將會降低策略同時計算 MA 與判斷進場條件的運算負載，但整體來說，計算完整天的 MA 再進行策略判斷，還是會增加回測的運算時間。

而本技巧介紹的策略判斷是透過成交價與 15MA 來進行計算，當前價向上穿越 MA 則買進，當前價向下穿越 MA 則賣出。出場條件則是設定固定價位停損停利（10 點）。

本範例將透過成交價量來計算，同時計算 MA 值以及做該策略的判斷，不過這樣做，程式碼閱讀起來會較於複雜，也可以將 MA 計算完成後，進行策略判斷。

## ● R 語言程式碼

▌檔名：FixTime_Strategy.R

```
# 取得公開資料
a<-read.csv('Daily_2018_03_14.csv')

# 定義計算商品、開盤日期、開盤、收盤時間
Product='TX'
Period='201803'
Date = '20180314'
Otime = 84500
Ctime = 134500

# 取出 TX 當日日盤資料
b=subset(a,gsub(' ','',a[,2])==Product & gsub(' ','',a[,3])==Period & gsub('
',','',a[,1])==Date  & Otime<as.numeric(a[,4])  & Ctime>as.numeric(a[,4]) )

# 取得分鐘數
getMin <- function(time){
  min <- sprintf('%06d',time)
  min <- substr(min,3,4)
  return(min)
}
```

```
# 取相關欄位
A01 <- b[c(4,5,6)]
names(A01) <- c("INFO_TIME","PRICE","QTY")

# 起始及出場時段
A03 <- subset(A01, INFO_TIME<=as.numeric(133000))
# 初始狀態
Index<-0
MAarray <- numeric(0)
MA <- 0
lastMA <-0
# 開始進行策略
for(i in 2:nrow(A03)){
  # 動態計算 MA
  if(Index==0){
        if(length(MAarray)==0){
                MAarray <- c(A03[i,]$PRICE,MAarray)
        }else if(getMin(A03[i,]$INFO_TIME)==getMin(A03[i-1,]$INFO_TIME)){
                MAarray[1] <- A03[i,]$PRICE
        }else{
                MAarray <- c(A03[i,]$PRICE,MAarray)
                if(length(MAarray)>10){
                        MAarray <- MAarray[-11]
                }
        }
        # 若尚未滿 10 分鐘，則不進行進場判斷
        if(length(MAarray)<10){
                next
        }else if (lastMA==0){
                lastMA = round(sum(MAarray)/10,3)
                next
        }else {
                MA <- round(sum(MAarray)/10,3)
        }
        # 進場判斷
        if(A03[i,]$PRICE>MA && A03[i-1,]$PRICE<lastMA){
                        Index=1
                OrderTime <- A03[i,]$INFO_TIME
                OrderPrice <- A03[i,]$PRICE
                #cat(Time0,"BUY",OrderPrice,"StopPoint",StopPoint,"\n")
                }else if (A03[i,]$PRICE<MA && A03[i-1,]$PRICE>lastMA){
                Index=-1
                OrderTime <- A03[i,]$INFO_TIME
                OrderPrice <- A03[i,]$PRICE
```

```
#cat(Time0,"SELL",OrderPrice,"StopPoint",StopPoint,"\n")
                }
                lastMA=MA
        }

        # 出場判斷
        if(Index==1){
                if((A03[i,]$PRICE > OrderPrice+5 || A03[i,]$PRICE < OrderPrice-3)){
                CoveryTime <- A03[i,]$INFO_TIME
                CoveryPrice <- A03[i,]$PRICE
                cat("BUY TIME:",OrderTime,"PRICE:",OrderPrice,"COVERY
TIME:",CoveryTime,"C_PRICE:",CoveryPrice,"PROFIT",CoveryPrice-OrderPrice,'\n')
                break
                }else if(i==nrow(A03)){
                CoveryTime <- A03[i,]$INFO_TIME
                    CoveryPrice <- A03[i,]$PRICE
                cat("BUY TIME:",OrderTime,"PRICE:",OrderPrice,"COVERY
TIME:",CoveryTime,"C_PRICE:",CoveryPrice,"PROFIT",CoveryPrice-OrderPrice,'\n')


                }
        }else if(Index==-1){
                if((A03[i,]$PRICE < OrderPrice-5 || A03[i,]$PRICE > OrderPrice+3)){
                Time1 <- A03[i,]$INFO_TIME
                CoveryPrice <- A03[i,]$PRICE
                cat("SELL TIME:",OrderTime,"PRICE:",OrderPrice,"COVERY TIME:",
CoveryTime,"C_PRICE:",CoveryPrice,"PROFIT",OrderPrice-CoveryPrice,'\n')
                break
        }else if(i==nrow(A03)){
                Time1 <- A03[i,]$INFO_TIME
                CoveryPrice <- A03[i,]$PRICE
                cat("SELL TIME:",OrderTime,"PRICE:",OrderPrice,"COVERY
TIME:",CoveryTime,"C_PRICE:",CoveryPrice,"PROFIT",OrderPrice-CoveryPrice,'\n')
                }
        }
   }
```

執行結果如下：

```
SELL TIME: 85409 PRICE: 11055 COVERY TIME: 91014 C_PRICE: 11049 PROFIT 6
```

## ● Python 程式碼

**▌ 檔案名稱：MA_Srategy.py**

```python
# -*- coding: UTF-8 -*-

# 定義計算商品
Product='TX'
Period='201803'

# 定義開盤日期、開盤、收盤時間
Date = '20180314'
Otime ='84500'
Ctime = '134500'

# 取得資料，依照逗點分隔，依照分隔符號分解欄位，去除空白
I020 = [line.replace(' ','').split(",") for line in open('Daily_2018_03_14.csv')]
[1:]

# 取出指定商品
ProdData = [ line for line in I020 if line[1]==Product and line[2]==Period and
line[0]==Date and int(line[3])>= int(Otime) and int(line[3])<= int(Ctime) ]

# 定義時間轉數值函數
def TimetoNumber(time):
 time=time.zfill(6)
 sec=int(time[:2])*3600+int(time[2:4])*60+int(time[4:6])
 return sec

# 定義相關變數
MAarray = []
MA = []
MAValue = 0
lastMAValue =0
lastPrice =0
STime = TimetoNumber('84500')
Cycle = 60
MAlen = 15

# 定義新倉平倉變數
Index=0
OrderTime=0
OrderPrice=0
CoverTime=0
```

```
CoverPrice=0
StopLoss=10
TakeProfit=10

#開始進行MA計算
for i in ProdData:
 time=i[3]
 price=int(i[4])
 if len(MAarray)==0:
  MAarray+=[price]
 else:
  if TimetoNumber(time)<STime+Cycle:
   MAarray[-1]=price
  else:
   if len(MAarray)==MAlen:
    MAarray=MAarray[1:]+[price]
   else:
    MAarray+=[price]
   STime = STime+Cycle
 if len(MAarray)==MAlen:
  MAValue=float(sum(MAarray))/len(MAarray)
  if lastMAValue ==0 :
   lastMAValue = MAValue
   lastPrice = price
   continue
  if Index==0:
   if price > MAValue and lastMAValue < lastPrice:
    Index=1
    OrderTime=time
    OrderPrice=price
   elif price < MAValue and lastMAValue > lastPrice:
    Index=-1
    OrderTime=time
    OrderPrice=price
  elif Index!=0:
   if Index==1:
    if price-OrderPrice>=TakeProfit or OrderPrice-price >= StopLoss:
     Index=0
     CoverTime=time
     CoverPrice=price
     print 'Buy OrderTime:' ,OrderTime,'OrderPrice:' ,OrderPrice ,'CoverTime:'
 ,CoverTime,'CoverPrice:' ,CoverPrice ,'Profit:',CoverPrice-OrderPrice
     break
   elif Index==-1:
```

211

```
        if price-OrderPrice>=StopLoss or OrderPrice-price >=TakeProfit :
         Index=0
         CoverTime=time
         CoverPrice=price
         print 'Sell OrderTime:' ,OrderTime,'OrderPrice:' ,OrderPrice ,'CoverTime:'
    ,CoverTime,'CoverPrice:' ,CoverPrice ,'Profit:',OrderPrice-CoverPrice
         break
      lastMAValue = MAValue
      lastPrice = price
```

執行過程如下：

```
>python MA_Strategy.py
Sell OrderTime: 085900 OrderPrice: 11052 CoverTime: 090018 CoverPrice: 11042 Profit: 10
```

# Chapter 07

# 選擇權的套利機會

顧名思義,「 選擇權 」就是選擇買賣的權力,最早用於商品價格波動的
避險上,逐漸變成常見的金融商品。由於選擇權根據不同價位會有不
同的商品,因此多商品間的搭配會產生價差,也就是俗稱的套利機會,
是一個適合程式動態計算的金融商品。

# 技巧 98 【觀念】何謂選擇權？

顧名思義，「選擇權」就是選擇買賣的權力，最早用於商品價格波動的避險上，逐漸變成常見的金融商品。在台灣，選擇權附屬在期貨商品之下，因此在期貨交易所中交易。

選擇權是一款契約，分為兩種類型，一種是「買權」，另一種則是「賣權」。選擇權與期貨相同，皆有一個標的物，以台灣期交所來說，成交量最大的選擇權商品為「台指選 TXO」，標的物就是台灣證交所公布的台灣股價加權指數，也就是期貨交易所的「台指期」這個商品。

選擇權商品本身並不牽涉實體標的物買賣，而只是買賣「買進」（稱為 Call）與「賣出」（稱為 Put）的權力，以下分別介紹選擇權買權以及賣權。

## 1. 選擇權買權

選擇權買權是一款擁有購買權利的契約，也就是持有人能夠在特定期間以特定價格購買標的物的權利。

## 2. 選擇權賣權

選擇權賣權是一款擁有賣出權利的契約，也就是持有人能夠在特定期間以特定價格賣出標的物的權利。

而操作選擇權的商品又可以分為「買進」或「賣出」，所以操作選擇權有四種情況：

❏ 買入買權（Buy Call）

❏ 賣出買權（Sell Call）

❏ 買入賣權（Buy Put）

❏ 賣出賣權（Sell Put）

另外，選擇權依照標的物又分為許多種類，以下列出常見的選擇權：

❏ 股票選擇權

❏ 外幣選擇權

❏ 利率選擇權

❏ 股價指數選擇權

❑ 期貨選擇權（期貨商品本身也有標的物，不過期貨選擇權的商品標的物則是期貨）

❑ 商品選擇權（這裡的商品代表實體商品，例如：農產品等）

# 技巧99 【觀念】如何進行選擇權買賣？

如果要交易國內期交所的選擇權，需到國內經營期貨經紀業務的券商進行開戶，選擇權交易必須開啟期貨戶，有期貨戶的投資人就不必再進行開戶了。

接著，就可以透過券商的看盤軟體進行選擇權的下單，而在下單之前，必須先了解選擇權商品契約的細節，以及選擇權交易所帶來的風險，否則可能會帶來巨大的損失。

選擇權的商品數量相當多，以台指選擇權「TXO」為例，每一個履約價就代表一個商品。以 2018/04/20 日的台指選擇權為例，買權近月的履約價高達 33 個，履約價從 9600 到 12800 每隔 100 點一個，而買權與賣權各有同樣多的商品，不同結算月又有不同的商品區分，因此選擇權商品琳瑯滿目，實單交易必須謹慎。

# 技巧100 【觀念】選擇權商品契約規格

選擇權是一種類型的金融商品，台灣期貨交易所的選擇權商品都會在期貨交易所內公布商品的規格，網址：**URL** http://www.taifex.com.tw/chinese/2/TXO.asp，如圖 7-1 所示。

圖 7-1

網頁中，完整介紹台指選擇權的契約，在這裡將摘要簡單的重點介紹：

| 名稱 | 說明 |
|---|---|
| 交易標的 | 臺灣證券交易所發行量加權股價指數 |
| 中文簡稱 | 臺指選擇權（臺指買權、臺指賣權） |
| 英文代碼：TXO | 選擇權完整商品名稱格式：英文代碼 履約價 月份 年份最後一碼<br>例如：台指期 2018 年 4 月到期履約價 10000 的選擇權買權商品名稱為<br>TXO10000D8（買權 1-12 月代碼為為 A-L、賣權為 M-X） |
| 履約型態 | 歐式（僅能於到期日行使權利） |
| 契約乘數 | 指數每點新臺幣 50 元 |
| 權利金報價單位 | ❑ 報價未滿 10 點：0.1 點（5 元）<br>❑ 報價 10 點以上，未滿 50 點：0.5 點（25 元）<br>❑ 報價 50 點以上，未滿 500 點：1 點（50 元）<br>❑ 報價 500 點以上，未滿 1,000 點：5 點（250 元）<br>❑ 報價 1,000 點以上：10 點（500 元） |
| 交易時間 | ❑ 一般交易時段之交易時間為營業日上午 8:45 至下午 1:45；到期契約最後<br>交易日之交易時間為上午 8:45 至下午 1:30<br>❑ 盤後交易時段之交易時間為營業日下午 3:00 至次日上午 5:00；到期契約<br>最後交易日無盤後交易時段 |

# 技巧 101 【觀念】選擇權的交易成本

選擇權的交易對於買方與賣方會有不同的計算方式，將分項說明如下：

## ● 權利金與保證金

選擇權的交易需要「付錢」，才能進行交易。買方需要花錢買一個「權力」，賣方是賣出「權力」來收取買方付的錢。買方「花錢」後不會承擔風險，而賣方賣出後，如果到結算日並沒超過履約價，則可收取買方付出的錢，但如果超過，則超過多少必須賠償多少，因此賣方的風險是很大的。

對於賣方，如同期貨交易一般，必須先付一筆保證金，底下將會介紹保證金的計算方式。因此，底下我們將分為選擇權買方與賣方來做介紹。

### 1.選擇權買方

選擇權買方支付權利金購買選擇權商品，所有的買進交易都是透過現金交割，並在結算日時決定是否履約（若履約，則代表選擇權買方獲利；若不履約，則代表無獲利，因此損失權利金），所以選擇權買方並沒有與券商違約的問題，不需要支付保證金。

權利金的計算，就是看選擇權權利金點數，接著乘上權利金的價值，以台指期為例，若要購買 45 點權利金的台指選擇權，則需要付出 2250（45*50）的權利金。

### 2. 選擇權賣方

選擇權一買一賣，買方付出權利金，賣方則必須付出保證金，賣方所支付的保證金是為了防止選擇權賣方可能發生損失，因此要支付給買賣雙方以外的第三方單位的金額。

賣方保證金的計算，這邊介紹的是單一部位的保證金，若要進行買權或賣權的保證金計算，保證金公式如下：

保證金 = 權利金價值 + Max( 風險值－價外值 , 最小值 )

而風險值、最小值這些數值，是依照期交所公布的標準計算，網址：URL http://www.taifex.com.tw/chinese/5/IndexMargining.asp，如圖 7-2 所示。在下單時，券商會自動計算保證金，並且從帳戶扣除。

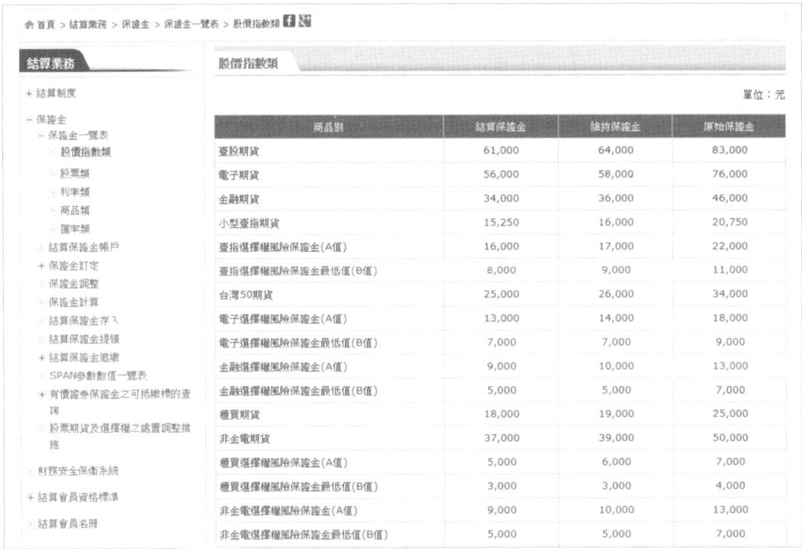
首頁 > 結算業務 > 保證金 > 保證金一覽表 > 股價指數類

結算業務

+ 結算制度
− 保證金
　− 保證金一覽表
　　股價指數類
　　股票類
　　利率類
　　商品類
　　匯率類
　結算保證金帳戶
　+ 保證金訂定
　保證金調整
　保證金計算
　結算保證金存入
　結算保證金提領
　+ 結算保證金追繳
　SPAN參數數值一覽表
　+ 有價證券保證金之可抵繳標的查詢
　股票期貨及選擇權之處置調整措施
財務安全保衛系統
+ 結算會員資格標準
結算會員名冊

股價指數類

單位：元

| 商品別 | 結算保證金 | 維持保證金 | 原始保證金 |
|---|---|---|---|
| 臺股期貨 | 61,000 | 64,000 | 83,000 |
| 電子期貨 | 56,000 | 58,000 | 76,000 |
| 金融期貨 | 34,000 | 36,000 | 46,000 |
| 小型臺指期貨 | 15,250 | 16,000 | 20,750 |
| 臺指選擇權風險保證金(A值) | 16,000 | 17,000 | 22,000 |
| 臺指選擇權風險保證金最低值(B值) | 8,000 | 9,000 | 11,000 |
| 台灣50期貨 | 25,000 | 26,000 | 34,000 |
| 電子選擇權風險保證金(A值) | 13,000 | 14,000 | 18,000 |
| 電子選擇權風險保證金最低值(B值) | 7,000 | 7,000 | 9,000 |
| 金融選擇權風險保證金(A值) | 9,000 | 10,000 | 13,000 |
| 金融選擇權風險保證金最低值(B值) | 5,000 | 5,000 | 7,000 |
| 櫃買期貨 | 18,000 | 19,000 | 25,000 |
| 非金電期貨 | 37,000 | 39,000 | 50,000 |
| 櫃買選擇權風險保證金(A值) | 5,000 | 6,000 | 7,000 |
| 櫃買選擇權風險保證金最低值(B值) | 3,000 | 3,000 | 4,000 |
| 非金電選擇權風險保證金(A值) | 9,000 | 10,000 | 13,000 |
| 非金電選擇權風險保證金最低值(B值) | 5,000 | 5,000 | 7,000 |

圖 7-2

## 手續費與稅金

選擇權買賣的成本，必須考慮到以下的基本費用：

## 1. 交易手續費

每次買賣（買進與賣出各收一次）的交易手續費通常在 40 元以內，通常有很大的議價空間，由投資人與經紀業務談妥即可。

## 2. 期貨交易稅

選擇權交易稅率在期交所的網站中，網址：🔗 http://www.taifex.com.tw/CHINESE/4/FEESCHEDULES.ASP，如圖 7-3 所示。以台指選擇權為例，交易稅為千分之一（0.001）。

| 單位:新臺幣元/口 | 交易所手續費 (註1) | | | 期貨交易稅率 (註2,3) |
|---|---|---|---|---|
| | 交易經手費 | 結算手續費 | 交割手續費 | |
| 臺股期貨(TX)<br>電子期貨(TE)<br>金融期貨(TF)<br>臺灣50期貨(T5F) | 12 | 8 | 8 | 0.00002 |
| 臺指選擇權(TXO)<br>電子選擇權(TEO)<br>金融選擇權(TFO)<br>櫃買選擇權(GTO)<br>非金電選擇權(XIO)<br>股票選擇權(交易標的為ETF者) | 6 | 4 | 4 | 0.001 |
| 櫃買期貨(GTF)<br>非金電期貨(XIF) | 12 | 8 | 8 | 0.00002 |
| 小型臺指期貨(MTX)<br>股票期貨(交易標的為ETF者)<br>印度50期貨(I5F) | 7.5 | 5 | 5 | 0.00002 |
| 股票選擇權<br>(交易標的為股票者) | 3 | 2 | 2 | 0.001 |
| 股票期貨<br>(交易標的為股票者) | 3 | 2 | 2 | 0.00002 |
| 臺幣黃金期貨(TGF)<br>黃金期貨(GDF) | 6 | 4 | 4 | 0.0000025 |
| 黃金選擇權(TGO) | 3 | 2 | 2 | 0.001 |
| 十年期政府公債期貨(GBF) | 6 | 4 | 4 | 0.00000125 |
| 美元兌人民幣期貨(RHF) | 14.4 | 9.6 | 9.6 | 0.000001 |
| 小型美元兌人民幣期貨(RTF) | 3 | 2 | 2 | 0.000001 |

圖 7-3

# ● 交易隱含成本

## 1. 買賣價差

通常在實單交易時，由於下單速度與上下數檔的價格落差，實際成交的價格往往不如我們所願。國內期交所的選擇權買方必須以限價單成交，所以通常投資人會透過掛較差的價格來促使迅速成交。舉例而言，若投資人想購買選擇權買權，當前權利金成交報價為 20 點；若想快速買進，則會掛進 21 點或 22 點買進；若掛 20 點買進，則會依照交易所撮合機制來排隊等待成交，甚至可能會無法成交，因此許多投資人會選擇透過較差的價格買進。

這個情況在長期的市場交易中，就會產生隱含的成本，我們稱為「買賣價差」。

**2.選擇權賣方保證金利息**

選擇權的賣方，許多人稱之爲「收租金」，其中原因是因爲當賣方就好比當房東一樣，透過支付保證金去賺取買方的權利金，而大部位的選擇權賣方通常支付的保證金都遠超過權利金，此時，保證金放在銀行所產生的利息，就會計算在交易成本內。

# 技巧 102　【觀念】何謂價平、價內、價外？

選擇權的價位，分爲三類：「價內」（In The Money）、「價平」（At The Money）、「價外」（Out The Money），這三者是選擇權的價位描述。換句話說，即描述選擇權履約價與標的物價格之間的關係，分述如下：

## ● 價內（In The Money）

這代表此履約價是有價值的，因爲履約價在標的物之內。以買權爲例，當履約價低於標的物市價，代表價內；以賣權爲例，當履約價高於標的物市價，代表價內。

以台指選擇權爲例，當前證券市場加權指數 10100 點，而履約價 10000 的選擇買權是代表價內，履約價 10200 的選擇權賣權則代表價內。

## ● 價平（At The Money）

當標的物市價爲履約價時，則稱爲「價平」，通常眞正價平的情況少見，因此我們會依照最靠近標的物價格的履約價，稱爲「價平履約價」。以買權爲例，當履約價等於（最靠近）標的物市價，代表價平；以賣權爲例，當履約價等於（最靠近）標的物市價，代表價平。

以台指選擇權爲例，當前證券市場加權指數 10090 點，而履約價 10100 的選擇買權是代表價平，履約價 10100 的選擇權賣權也代表價平，因爲 10100 這個履約價與 10090 市價最接近。

## ● 價外（Out The Money）

這代表此履約價是沒有價值的，因爲履約價在標的物之外。以買權爲例，當履約價高於標的物市價，代表價外；以賣權爲例，當履約價低於標的物市價，代表價外。

以台指選擇權爲例，當前證券市場加權指數 10100 點，而履約價 10200 的選擇買權是代表價外，履約價 10000 的選擇權賣權則代表價外。

# 技巧 103 【觀念】選擇權與標的之恆等公式

選擇權與標的之恆等公式，又稱爲「買權／賣權平價理論」（put-call-parity），是指選擇權買權、賣權以及標的物等三種商品價格之間的均衡關係，這是選擇權商品必須依循的公式，若市場價格背離平價理論的價格，就產生套利機會。

既然這個套利公式人盡皆知，也就代表這個「套利財」不好賺，因爲一般的投資者，沒有高頻的報價、下單窗口，更別說有效率的演算法了，不過讀者們也別氣餒，因爲在選擇權的基礎上來說，這是所有選擇權交易人必須理解的一個題材，了解該公式才能理解市場上選擇權買權、賣權的價格由來。

另外，市場上在某些極端的市況時，選擇權也會產生套利機會，例如：目前市場上台指期大幅波動，導致選擇權的隱含波動率極高，這時候市場價格會與平價理論背離，就會產生套利機會，不過筆者也不建議在這個時候進場投資，因爲當市場處於在不理性狀態時，可能會發生意料之外的狀況。

接著，就開始介紹選擇權平價理論，平價理論基礎有多個不同的版本，不過基本上都是由基礎的公式延伸出去，所以在本技巧當中，我們只會介紹最基礎的公式，讓讀者了解其中意涵。而台灣最大的選擇權交易商品，就是台指選擇權，以下介紹台指選擇權與台指小台期貨的平價公式，公式如下：

> 履約價 A 買入一口小台＝買入（履約價 A 的買權）且賣出（履約價 A 的賣權）

> 履約價 A 賣出一口小台＝買入（履約價 A 的賣權）且賣出（履約價 A 的買權）

注意，以上是等式，所以在實際操作時，操作如下：

❏ 賣一口小台、買進 A 履約價買權、賣出 A 履約價賣權。

❏ 買一口小台、賣出 A 履約價買權、買進 A 履約價賣權。

上述的兩種狀況，只要賣出選擇權所收到的權利金比買入選擇權的權利金要高，且大於交易成本（期貨與選擇權的手續費加稅金，約估 5 點），就是套利機會。舉例說明：當目前市場上小台指數期貨價格爲 10731，週選買權履約價 10700 權利金爲 77 點，週選賣權履約價 10700 權利金爲 46 點。

則符合選擇權平價理論基礎，計算方式如下：

> 買一口小台 10731 ＝買進履約價 10700 買權 77 – 賣出履約價 10700 賣權 46

有兩種簡單的方式可以理解平價理論基礎：

❏ 將「買權權利金」減去「賣權權利金」，再加上「履約價」，等於「小台台指期貨價格」。

❏ 將「小台台指期貨價格」減去「履約價」後，等於「買權權利金」減去「賣權權利金」。

# 技巧 104 【程式】計算單一履約價的套利機會

對於剛剛接觸選擇權的投資者來說，選擇權價平理論可能比較複雜難懂，這是因為選擇權的商品種類繁多，在琳瑯滿目的報價當中也不知道從何算起。

而本技巧會提供一天的選擇權與期貨歷史資料（檔名：MXFandTX4_10700.csv），欄位如下：

*時間（hhmmsssssss），商品，成交價格*

時間格式是到微秒，所提供的資料是 2018 年 4 月 23 日的逐筆成交資料，透過範例讓讀者迅速了解選擇權平價理論的基礎，並且實作運算。

而本技巧「計算單一履約價」限縮了商品的種類。凡事由簡至繁，在下個技巧中，會進行全部履約價的計算，以下將介紹如何透過 R 語言以及 python 程式語言，來計算單一履約價套利機會。這裡的程式碼範例是使用 put-call parity（買權與賣權的配對策略），取得期貨價格時會扣除選擇權權利金，並且直接計算價差。不過，本處計算未加上 delta 值計算，所以本處僅能計算點數差異，本技巧主要是提供讀者套利回測的程式建構。

## ● R 語言程式範例

R 語言的程式碼如下：

```
# 取得期貨與選擇權的成交資訊檔案
x <- read.csv('MXFandTX4_10700.csv',header=F)

# 定義平價基礎的商品
F_name='MXFE8'
C_name='TX410700D8'
P_name='TX410700P8'

# 履約價
exercise=as.numeric(substr(C_name,4,8))
```

```
# 商品金額
F=0
C=0
P=0

# 為了省去後面不必要的判斷，取得所有商品初始金額後跳出迴圈
for(i in 1:nrow(x)){
 if ( x[i,2] == F_name ){
  F=x[i,3]-exercise
 }else if ( x[i,2] == C_name ){
  C=x[i,3]
 }else if ( x[i,2] == P_name ){
  P=x[i,3]
 }
 if (F!=0 & C!=0 & P!=0){
  break
 }
}

# 每次更新成交價，並計算是否有無價差
for( j in i:nrow(x)){
 if ( x[j,2] == F_name ){
  F=x[j,3]-exercise
 }else if ( x[j,2] == C_name ){
  C=x[j,3]
 }else if ( x[j,2] == P_name ){
  P=x[j,3]
 }
 # 產生價差，則將價差顯示出來
 if (F-(C-P)!=0){
  print(paste(x[j,1],'Future:',F,'Call',C,'Put',P,'Spread',F-(C-P)))
 }

}
```

操作結果節錄一段如下：

```
[1] "112321518000 Future: 12 Call 66 Put 45 Spread -9"
[1] "112321768000 Future: 12 Call 66 Put 45 Spread -9"
[1] "112321893000 Future: 11 Call 66 Put 45 Spread -10"
[1] "112322268000 Future: 12 Call 66 Put 45 Spread -9"
[1] "112322386000 Future: 12 Call 66 Put 45 Spread -9"
[1] "112322393000 Future: 13 Call 66 Put 45 Spread -8"
```

```
[1] "112322511000 Future: 13 Call 66 Put 45 Spread -8"
[1] "112322518000 Future: 12 Call 66 Put 45 Spread -9"
```

## ● Python 程式範例

Python 程式碼範例如下所示：

```python
x = open('MXFandTX4_10700.csv').readlines()
y = [ i.strip('\n').split(',') for i in x ]

# 定義平價基礎的商品
F_name='MXFE8'
C_name='TX410700D8'
P_name='TX410700P8'

# 履約價
exercise=float(C_name[3:8])

# 商品金額
F=0
C=0
P=0

# 為了省去後面不必要的判斷，取得所有商品初始金額後跳出迴圈
for i in range(len(y)):
 if y[i][1]==F_name:
  F=float(y[i][2])-exercise
 elif y[i][1]==C_name:
  C=float(y[i][2])
 elif y[i][1]==P_name:
  P=float(y[i][2])
 if F!=0 and C!=0 and P!=0:
  break

# 每次更新成交價，並計算是否有無價差
for j in range(i,len(y)):
 if y[j][1]==F_name:
  F=float(y[j][2])-exercise
 elif y[j][1]==C_name:
  C=float(y[j][2])
 elif y[j][1]==P_name:
  P=float(y[j][2])
 # 產生價差，則將價差顯示出來
 if F-(C-P) !=0:
```

```
#print(y[i])
print(y[j][0],'Future:',F+exercise,'Call',C,'Put',P,'Spread',F-(C-P))
```

操作結果節錄一段如下：

```
093108893000 Future: 10744.0 Call 85.0 Put 34.5 Spread -6.5
093108893000 Future: 10744.0 Call 85.0 Put 34.5 Spread -6.5
093108893000 Future: 10744.0 Call 85.0 Put 34.5 Spread -6.5
093108893000 Future: 10744.0 Call 85.0 Put 34.5 Spread -6.5
093109011000 Future: 10744.0 Call 85.0 Put 34.0 Spread -7.0
093109018000 Future: 10744.0 Call 85.0 Put 34.0 Spread -7.0
```

# 技巧 105 【程式】計算全部履約價的套利機會

本技巧延續上個技巧，會將所有的週選擇權商品列出，並且逐一去計算。在本技巧中，會提供一天的選擇權與期貨歷史資料（檔名：MXFandTX4.csv），欄位如下：

*時間（hhmmsssssss），商品，成交價格*

時間格式是到微秒，所提供的資料是 2018 年 4 月 23 日的逐筆成交資料，透過範例讓讀者迅速了解選擇權平價理論的基礎，並且實作運算。不過，本處計算未加上 delta 值計算，所以本處僅能計算點數差異，本技巧主要是提供讀者套利回測的程式建構。

## ● R 語言程式範例

為了方便計算 put-call parity，所以取得期貨價格時，會扣除選擇權權利金，並且直接計算價差，程式碼如下：

```
# 取得期貨與選擇權的成交資訊檔案
x <- read.csv('MXFandTX4.csv',header=F)

F_name='MXFE8'
TX4_list = unique(x[,2])[substr(unique(x[,2]),1,3)=="TX4"]
exercise_list = unique(substr(TX4_list,4,8))

# 逐一商品計算
for ( a in 1:length(exercise_list)){
 # 取出該履約價的選擇權商品
 c_option <- TX4_list[substr(TX4_list,4,8)==exercise_list[a]]
 # 若沒有成交買權，則不計算該履約價
 if (length(c_option)!=2){
```

```
 break
}
```

```
# 定義平價基礎的商品
if (substr(c_option[1],9,9)=='D'){
 C_name=c_option[1]
 P_name=c_option[2]
}else{
 C_name=c_option[2]
 P_name=c_option[1]
}
```

```
# 履約價
exercise=as.numeric(exercise_list[a])
```

```
# 商品金額
F=0
C=0
P=0
```

```
# 為了省去後面不必要的判斷，取得所有商品初始金額後跳出迴圈
for(i in 1:nrow(x)){
 if ( x[i,2] == F_name ){
  F=x[i,3]-exercise
 }else if ( x[i,2] == C_name ){
  C=x[i,3]
 }else if ( x[i,2] == P_name ){
  P=x[i,3]
 }
 if (F!=0 & C!=0 & P!=0){
  break
 }
}
```

```
# 每次更新成交價，並計算是否有無價差
for( j in i:nrow(x)){
 if ( x[j,2] == F_name ){
  F=x[j,3]-exercise
 }else if ( x[j,2] == C_name ){
  C=x[j,3]
 }else if ( x[j,2] == P_name ){
  P=x[j,3]
 }
 # 產生價差，則將價差顯示出來
```

```
  if (abs(F-(C-P))>=13){
   print(paste(x[j,1],'Future:',F,'Call',C,'Put',P,'Spread',F-(C-P)))
  }
 }
}
```

操作結果節錄一段如下：

```
[1] "114545511000 Future: 193 Call 218 Put 9.9 Spread -15.1"
[1] "114545636000 Future: 193 Call 218 Put 9.9 Spread -15.1"
[1] "114545643000 Future: 194 Call 218 Put 9.9 Spread -14.1"
[1] "114545886000 Future: 194 Call 218 Put 9.9 Spread -14.1"
```

## ● Python 程式範例

Python 程式碼範例如下所示：

```python
# 取得期貨與選擇權的成交資訊檔案
x = open('MXFandTX4.csv').readlines()
y = [ i.strip('\n').split(',') for i in x ]

# 定義平價基礎的商品
F_name='MXFE8'

product_list = [ i[1] for i in y ]
product_list=list(set(product_list))
product_list.remove(F_name)
exercise_list = [ i[3:8] for i in product_list ]
exercise_list = list(set(exercise_list))

for i in range(len(exercise_list)):
 c_product = [ j for j in product_list if j[3:8]==exercise_list[i]]
 if len(c_product)!=2:
  continue
 if c_product[0][8]=='D':
  C_name=c_product[0]
  P_name=c_product[1]
 else:
  C_name=c_product[1]
  P_name=c_product[0]
 # 履約價
 exercise=float(exercise_list[i])
 # 商品金額
 F=0
```

```
C=0
P=0
# 為了省去後面不必要的判斷，取得所有商品初始金額後跳出迴圈
for i in range(len(y)):
 if y[i][1]==F_name:
  F=float(y[i][2])-exercise
 elif y[i][1]==C_name:
  C=float(y[i][2])
 elif y[i][1]==P_name:
  P=float(y[i][2])
 if F!=0 and C!=0 and P!=0:
  break
# 每次更新成交價，並計算是否有無價差
for j in range(i,len(y)):
 if y[j][1]==F_name:
  F=float(y[j][2])-exercise
 elif y[j][1]==C_name:
  C=float(y[j][2])
 elif y[j][1]==P_name:
  P=float(y[j][2])
 # 產生價差，則將價差顯示出來
 if F-(C-P) !=0:
  print(y[j][0],'Future:',F+exercise,'Call',C,'Put',P,'Spread',F-(C-P))
```

操作結果節錄一段如下：

```
105615886000 Future: 10740.0 Call 5.5 Put 158.0 Spread -7.5
105615886000 Future: 10740.0 Call 5.5 Put 158.0 Spread -7.5
105615893000 Future: 10740.0 Call 5.5 Put 158.0 Spread -7.5
105616136000 Future: 10740.0 Call 5.5 Put 158.0 Spread -7.5
105616386000 Future: 10740.0 Call 5.5 Put 158.0 Spread -7.5
```

# Chapter

# 認識外匯保證金

外匯是全球最大的交易市場，每天都有數兆美元的交易在進行，是很多交易者夢想的市場。對於投資的新手而言，外匯是一個門檻較高的市場，從出入金到趨勢判斷，都需要更高的專業度。本章將偏重於外匯商品的介紹，以及取用公開資訊進行簡易回測，讓讀者對於外匯商品能有初步的認識。

# 技巧 106 【觀念】認識外匯與外匯保證金交易

外匯的交易商品分爲三種形式，分別是「外匯現貨」、「外匯期貨」、「外匯保證金」，這三種投資方式都是屬於外匯投資，以下將分別敘述每種外匯投資不同之處。

## ● 外匯現貨

當我們要出國兌換外幣時，會到銀行透過新台幣去購買外幣，而購買的匯率就是外匯。購買外幣現貨也就是買賣外匯貨幣的投資方式，可以兌換實體貨幣，也可以用「記帳」的方式賺取價差後換回。

要買賣外幣會到國內的銀行進行買賣，或者是在網路上進行交易，通常因爲金額不高，並且在沒有投資槓桿的交易情況下，資金的波動較低，這也是外匯現貨的特性。

另外，外匯現貨僅能透過先買後賣來進行價差獲利，不能透過放空來進行獲利。交易外匯現貨，本身是沒有手續費的，而銀行會透過買、賣價之間的價差來進行獲利，買賣價定義如下：

❏ **買價**：銀行用新台幣和投資人買外幣的金額，對於投資人來說爲賣出價格。

❏ **賣價**：銀行用新台幣賣給投資人外幣的金額，對於投資人來說爲買入價格。

例如當前的美元買價是 29.15，而賣價是 29.25，若同時進行買入 1000 美元並賣出的話，就會付出 100(1000*(29.25-29.15)) 元的新台幣價差（等同於交易美元的費用）。

以下是玉山銀行的網站，標示著目前最新的匯率，如圖 8-1 所示。

| 幣別 | 即期匯率 | | 現金匯率 | |
|---|---|---|---|---|
| | 買入 | 賣出 | 買入 | 賣出 |
| 美元(USD) | 29.15 | 29.25 | 28.95 | 29.4 |
| 人民幣(CNY) | 4.622 | 4.672 | 4.557 | 4.687 |
| 港幣(HKD) | 3.689 | 3.749 | 3.659 | 3.779 |
| 日圓(JPY) | 0.2709 | 0.2749 | 0.2699 | 0.2759 |
| 歐元(EUR) | 35.91 | 36.31 | 35.61 | 36.61 |
| 澳幣(AUD) | 22.52 | 22.72 | 22.22 | 23.02 |
| 加拿大幣(CAD) | 23.06 | 23.24 | 22.75 | 23.55 |
| 英鎊(GBP) | 41.24 | 41.64 | 40.94 | 41.94 |
| 南非幣(ZAR) | 2.373 | 2.473 | | |

生效日期：2018年04月11日 16:44:34　取得最新報價

圖 8-1

圖片僅供範例參考，實際匯率請至網站：**URL** https://www.esunbank.com.tw/bank/personal/deposit/rate/forex/foreign-exchange-rates 來參考。

若有仔細觀看上面這張圖，就會發現網站上有「即期匯率」以及「現金匯率」，這兩者的差別，在於我們是用新台幣存款帳戶直接交易外幣（「記帳」的方式），還是用現鈔兌換外幣，由於處理現鈔對於銀行來說，是需要成本的，這也是現金匯率比較差的原因。

## ● 外匯期貨

外匯期貨是外匯現貨的遠期契約，期貨的商品本身是一張契約，並非實體的商品。

期貨本身是遠期契約，也代表著當你購買的遠期契約「到期」時，會是當時的現貨價格結算，假設你現在購買 1 口一個月到期的外匯期貨，一個月後該期貨契約的結算價格會等於當時外匯現貨的價格，而這也定義了一件事，就是期貨與現貨價格的「連動性」。

所以，買賣外匯期貨並非購買外幣本身，而是一種金融商品的交易，而該商品就是「外匯期貨契約」。投資人通常會透過投資外匯期貨進行價差套利，而並非是真正需要使用外幣。

外匯期貨是由期貨交易所發布的，而購買外匯期貨的經紀商是券商而非銀行，交易的成本是手續費，也非現貨的買賣價差。

## ● 外匯保證金

外匯保證金是不同於外匯現貨以及外匯期貨的一種投資方式。簡單而言，外匯保證金就是槓桿交易，具體交易方式在不同的銀行或券商會有所不同。有的銀行或經紀商會融資借錢給客戶進行外匯交易，放大交易部位；而有的券商會透過保證金的方式（如同期貨交易），讓客戶進行外匯交易。

台灣的某些銀行與券商使用外匯保證金的方式，讓客戶進行交易，而這些經紀單位所賺取利潤的方式，都是透過外匯的匯差（spread），與外匯現貨相同。

除了這些以外，外匯保證金還能夠放空，外匯現貨在這一點上便做不到。一般而言，外匯現貨都是以先買後賣為主，而外匯保證金可以透過先買後賣、先賣後買等兩種方式，來進行價差套利。

# 技巧 107 【觀念】外匯商品種類

外匯商品的種類繁多，並且多爲保證金的方式交易。在本技巧中，將列出常見的外匯商品。每個券商或銀行的交易商品均有差異，因此實際可交易的商品需詢問開戶的券商或銀行。

外匯商品都是兩種商品比較的價值，也就是前一種商品以後一種商品計價，價值爲何的概念。舉例而言，如果 AUDUSD 的價值爲 0.7575，意思就是 1 單位 AUD（澳幣）可兌換 0.7575 單位的 USD（美元）。

## ● 主要貨幣對

主要貨幣對共有七種商品，因此常稱爲「七大主要貨幣對」，是流通性最高，且最爲常見的外匯商品。

| 商品名稱 | 中文意義 | 商品名稱 | 中文意義 |
|---|---|---|---|
| AUDUSD | 澳幣對美元 | USDCAD | 美元對加元 |
| EURUSD | 歐元對美元 | USDCHF | 美元對瑞郎 |
| GBPUSD | 英鎊對美元 | USDJPY | 美元對日圓 |
| NZDUSD | 紐元對美元 | | |

## ● 一般貨幣配對

一般貨幣配對的商品多爲七大主要貨幣對之外，較爲熱絡的貨幣配對商品，也是交易者喜愛的交易商品。

| 商品名稱 | 中文意義 | 商品名稱 | 中文意義 |
|---|---|---|---|
| AUDCAD | 澳幣對加元 | EURSEK | 歐元對瑞典幣 |
| AUDCHF | 澳幣對瑞郎 | GBPAUD | 英鎊對澳幣 |
| AUDJPY | 澳幣對日圓 | GBPCAD | 英鎊對加元 |
| AUDNZD | 澳幣對紐元 | GBPCHF | 英鎊對瑞朗 |
| CADCHF | 加元對瑞朗 | GBPJPY | 英鎊對日圓 |
| CADJPY | 加元對日圓 | GBPNZD | 英鎊對紐元 |
| CHFJPY | 瑞朗對日圓 | HKDUSD | 港幣對美元 |
| EURAUD | 歐元對澳幣 | NZDCAD | 紐元對加元 |
| EURCAD | 歐元對加元 | NZDCHF | 紐元對瑞朗 |
| EURCHF | 歐元對瑞朗 | NZDJPY | 紐元對日圓 |
| EURGBP | 歐元對英鎊 | USDCNH | 美元對人民幣 |
| EURJPY | 歐元對日圓 | USDNOK | 美元對挪威克朗 |

| 商品名稱 | 中文意義 | 商品名稱 | 中文意義 |
|---|---|---|---|
| EURNOK | 歐元對挪威克朗 | USDSEK | 美元對瑞典幣 |
| EURNZD | 歐元對紐元 | USDSGD | 美元對新加坡元 |

## ● 貴金屬

貴金屬歸類於外匯商品中，常見的貴金屬商品是以美元計價的黃金與白銀。

| 商品名稱 | 中文意義 |
|---|---|
| XAGUSD | 白銀 |
| XAUUSD | 黃金 |

## ● 非主要貨幣

非主要貨幣就是「七大主要貨幣對」與「一般貨幣配對」之外的貨幣配對商品，多數需由「主要貨幣對」與「一般貨幣對」的價格透過第三方貨幣換算（如美元）。

舉例而言，AUDSGD（澳幣對新加坡元）的價格就會由 AUDUSD（澳幣對美元）乘以 USDSGD（美元對新加坡元）來換算。

| 商品名稱 | 中文意義 | 商品名稱 | 中文意義 |
|---|---|---|---|
| AUDSGD | 澳幣對新加坡元 | MXNJPY | 墨西哥披索對日圓 |
| CADHKD | 加元對港幣 | NZDSGD | 紐元對新加坡幣 |
| CHFPLN | 瑞朗對波蘭茲羅提 | SGDJPY | 新加坡幣對日圓 |
| CHFSGD | 瑞朗對新加坡元 | USDBRL | 美元對巴西雷亞爾 |
| EURDKK | 英鎊對丹麥克朗 | USDDKK | 美元對丹麥克朗 |
| EURHKD | 英鎊對港幣 | USDHKD | 美元對港幣 |
| EURHUF | 英鎊對匈牙利福林 | USDHUF | 美元對匈牙利福林 |
| EURMXN | 英鎊對墨西哥披索 | USDMXN | 美元對墨西哥披索 |
| EURPLN | 英鎊對波蘭茲羅提 | USDPLN | 美元對波蘭茲羅提 |
| EURRUB | 英鎊對俄羅斯盧布 | USDRUB | 美元對俄羅斯盧布 |
| EURSGD | 英鎊對新加坡元 | USDTRY | 美元對土耳其里拉 |
| EURTRY | 英鎊對土耳其里拉 | USDZAR | 美元對南非貨幣 |
| EURZAR | 英鎊對南非貨幣 | ZARJPY | 南非貨幣對日圓 |
| HKDJPY | 港幣對日圓 | | |

## ● 外匯期貨商品

外匯中，也有許多期貨類型的商品，多數為能源與貴金屬，也有些外匯商會提供貨幣對的期貨商品。

| 商品名稱 | 中文意義 | 商品名稱 | 中文意義 |
|---|---|---|---|
| Brent crude oil | 布倫特石油 | Silver | 銀 |
| WTI Light Crude Oil | 西德州輕質原油 | Palladium | 鈀 |
| Copper | 銅 | Platinum | 白金 |
| Gold | 黃金 | | |

## ● 大盤指數

各國的大盤指數也常被拿來作爲外匯商品。

| 商品名稱 | 中文意義 | 商品名稱 | 中文意義 |
|---|---|---|---|
| USA Major Index | 美國主要指標 | JAPAN 225 | 日本 225 指標 |
| USA 30 Index | 美國前 30 指標 | Australia 200 Index | 澳大利亞 200 指標 |
| Brasil Index | 巴西指標 | Netherlands 25 Index | 荷蘭前 25 指標 |
| USA 100 Technical Index | 美國技術指標 | France 40 Index | 法國前 40 指標 |
| USA Composite Index | 美國企業指標 | Germany 30 Index | 德國前 40 指標 |
| USA 500 Index | 美國前 500 指標 | Europe 50 Index | 歐洲前 50 指數 |
| Honk Kong 40 Index | 香港前 40 指標 | | |

# 技巧 108　【觀念】出入金方式與風險

近年來，外匯保證金在台灣已經有合法提供的經紀商了，以往國內的投資人要進行外匯保證金的交易，都必須透過國外的經紀商來進行投資，而台灣這幾年逐步開放了更多的投資商品。在國內就可進行外匯保證金的交易，能減少更多出金的風險。

以往我們透過海外銀行帳戶與國外經紀商來進行外匯保證金的交易，出入金相較於國內銀行相對麻煩與受限，常見的問題就是國外經紀商一旦倒閉，將求助無門。

# 技巧 109　【觀念】了解外匯報價的格式

外匯報價格式與一般國內交易所的報價不相同，外匯報價有買入價（ ask price ）以及賣出價（ bid price ）等兩種價格（ 部分外匯商會提供成交量 ）。而國內交易所商品報價只有一個成交價，但卻包含更多的資訊，如成交量、累計成交量、買賣訂單數量、委託量、上下五檔價量等。

我們試著從 Tick Downloader 下載歐元對美元（EURUSD）的資料，如下所示：

```
2018.04.16 00:00:00.130,1.23316,1.23318,1,1
2018.04.16 00:00:00.701,1.23315,1.23318,1.57,1.5
```

```
2018.04.16 00:00:01.244,1.23315,1.23319,3.26,1
2018.04.16 00:00:01.602,1.23318,1.2332,1,7.16
2018.04.16 00:00:01.758,1.23316,1.2332,2.06,1.25
2018.04.16 00:00:02.265,1.23316,1.2332,2.32,6.75
2018.04.16 00:00:02.776,1.23316,1.23319,1.1,1
2018.04.16 00:00:03.428,1.23315,1.2332,4.95,1.1
2018.04.16 00:00:04.197,1.23315,1.23319,5.7,1.5
2018.04.16 00:00:04.967,1.23315,1.2332,3.82,3.82
2018.04.16 00:00:05.070,1.23316,1.23318,1.57,1
2018.04.16 00:00:05.129,1.23314,1.23318,6.82,2.1
2018.04.16 00:00:05.237,1.23313,1.23316,1.95,4.3
2018.04.16 00:00:05.290,1.23311,1.23316,2.7,7.94
```

其中欄位意義如下：

日期 時間, 買入價, 賣出價, 買入量, 賣出量

其中「量」以 Lots 為單位，中文稱為「手」，標準單位為 100,000。

# 技巧110　【程式】繪製外匯折線圖表

本技巧透過技巧33來取得外匯資料，而範例是2018年4月16日歐元兌美元（EURUSD）的逐筆資訊來進行介紹。首先下載並匯出，檔名為 EURUSD_tick.csv。

R 語言程式碼：

```
Data <- read.csv('C:\\TickDownloader\\tickdata\\EURUSD_tick.csv')
plot(strptime(Data[,1],'%Y.%m.%d %H:%M:%OS'),Data[,2],type='l')
lines(strptime(Data[,1],'%Y.%m.%d %H:%M:%OS'),Data[,3],col='red')
```

輸出圖片如圖 8-2 所示。

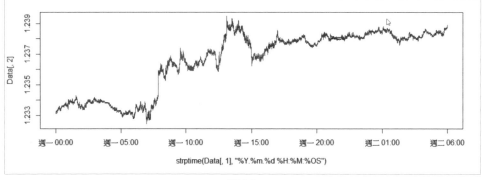

圖 8-2

Python 程式碼：

```
# -*- coding: UTF-8 -*-

# 載入相關套件及函數
import matplotlib.pyplot as plt
import matplotlib.dates as mdates
import datetime

MData = [line.replace('\n','').split(",") for line in open('C:/TickDownloader/
tickdata/EURUSD_tick.csv')]

# 取得轉換時間字串至時間格式
Time = [ datetime.datetime.strptime(line[0],'%Y.%m.%d %H:%M:%S.%f') for line in
MData ]
# 將 datetime 時間格式轉換為繪圖專用的時間格式，透過 mdates.date2num 函數
Time1 = [ mdates.date2num(line) for line in Time ]
# 價格由字串轉數值
Price = [ float(line[1]) for line in MData ]

# 定義圖表物件
ax = plt.figure(1)          # 第一張圖片
ax = plt.subplot(111)       # 該張圖片僅一個圖案
# 以上兩行，可簡寫如下一行
#fig,ax = plt.subplots()

# 繪製圖案
#plot_date(X軸物件，Y軸物件，線風格)
ax.plot_date(Time1, Price, 'k-')

# 定義 title
plt.title('Price Line')

# 定義 x 軸
hfmt = mdates.DateFormatter('%H:%M:%S')
ax.xaxis.set_major_formatter(hfmt)


# 顯示繪製圖表
plt.show()
```

顯示畫面如圖 8-3 所示。

圖 8-3

# 技巧 111　【程式】繪製外匯 K 線圖表

本技巧透過技巧 33 來取得外匯資料，而範例是 2018 年 4 月 16 日歐元兌美元（EURUSD）的逐筆資訊來進行介紹。首先下載並匯出，檔名為 EURUSD_tick.csv。

R 語言程式碼：

```
Data <- read.csv('C:\\TickDownloader\\tickdata\\EURUSD_tick.csv')
OHLC <- to.minutes(xts(Data[,2],order.by=strptime(Data[,1],'%Y.%m.%d %H:%M:%OS')))
chartSeries(OHLC)
```

顯示畫面如圖 8-4 所示。

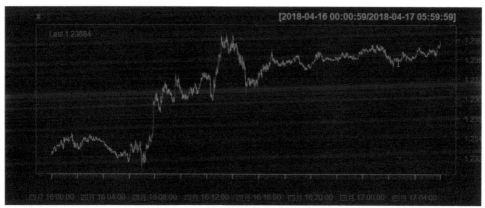

圖 8-4

Python 程式碼：

```
# -*- coding: UTF-8 -*-

# 載入相關套件及函數
import matplotlib.pyplot as plt
import matplotlib.dates as mdates
import datetime
from mpl_finance import candlestick_ohlc
import pandas as pd

data_frame = pd.read_csv('C:/TickDownloader/tickdata/EURUSD_tick.csv',
names=['Date_Time', 'Bid', 'Ask' , 'BQ' , 'AQ'], index_col=0, parse_dates=True)

data_ask =  data_frame['Ask'].resample('1Min').ohlc()
data_ask.reset_index(inplace = True)
data_ask.Date_Time = mdates.date2num(data_ask.Date_Time)

# 定義圖表物件
fig = plt.figure(1)

# 定義第一張圖案在圖表的位置
ax1 = fig.add_subplot(111)

# 繪製 K 線圖
candlestick_ohlc(ax1, data_ask.values, width=0.0001, colorup='r', colordown='g')

# 定義 x 軸
hfmt = mdates.DateFormatter('%H:%M:%S')
ax1.xaxis.set_major_formatter(hfmt)

# 顯示繪製圖表
plt.show()
```

顯示畫面如圖 8-5 所示。

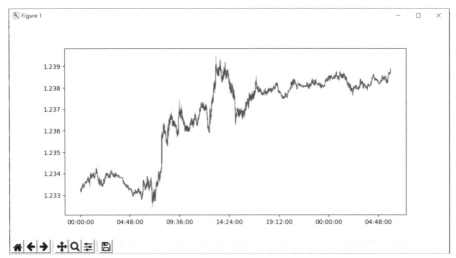

圖 8-5

# 技巧 112　【程式】固定時間進出場

　　本技巧提供固定時間進出場的策略程式，策略是在 2018/04/16 00:00:00 時買進，
2018/04/17 00:00:00 時平倉。

　　由於要讓大家初步了解 R 語言中的資料結構，以及如何運用資料，因此該策略內容
有許多步驟都是被省略的。固定時間點買進策略，R 語言程式碼如下：

```
MData <- read.csv('C:\\TickDownloader\\tickdata\\EURUSD_tick.csv',header=FALSE)
MData <- MData[,1:3]
colnames(MData)<-c("TIME","ASK","BID")

# 選取開倉及平倉時間
A01 <- subset(MData, strptime(TIME,'%Y.%m.%d %H:%M:%OS')>=strptime('2018.04.16
00:00:00.000','%Y.%m.%d %H:%M:%OS') & strptime(TIME,'%Y.%m.%d %H:%M:%OS')<=strpti
me('2018.04.17 00:00:00.000','%Y.%m.%d %H:%M:%OS'))

# 設定進場時間及價格
OrderTime <- toString(A01[1,]$TIME)
OrderPrice <- A01[1,]$ASK

# 設定出場時間及價格
CoveryTime <- toString(A01[nrow(A01),]$TIME)
CoveryPrice <- A01[nrow(A01),]$BID
```

```
# 顯示交易回報
cat("BUY TIME:",OrderTime,"PRICE:",OrderPrice,"COVERY TIME:",CoveryTime,"C_PRICE:",
CoveryPrice,"PROFIT",CoveryPrice-OrderPrice,'\n')
```

執行結果如下：

```
BUY TIME: 2018.04.16 00:00:00.130 PRICE: 1.23316 COVERY TIME: 2018.04.16
23:59:58.412 C_PRICE: 1.23841 PROFIT 0.00525
```

Python 程式碼如下：

```
# -*- coding: UTF-8 -*-
# 取外匯資料，依照逗點分隔，並將分隔符號去除
MData = [line.replace('\n','').split(",") for line in open('C:/TickDownloader/
tickdata/EURUSD_tick.csv')]

# 起始時間至結束時間
MData1= [ line for line in MData if datetime.datetime.strptime(line[0],'%Y.%m.%d
%H:%M:%S.%f')>datetime.datetime.strptime('2018.04.16 00:00:00.000','%Y.%m.%d
%H:%M:%S.%f') and datetime.datetime.strptime(line[0],'%Y.%m.%d
%H:%M:%S.%f')<datetime.datetime.strptime('2018.04.17 00:00:00.000','%Y.%m.%d
%H:%M:%S.%f')]


OrderTime=MData1[0][0]          # 下單時間紀錄
OrderPrice=float(MData1[0][1])  # 下單價格紀錄

CoverTime=MData1[-1][0]          # 平倉時間紀錄
CoverPrice=float(MData1[-1][1]) # 平倉時間紀錄

print("Buy OrderTime:",OrderTime," OrderPrice:",OrderPrice," CoverTime:",CoverTime,
" CoverPrice:",CoverPrice," Profit:",CoverPrice-OrderPrice)
```

執行結果如下：

```
BUY TIME: 46665 PRICE: 1.23774 COVERY TIME: 48313 C_PRICE: 1.23876 PROFIT 0.00102
```

# 技巧113 【程式】順勢交易策略

這裡所指的順勢交易策略就是俗稱的「海龜策略」，代表價格向上突破某個區間的高
點，順勢買進，或是價格向下突破某個區間的低點時，順勢賣出。

　　上述所說的是進場的部分，而出場條件的設定，本範例所提供的是設定固定停損停利點，停損點為進場成交價的反向 0.001 點，停利點為進場成交價的同向 0.001 點。

　　R 語言程式碼如下：

```
MData <- read.csv('C:\\TickDownloader\\tickdata\\EURUSD_tick.csv',header=FALSE)
MData <- MData[,1:3]
colnames(MData)<-c("TIME","ASK","BID")

# 選取開始結束時間
A01 <- subset(MData, strptime(TIME,'%Y.%m.%d %H:%M:%OS')>=strptime('2018.04.16
00:00:00.000','%Y.%m.%d %H:%M:%OS') & strptime(TIME,'%Y.%m.%d %H:%M:%OS')<=strpti
me('2018.04.17 00:00:00.000','%Y.%m.%d %H:%M:%OS'))

# 選擇趨勢時段
A02 <- subset(A01, strptime(TIME,'%Y.%m.%d %H:%M:%OS')>=strptime('2018.04.16
00:00:00.000','%Y.%m.%d %H:%M:%OS') & strptime(TIME,'%Y.%m.%d %H:%M:%OS')<=strpti
me('2018.04.16 09:00:00.000','%Y.%m.%d %H:%M:%OS'))
MaxPrice <- max(A02$ASK)
MinPrice <- min(A02$ASK)
#Spread <- MaxPrice - MinPrice
Spread <- 0

# 起始及出場時段
A03 <- subset(A01, strptime(TIME,'%Y.%m.%d %H:%M:%OS')>=strptime('2018.04.16
09:00:00.000','%Y.%m.%d %H:%M:%OS') & strptime(TIME,'%Y.%m.%d %H:%M:%OS')<=strpti
me('2018.04.17 00:00:00.000','%Y.%m.%d %H:%M:%OS'))
# 初始狀態 ( 無在倉部位 )
Index<-0

# 開始進行回測
for(i in 1:nrow(A03)){
    # 判斷進倉
if(Index==0 & A03[i,2]>MaxPrice+Spread*as.numeric(0.2)){
        Index=1
        OrderTime <- toString(A03[i,1])
        OrderPrice <- A03[i,2]
        #cat(Time0,"BUY",OrderPrice,"StopPoint",StopPoint,"\n")
    }else if (Index==0 & A03[i,2]<MinPrice-Spread*as.numeric(0.2)){
        Index=-1
        OrderTime <- toString(A03[i,1])
        OrderPrice <- A03[i,2]
        #cat(Time0,"SELL",OrderPrice,"StopPoint",StopPoint,"\n")
    }
```

```
# 判斷平倉
    if(Index==1){
        if((A03[i,2] > OrderPrice+0.001 || A03[i,2] < OrderPrice-0.001)){
            CoveryTime <- toString(A03[i,1])
            CoveryPrice <- A03[i,2]
            cat("BUY TIME:",OrderTime,"PRICE:",OrderPrice,"COVERY
TIME:",CoveryTime,"C_PRICE:",CoveryPrice,"PROFIT",CoveryPrice-OrderPrice,'\n')
            break
        }else if(i==nrow(A03)){
            CoveryTime <- toString(A03[i,1])
            CoveryPrice <- A03[i,2]
            cat("BUY TIME:",OrderTime,"PRICE:",OrderPrice,"COVERY
TIME:",CoveryTime,"C_PRICE:",CoveryPrice,"PROFIT",CoveryPrice-OrderPrice,'\n')

        }
    }else if(Index==-1){
        if((A03[i,2] < OrderPrice-0.001 || A03[i,2] > OrderPrice+0.001)){
            CoveryTime <- toString(A03[i,1])
            CoveryPrice <- A03[i,2]
            cat("SELL TIME:",OrderTime,"PRICE:",OrderPrice,"COVERY
TIME:",CoveryTime,"C_PRICE:",CoveryPrice,"PROFIT",OrderPrice-CoveryPrice,'\n')
            break
        }else if(i==nrow(A03)){
            CoveryTime <- toString(A03[i,1])
            CoveryPrice <- A03[i,2]
            cat("SELL TIME:",OrderTime,"PRICE:",OrderPrice,"COVERY
TIME:",CoveryTime,"C_PRICE:",CoveryPrice,"PROFIT",OrderPrice-CoveryPrice,'\n')
        }
    }
}
```

執行結果如下：

```
BUY TIME: 2018.04.16 09:34:59.347 PRICE: 1.23686 COVERY TIME: 2018.04.16 12:28:01.201
C_PRICE: 1.23586 PROFIT -0.001
```

該回傳策略績效，所代表意思如下：

❑ **買進時間**：2018.04.16 09:34:59.347。

❑ **買進價格**：1.23686。

❑ **平倉時間**：2018.04.16 12:28:01.201。

❑ **平倉價格：**1.23586。

❑ **績效：**-0.001。

Python 程式碼如下：

```python
# -*- coding: UTF-8 -*-
# 取外匯資料，依照逗點分隔，並將分隔符號去除
MData = [line.replace('\n','').split(",") for line in open('C:/TickDownloader/
tickdata/EURUSD_tick.csv')]

# 定義判斷時間
MData1= [ float(line[1]) for line in MData if datetime.datetime.
strptime(line[0],'%Y.%m.%d %H:%M:%S.%f')>datetime.datetime.strptime('2018.04.16
00:00:00.000','%Y.%m.%d %H:%M:%S.%f') and datetime.datetime.
strptime(line[0],'%Y.%m.%d %H:%M:%S.%f')<datetime.datetime.strptime('2018.04.16
09:00:00.000','%Y.%m.%d %H:%M:%S.%f')]
# 定義進場時間
MData2= [ line for line in MData if datetime.datetime.strptime(line[0],'%Y.%m.%d
%H:%M:%S.%f')>datetime.datetime.strptime('2018.04.16 09:00:00.000','%Y.%m.%d
%H:%M:%S.%f') and datetime.datetime.strptime(line[0],'%Y.%m.%d
%H:%M:%S.%f')<datetime.datetime.strptime('2018.04.17 00:00:00.000','%Y.%m.%d
%H:%M:%S.%f')]


# 定義上下界
ceil=max(MData1)
floor=min(MData1)
# 倉位為 0
index=0

for i in range(len(MData2)):
 price=float(MData2[i][1])
 # 進場判斷
 if index==0:
  if price>ceil:
   OrderTime=MData2[i][0]        # 新倉時間紀錄
   OrderPrice=price              # 新倉價格紀錄
   index=1
   print("Buy OrderTime:",OrderTime," OrderPrice:",OrderPrice,end=' ')
  elif price<floor:
   OrderTime=MData2[i][0]        # 新倉時間紀錄
   OrderPrice=price              # 新倉價格紀錄
   index=-1
   print("Sell OrderTime:",OrderTime," OrderPrice:",OrderPrice,end=' ')
```

```
       elif i == len(MData2)-1:
        print("No Trade")
        break
    # 出場判斷
    elif index!=0:
      if index==1:
        if OrderPrice+0.001<=price or OrderPrice-0.001>=price:
         CoverTime=MData2[i][0]                # 平倉時間紀錄
         CoverPrice=float(MData2[i][1])        # 平倉時間紀錄
         print(" CoverTime:",CoverTime," CoverPrice:",CoverPrice," Profit:",CoverPrice-
OrderPrice)
         break
        elif i == len(MData2)-1:
         CoverTime=MData2[i][0]                # 平倉時間紀錄
         CoverPrice=float(MData2[i][1])        # 平倉時間紀錄
         print(" CoverTime:",CoverTime," CoverPrice:",CoverPrice," Profit:",CoverPrice-
OrderPrice)
      elif index==-1:
        if price<=OrderPrice-0.001 or price>=OrderPrice+0.001:
         CoverTime=MData2[i][0]                # 平倉時間紀錄
         CoverPrice=float(MData2[i][1])        # 平倉時間紀錄
         print(" CoverTime:",CoverTime," CoverPrice:",CoverPrice," Profit:",CoverPrice-
OrderPrice)
         break
        elif i == len(MData2)-1:
         CoverTime=MData2[i][0]                # 平倉時間紀錄
         CoverPrice=float(MData2[i][1])        # 平倉時間紀錄
         print(" CoverTime:",CoverTime," CoverPrice:",CoverPrice," Profit:",CoverPrice-
OrderPrice)
```

執行結果如下：

```
Buy OrderTime：2018.04.16 09:34:59.347  OrderPrice: 1.23686  CoverTime: 2018.04.16
12:28:01.201  CoverPrice: 1.23586  Profit: -0.001000000000000112
```

該回傳策略績效，所代表意思如下：

❏ **買進時間：**2018.04.16 09:34:59.347。

❏ **買進價格：**1.23686。

❏ **平倉時間：**2018.04.16 12:28:01.201。

❏ **平倉價格：**1.23586。

❏ **績效：**-0.001000000000000112。

# Chapter  09

# 即時報價與下單函數

本章將會透過期貨下單機（FastOS）來進行介紹，可以創造屬於自己的交易系統，不論是即時報價或是下單，都可以透過 FastOS 來完成。

本章說明介接報價的原理、實作，並且也會提供券商的報價取用與下單程式，以及 R 語言與 python 的介接方式，讓投資者可以迅速下單。

# 技巧114 【觀念】即時交易的架構

即時交易的架構圖包含報價的取用與下單，如圖 9-1 所示。

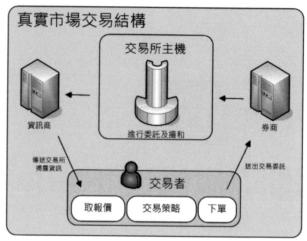

圖 9-1

不論是程式交易還是主觀交易，都必須了解以下的步驟：

**Step 01** 取得市場資訊（報價）。

**Step 02** 進行交易（主觀）判斷。

**Step 03** 送出交易委託。

上述這些動作，主觀交易者會透過看盤軟體來完成，而程式交易者則會透過「取得即時報價（取報價）」、「演算法判斷（交易策略）」、「透過程式進行委託（下單）」來完成，這些就是程式交易的流程。

# 技巧115 【觀念】何謂即時報價？

當前台灣交易所包括台灣證券交易所、台灣期貨交易所、台灣櫃買中心，其中又屬台灣證券交易所、台灣期貨交易所的商品成交量最大，而兩個交易所目前所揭示的報價格式也不盡相同。

台灣交易所為了促進市場活絡，並且讓交易資訊更為透明、公平，因此揭露每筆成交資訊，對於這麼多類型的即時報價資訊，通常投資人僅會關注與「商品價格」有關聯的資訊，包括委託資訊、成交資訊、上下五檔價資訊。

其中，證交所的股票成交資訊表格為 F06（成交與上下五檔價量），權證成交資訊表格為 F17（成交與上下五檔價量），兩者格式完全相同；期交所則分為三種表格 I020（成交）、I030（委託）、I080（上下五檔價量），商品種類分為期貨、選擇權等。

以下分別敘述表格對應的報價資訊內容。

## ● 證交所成交資訊－F06、F17

這兩個欄位為成交價量揭示訊息，其中 F06 為股票，F17 為權證，會將逐筆成交訊息與上下五檔價量即時揭露。由於每筆資料的成交狀態與是否有上下五檔價量不盡相同，因此為不定長度的資料，在這裡將完整的欄位揭示介紹，以便讀者了解證交所資料欄位。

證交所成交資訊，包含委託上下五檔價量資訊，與期交所不同之處在於證交所合併揭示，期交所分別揭示。

檔案中欄位如下：

*時間、股票代碼、價格註記、成交價、成交量、總量、下一檔價格、下一檔數量、下兩檔價格、下兩檔數量、下三檔價格、下三檔數量、下四檔價格、下四檔數量、下五檔價格、下五檔數量、上一檔價格、上一檔數量、上兩檔價格、上兩檔數量、上三檔價格、上三檔數量、上四檔價格、上四檔數量、上五檔價格、上五檔數量*

## ● 期交所成交資訊－I020

成交價量揭示訊息，將逐筆成交訊息即時揭露，本書所附的交易程式中，報價檔案名稱為「日期 _Match.txt」，例如：20170803_ Match.txt。

檔案中欄位如下：

*時間、成交價、成交量、總量、成交買筆、成交賣筆、最高價、最低價*

## ● 期交所委託資訊－I030

商品累計委託量訊息，將所有商品分別統計委託累計資訊，以每五秒揭露一次，本書所附的交易程式中，報價檔案名稱為「日期 _Commission.txt」，例如：20170803_ Commission.txt。

檔案中欄位如下：

*時間、委託買筆、委託買口、委託賣筆、委託賣口*

## ● 期交所上下五檔價量資訊－I080

最佳上下五檔價量資訊，係屬委託簿資訊的一部分，期交所對個別商品之最佳五檔價量揭示，本書所附的交易程式中，報價檔案名稱爲「日期_UpDn5.txt」，例如：20170803_UpDn5.txt。

檔案中欄位如下：

*時間、下一檔價格、下一檔數量、下兩檔價格、下兩檔數量、下三檔價格、下三檔數量、下四檔價格、下四檔數量、下五檔價格、下五檔數量、上一檔價格、上一檔數量、上兩檔價格、上兩檔數量、上三檔價格、上三檔數量、上四檔價格、上四檔數量、上五檔價格、上五檔數量*

> **☑ 說明**
>
> 在 FastOS 下單機中，會將報價存檔，而在 R 語言以及 Python 中就可以透過存取檔案，來進行讀取報價。

## 技巧 116 【觀念】何謂下單函數？

在 FastOS 下單機中，會提供下單子程式。在 Windows 介面中，執行該子程式，可以透過下單機下單，而在 R 語言以及 Python 中則可以呼叫外部指令進行下單。

下單函數就是將下單指令透過程式語言去執行，並且取得帳務資訊，這樣的函數稱爲「下單函數」。

完整的實際下單函數，基本上會包含下單委託、刪除委託、查詢帳務、下單指令等。

在 Python 中，是透過 subprocess 套件進行外部指令的呼叫；而在 R 中，是透過 system 或 system2 函數呼叫，接著取得下單程式的回傳值，以確保下單的正確執行。

## 技巧 117 【程式】國內券商取得報價

由於 FastOS 會將報價存爲檔案，因此我們會透過取得檔案末尾的資訊來更新最新報價，如圖 9-2 所示。

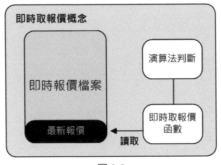

圖 9-2

以下將分別介紹 R 語言以及 Python 的報價取用方式。

## ● R 語言

在 R 語言中，必須透過 tail 程式來輔助讀取檔案的最末端。

在 Linux 系列的作業系統中，有內建的指令「tail」，可以直接存取檔案的尾端，而在 Windows 中，並沒有相關的指令可以存取檔案的結尾，不過網路上有散布 Windows 的 tail 執行檔程式，透過該指令程式，我們就可以輕易的存取目前的報價檔案。

網路上的下載點：**URL** http://unxutils.sourceforge.net/UnxUpdates.zip，下載後有許多 Linux 的內建指令，而此範例只需要使用 tail 即可。

```
# 設置當天日期，取用當天的檔案名稱
Date <- gsub("-","",Sys.Date())
# 檔案位置
DataPath <- "D:/data/"
#tail 執行檔位置
tailPath <- "./bin/"

# 取得成交資訊
GetMatchData <- function(DataPath,Date)
{

 data <- system(paste0(tailPath,'tail.exe -n1 ',DataPath,Date,"_Match.
txt"),intern=TRUE)
 mdata <- strsplit(data,",")
 return(mdata)

}
```

```
# 取得委託資訊
GetOrderData <- function(DataPath,Date)
{

 data <- system(paste0(tailPath,'tail.exe -n1 ',DataPath,Date,"_Commission.
txt"),intern=TRUE)
 mdata <- strsplit(data,",")
 return(mdata)

}

# 取得上下五檔價資訊
GetUpDn5Data <- function(DataPath,Date)
{

 data <- system(paste0(tailPath,'tail.exe -n1 ',DataPath,Date,"_UpDn5.
txt"),intern=TRUE)
 mdata <- strsplit(data,",")
 return(mdata)

}
```

## ● Python

在 Python 3 中，有外部的 tailer 套件可以直接進行檔案末端的讀取，若沒有該套件或使用舊版的 python 2，則需透過以下指令安裝：

*pip install tailer*

tailer 提供幾個相關的函數，可以進行單一次的取得（tail），也可以透過迴圈持續去取得（follow）。

```
# -*- coding: UTF-8 -*-
# 載入相關套件
import time
import datetime
import tailer

# 取得當天日期
Date=time.strftime("%Y%m%d")
# 設定檔案位置
DataPath="D:/data/"
```

```
# 開啟這三個檔案
MatchFile=open(DataPath+Date+'_Match.txt')
OrderFile=open(DataPath+Date+'_Commission.txt')
UpDn5File=open(DataPath+Date+'_UpDn5.txt')

# 持續取得成交資訊
def getMatch():
 return tailer.follow(MatchFile,0)

# 持續取得委託資訊
def getOrder():
 return tailer.follow(OrderFile,0)

# 持續取得上下五檔價資訊
def getUpDn5():
 return tailer.follow(UpDn5File,0)

# 取得最新一筆成交資訊
def getLastMatch():
 return tailer.tail(MatchFile,3)[-2].split(",")

# 取得最新一筆委託資訊
def getLastOrder():
 return tailer.tail(OrderFile,3)[-2].split(",")

# 取得最新一筆上下五檔價資訊
def getLastUpDn5():
 return tailer.tail(UpDn5File,3)[-2].split(",")
```

# 技巧 118 【程式】國內券商的下單串接

以下將分別介紹 R 語言以及 Python 的下單串接，皆透過執行外部指令來進行下單，並取得帳務回報。

## ● R 語言

R 語言透過 system2 函數來進行外部指令執行，並且取得帳務回報。

```
# 設定下單程式位置
ExecPath <- "./bin/"

# 市價委託單
```

```
OrderMKT<-function(Product,BorS,Qty){
 OrderNo<-system2(paste0(ExecPath,'Order.exe') ,args=paste(Product,BorS,'0',Qty,'M
KT','IOC','1'),stdout = TRUE)
 Match<-system2(paste0(ExecPath,'GetAccount.exe'),args=paste(OrderNo),stdout =
TRUE)
 return(Match)
}

# 限價委託單
OrderLMT<-function(Product,BorS,Price,Qty){
 OrderNo<-system2(paste0(ExecPath,'Order.exe')   ,args=paste(Product,BorS,Price,Qty
,'LMT','ROD','1'),stdout = TRUE)
 return(OrderNo)
}

# 單筆帳務查詢
QueryOrder<-function(OrderNo){
 Match<-system2(paste0(ExecPath,'GetAccount.exe'),args=paste(OrderNo),stdout =
TRUE)
 return(Match)
}

# 總帳務查詢
QueryAllOrder<-function(){
 Match<-system2(paste0(ExecPath,'GetAccount.exe'),args=paste("ALL"),stdout = TRUE)
 return(Match)
}

# 未平倉查詢
QueryOnOpen<-function(){
 onopeninfo<-system2(paste0(ExecPath,'OnOpenInterest.exe'),stdout = TRUE)
 return(onopeninfo)
}

# 權益數查詢
QueryRight<-function(){
 rightinfo<-system2(paste0(ExecPath,'FutureRights.exe'),stdout = TRUE)
 return(rightinfo)
}

# 取消委託單
CancelOrder<-function(OrderNo){
 system2(paste0(ExecPath,'Order.exe')   ,args=paste('Delete',OrderNo),stdout =
TRUE)
```

```
}

# 查詢是否成交
QueryMatch<-function(OrderNo){
 Match<-system2(paste0(ExecPath,'GetAccount.exe'),args=paste(OrderNo),stdout =
TRUE)
 if(Match=="Nodata"){
  return(FALSE)
 }else{
  return(TRUE)
 }
}

# 限價單到期轉市價單
LMT2MKT <- function(Product,BorS,Price,Qty,Sec){
 OrderNo<-system2(paste0(ExecPath,'Order.exe')   ,args=paste(Product,BorS,Price,Qty
,'LMT','ROD','1'),stdout = TRUE)
 to <- Sys.time()
 while(as.numeric(difftime(Sys.time(), to, u = 'secs')) < Sec){
  if(isTRUE(QueryMatch(OrderNo))){
   return(QueryOrder(OrderNo))
  }
 }
 CancelOrder(OrderNo)
 Match<-OrderMKT(Product,BorS,Qty)
 return(Match)
}

# 限價單到期轉刪單
LMT2DEL <- function(Product,BorS,Price,Qty,Sec){
 OrderNo<-system2(paste0(ExecPath,'Order.exe')   ,args=paste(Product,BorS,Price,Qty
,'LMT','ROD','1'),stdout = TRUE)
 to <- Sys.time()
 while(as.numeric(difftime(Sys.time(), to, u = 'secs')) < Sec){
  if(isTRUE(QueryMatch(OrderNo))){
   return(QueryOrder(OrderNo))
  }
 }
 CancelOrder(OrderNo)
 return(FALSE)
}
```

## ● Python

Python 透過 subprocess 套件中的 check_output 函數來執行外部指令，並取得帳務資訊。

```python
# -*- coding: UTF-8 -*-
# 載入相關套件
import subprocess

# 下單子程式放置位置
ExecPath="./bin/"

# 市價單下單
def OrderMKT(Product,BS,Qty):
 OrderNo=subprocess.check_output([ExecPath+"order.exe",Product,BS,"0",Qty,"MKT","I
OC","0"]).decode('big5').strip('\r\n')
 while True:
  ReturnInfo=subprocess.check_output([ExecPath+"GetAccount.exe",OrderNo]).
decode('big5').strip('\r\n').split(',')
  if len(ReturnInfo)>1:
   return ReturnInfo

# 限價單委託
def OrderLMT(Product,BS,Price,Qty):
 OrderNo=subprocess.check_output([ExecPath+"order.exe",Product,BS,Price,Qty,"LMT",
"ROD","0"]).decode('big5').strip('\r\n')
 return OrderNo

# 查詢帳務明細
def QueryOrder(Keyno):
 ReturnInfo=subprocess.check_output([ExecPath+"GetAccount.exe",Keyno]).
decode('big5').strip('\r\n')
 return ReturnInfo.split(',')

# 查詢總帳務明細
def QueryAllOrder():
 ReturnInfo=subprocess.check_output([ExecPath+"GetAccount.exe","ALL"]).
decode('big5').strip('\r\n').split('\r\n')
 ReturnInfo= [ line.split(',') for line in ReturnInfo]
 return ReturnInfo

# 查詢未平倉資訊
def QueryOnOpen():
 ReturnInfo=subprocess.check_output([ExecPath+"OnOpenInterest.exe"]).
decode('big5').strip('\r\n')
```

```
 return ReturnInfo.split(',')
```

# 查詢權益數資訊
```
def QueryRight():
 ReturnInfo=subprocess.check_output([ExecPath+"FutureRights.exe"]).decode('big5').
strip('\r\n')
 return ReturnInfo.split(',')
```

# 取消委託
```
def CancelOrder(Keyno):
 ReturnInfo=subprocess.check_output([ExecPath+"order.exe","Delete",Keyno]).
decode('big5')
 if "cancel send" in ReturnInfo:
  return True
 else:
  return False
```

# 限價轉刪單
```
def LMT2DEL(Product,BS,Price,Qty,Sec):
 OrderNo=OrderLMT(Product,BS,Price,Qty)
 StartTime=time.time()
 while time.time()-StartTime<Sec:
  ReturnInfo=QueryOrder(OrderNo)
  if len(ReturnInfo)!=1:
   return ReturnInfo
 CancelOrder(OrderNo)
 return False
```

# 限價轉市價
```
def LMT2MKT(Product,BS,Price,Qty,Sec):
 OrderNo=OrderLMT(Product,BS,Price,Qty)
 StartTime=time.time()
 while time.time()-StartTime<Sec:
  ReturnInfo=QueryOrder(OrderNo)
  if len(ReturnInfo)!=1:
   return ReturnInfo
 if CancelOrder(OrderNo):
  ReturnInfo=OrderMKT(Product,BS,Qty)
  return ReturnInfo
```

# 讀者回函

讀者回函

感謝您購買本公司出版的書，您的意見對我們非常重要！由於您寶貴的建議，我們才得以不斷地推陳出新，繼續出版更實用、精緻的圖書。因此，請填妥下列資料(也可直接貼上名片)，寄回本公司(免貼郵票)，您將不定期收到最新的圖書資料！

購買書號： _____ 書名： _____

姓　　名： _____

職　　業：□上班族　　□教師　　□學生　　□工程師　　□其它

學　　歷：□研究所　　□大學　　□專科　　□高中職　　□其它

年　　齡：□10~20　　□20~30　　□30~40　　□40~50　　□50~

單　　位： _____ 部門科系： _____

職　　稱： _____ 聯絡電話： _____

電子郵件： _____

通訊住址：□□□ _____

您從何處購買此書：

□書局 _____ □電腦店 _____ □展覽 _____ □其他 _____

您覺得本書的品質：

內容方面： □很好 □好 □尚可 □差

排版方面： □很好 □好 □尚可 □差

印刷方面： □很好 □好 □尚可 □差

紙張方面： □很好 □好 □尚可 □差

您最喜歡本書的地方： _____

您最不喜歡本書的地方： _____

假如請您對本書評分，您會給(0~100 分)： _____ 分

您最希望我們出版那些電腦書籍：


請將您對本書的意見告訴我們：


您有寫作的點子嗎？□無　□有　專長領域： _____

歡迎您加入博碩文化的行列哦！

請沿虛線剪下寄回本公司

博碩文化網站　　http://www.drmaster.com.tw

Give Us a Piece Of Your Mind

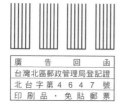

**221**

# 博碩文化股份有限公司　產品部

台灣新北市汐止區新台五路一段112號10樓A棟

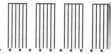

博碩文化

博碩文化